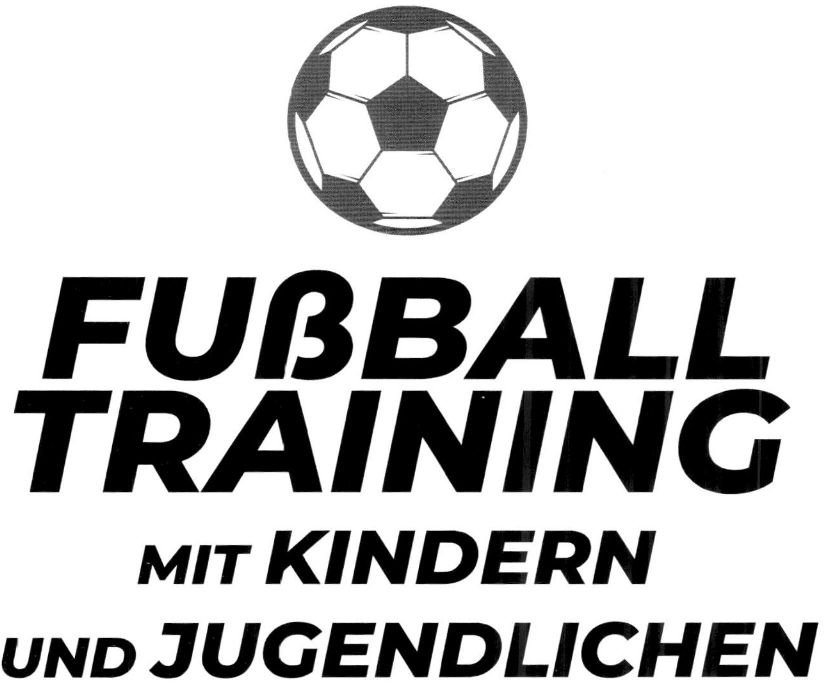

FUßBALL TRAINING MIT KINDERN UND JUGENDLICHEN

Spielintelligenz, Taktikverständnis, Koordination
und Athletik altersgerecht fördern für eine
gezielte fußballerische Entwicklung mit Spaß

MORITZ ZIERLEIN

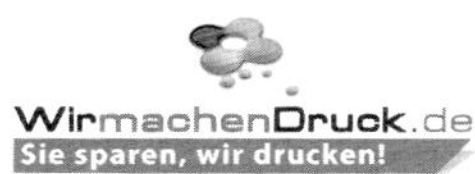

Alle Ratschläge in diesem Buch wurden vom Autor und vom Verlag sorgfältig erwogen und geprüft. Eine Garantie kann dennoch nicht übernommen werden. Eine Haftung des Autors beziehungsweise des Verlags für jegliche Personen-, Sach- und Vermögensschäden ist daher ausgeschlossen.

ISBN: 978-3-969304808

Email: info@edition-lunerion.de
www.edition-lunerion.de

Psiana eCom UG
Berumer Str. 44
26844 Jemgum

Inhalt

Vorwort

Fußball ist Ihre Leidenschaft und in Ihrem Leben dreht sich alles um den Ball? Sie haben vielleicht selbst jahrelang gekickt und möchten nun die Seiten wechseln? Dann werden Sie zum Held für den jungen Nachwuchs und legen Sie als Trainer den Grundstein für tolle Erfolge – wie das gelingt, zeigt Ihnen dieses Buch!

Deutschland ist eine fußballverrückte Nation und fast jedes Dorf hat seinen Verein. Allerdings ist das kein Selbstläufer: Ganz im Gegenteil braucht es neben all den kleinen Nachwuchs-Ballkünstlern vor allem auch Menschen, die die jungen Fußballer engagiert, professionell und kompetent anleiten. Wenn Sie als Trainer, Übungsleiter oder unterstützender Elternteil Ihren Beitrag zur „Erfolgsgeschichte Fußball" leisten möchten, dann ist dieses Buch Ihr perfekter Begleiter. Von Trainingsgrundlagen und Entwicklungsstufen über Einzel- und Gruppenübungen bis hin zu Torwarttraining, Hallentraining und Förderung der spielerischen Intelligenz machen Sie sich hier Schritt für Schritt mit den entscheidenden Kompetenzen vertraut und werden in kürzester Zeit zum Profi-Coach für den Nachwuchs.

Anpfiff

Fußball ist nicht nur eine Sportart, nicht nur ein Spiel auf Zeit. Das Spielfeld ist nicht nur ein Ort, an dem mehrere Spieler in gleichen Trikots auf der Grundlinie auf- und ablaufen und einem Ball hinterherrennen, den sie ins Tor der gegnerischen Mannschaft schießen wollen. Fußball ist Leidenschaft, Hingabe und die Bereitschaft, für sein Team alles geben zu wollen. Fußball verbindet und schafft es, eine ganze Nation zusammenzuschweißen, während die Welt kurz den Atem anhält. Als Mario Götze die deutsche Fußballnationalmannschaft im WM-Finale 2014 in der 113. Spielminute erlöst und das Team zum Weltmeister schießt, lagen sich Groß und Klein und Jung und Alt mit Freudentränen in den Armen. Es gibt keine andere Sportart, die es schafft, solche Gänsehautgeschichten zu schreiben wie der Fußball.

Fußball ist ein Lebensgefühl und der Fußballplatz ein zuhause für so viele Menschen auf dieser Welt. Einmal die Fußballschuhe geschnürt, die Stutzen über die Schienbeinschoner gezogen und im Stadion eingelaufen, ist der Traum vom Fußballprofi für viele Kinder besiegelt. Sie träumen davon, später in die Fußstapfen ihrer großen Vorbilder, wie etwa Lionel Messi oder Cristiano Ronaldo, zu treten und die gleichen Erfolge feiern zu dürfen wie ihre Idole. Der Weg zum Profi ist dabei jedoch nicht immer einfach und verlangt von den heranwachsenden Spielern Mut, Ehrgeiz und Disziplin. Auf ihrer Reise zum Fußballstar werden sie vielen verschiedenen Menschen begegnen, mit anderen Spielern für denselben Verein spielen und von unterschiedlichen Trainern gecoacht werden.

Das vorliegende Buch kann dabei als Leitfaden für Spieler und insbesondere Trainer dienen, die in die Welt des Fußballtrainings für Kinder eintauchen wollen und alles über den Fußball lernen möchten. Dafür steigt das Buch mit einigen grundlegenden Gedanken zum Fußballtraining für Kinder ein und präsentiert die goldenen Regeln für kindgerechtes Training. Anschließend wird ein Überblick über die verschiedenen Altersklassen und ihre jeweiligen Merkmale gegeben. Im Zuge dessen wird der Weg zum Profispieler beschrieben, bevor das Buch auf die altersgerechte Förderung von Fußballfähigkeiten eingeht und dabei erläutert, was man über Lerntheorien und die vier mentalen Dimensionen wissen sollte. Außerdem thematisiert das Buch im zweiten großen Hauptkapitel die pädagogischen Zielsetzungen, die Persönlichkeitsentwicklung, die Entwicklungsbereiche im Fußballtraining, die mentale Entwicklung sowie die Fußballspielintelligenz und ihre Entwicklungsstufen.

Daran anknüpfend widmet sich das Buch in einem eigenen Kapitel dem Fußballtrainer und seiner Rolle als Vorbild, Pädagoge und Berater, bevor das nächste Kapitel die ersten praxisorientierten Grundlagen im Training aufzeigt und damit die Brücke zu den praktischen Kapiteln im Buch schlägt. Dabei bringt Ihnen das Buch zunächst die sinnvolle Gestaltung des Aufwärmtrainings, inklusive Aufbau, spielerischer Inspiration und Mobilisierung, näher, bevor es den Fokus anschließend auf das Koordinationstraining und die sieben koordinativen Fähigkeiten richtet.

Im siebten Hauptkapitel folgen dann die Kapitel zu den grundlegenden Fertigkeiten im Fußball, die durch zahlreiche Spiele, Übungen und Anleitungen angereichert sind. Im Anschluss widmet sich das Buch erneut der Fußballintelligenz und zeigt auf, mit welchen Spielen und Durchführungen diese optimal gefördert werden kann, bevor eine Vielzahl von weiteren kreativen Übungsspielen und fortgeschrittener Übungen, unter anderem zum Mannschafts- und Gruppentraining, zum Positionstraining sowie zu Standardsituationen, folgen.

Die Kapitel zum Konditionstraining sowie zum Torwarttraining markieren die letzten beiden thematischen Schwerpunkte, bevor das Bonus-Kapitel zum 12-Wochen-Programm sowie letzte Schlussgedanken das Buch schließen.

Einführung

WAS IST GUTES FUSSBALLTRAINING FÜR KINDER?

Es gibt keine andere Sportart, die auf Kinder so eine große Anziehungskraft hat, sie so sehr begeistert und mitreißt wie Fußball. Einmal die Fußballschuhe geschnürt, die Stutzen hochgezogen, auf den Rasen des Platzes eingelaufen und gegen den Ball getreten, können nur die wenigsten Kinder dem magischen Bann des Fußballs entfliehen.

Doch Fußball ist noch so viel mehr, als nur gegen einen Ball zu treten. Fußball bedeutet Freude an der Bewegung, der perfekte Ausgleich zum schulischen Druck und zu familiären Streitigkeiten, die Teilhabe an Teamsituationen, das Erlernen sozialer Kompetenzen und das Einhalten von Regeln. Durch Fußball nimmt der für Kinder zunächst abstrakte Begriff der Teamfähigkeit plötzlich Farbe an und die Fußballmannschaft, die zunächst nur auf dem Platz als Einheit fungiert, wird auf einmal zur zweiten Familie. Fußball ist so viel mehr als nur eine Sportart und die Momente, die Kinder im Training und im Team durchleben, werden sie für den Rest ihres Lebens prägen.

Was in den ersten Jahren mit Spaß am Sport beginnt, kann mit der Zeit in der Entscheidung münden, sein Geld als Profifußballer zu verdienen. Mit zunehmendem Alter durchlaufen Kinder jedoch immer mehr Veränderungen, wodurch auch die Anforderungen an das Training variieren. Auf der einen Seite spielen Wachstumsphasen, der Eintritt in die Pubertät, die erste große Liebe, der schulische Anspruch und die Freizeitgestaltung eine immer wichtigere Rolle, auf der anderen Seite werden natürlich auch die Trainingsinhalte mit steigendem Alter anspruchsvoller. Welche Dinge gilt es also, zu beachten, wenn man als Trainer das Fußballtraining für seine Mannschaft plant?

Goldene Regeln für kindgerechtes Fußballtraining

Technik, Taktik, Koordination, Schnelligkeit, Geschick und Co. – zum Fußballtraining von Kindern gehören viele verschiedene Facetten, die regelmäßig trainiert werden sollten. Kinder trainieren meistens aus ganz anderen Gründen als Erwachsene und haben somit auch eine ganz andere Motivation. Sie spielen Fußball, weil es ihnen Spaß bereitet, sie das Fußballspielen von Freunden oder Geschwistern kennen oder weil der Fußball ihre Leidenschaft ist und sie für den Sport brennen. Damit ihr Spaß am Fußball auch noch nach der Anfangszeit bestehen bleibt und sie weiterhin mit viel Freude am Ball bleiben, sollten Trainer beim Kinderfußball immer für ausreichend **Erfüllung und Abwechslung** sorgen, damit keinerlei Langeweile aufkommen kann und die Kinder voller Neugierde bei der Sache bleiben.

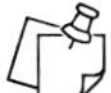

Den wichtigsten Tipp, den jeder Trainer dabei beherzigen sollte, ist es, **die Kinder zu motivieren**.

Gerade bei den Bambinis wird schnell ersichtlich, dass ohne Motivation gar nichts geht. Sehen Kinder keinen Grund, um beim Fußballtraining mitzuziehen, können sie ganz schön hartnäckig sein und sich gegen die Anweisungen des Trainers sträuben. Natürlich muss eine gewisse **Grundmotivation** für den Sport von jedem Kind selbst ausgehen, jedoch können Trainer diesen Impuls fördern, indem sie auf die Kinder eingehen, respektvoll mit ihnen umgehen, auf ihre Wortwahl achten und sie unterstützen. Selbstverständlich trägt auch der **Erfolg im Punktspielbetrieb** in den höheren Altersklassen dazu bei, dass die Kinder mit Freude zum Training kommen. Doch auch die einzelnen Trainingseinheiten können so gestaltet werden, dass die gesamte Mannschaft Erfolge feiern kann.

Daneben machen auch die **Eltern der Kinder** einen großen Teil der Motivation aus, weil sie ebenfalls ein wichtiger Bestandteil der Mannschaft sind. Immerhin hängt von ihrer Organisation so einiges ab. Trainingseinheiten, Trainingszeiten, Spiele am Wochenende, Anfahrten und Veranstaltungen müssen alle miteinander vereinbart werden, weshalb Trainer meistens auf die Unterstützung der Eltern angewiesen sind. Gerade in den jüngeren Altersklassen ist es deshalb umso wichtiger, dass diese mit den Eltern transparent, ehrlich und offen kommunizieren und sie dazu bewegen, ihre Kinder auch zuhause zu motivieren.

Fehlt den Kindern jedoch der Spaß und die Freude am Training, wird über kurz oder lang auch ihre Motivation verloren gehen – ganz gleich, wie sehr ihr Trainer und ihre Eltern sie auch motivieren. Als Trainer kann man den Verlust der Freude jedoch verhindern, indem man **Spaß im Training einfach aktiv zulässt**, vor allem die Bambinis **spielerisch lernen** lässt und sie **nicht mit Leistungsdruck überwältigt**. Außerdem ist es wichtig, als Trainer **ausreichend Pausen** einzuplanen, **nicht bis zur Erschöpfung zu trainieren** und die Kids dazu zu animieren, **ausreichend zu trinken**.

Spaß und Freude im Training führen gleichzeitig auch zu einer Stärkung des Mannschaftsgefühls und dadurch zu einer Win-win-Situation. Fußball ist ein **Mannschaftssport**, bei dem sich das gesamte Team aus den individuellen

Stärken jedes einzelnen Spielers sowie aus der Beziehung der Spieler untereinander zusammensetzt. Die besten Spieler nützen nämlich nur halb so viel, wenn die Mannschaft nicht als Kollektiv funktioniert und als Einheit auf dem Platz steht. Beim Fußball geht es nicht um den Willen jedes Spielers, denn die individuellen Bedürfnisse müssen bis zu einem gewissen Maß dem Team untergeordnet werden. Teamfähigkeit, Anpassungsfähigkeit, Empathie, Hilfsbereitschaft und Disziplin sind wichtige Eigenschaften, die Kinder im Laufe ihres Lebens sowieso erlernen müssen. Der Fußball hilft ihnen dabei, diese Eigenschaften schon frühzeitig zu verinnerlichen.

Der Trainer sollte seinen Schützlingen jedoch nicht nur bei der Formung ihrer eigenen Persönlichkeit helfen, sondern ihnen auch frühzeitig **wesentliche Grundinformationen** beibringen, **das Team formen** und jedem Kind **eine Rolle zuweisen**. Gerade bei den jüngeren Spielern ist es dabei wichtig, die **Regeln des Fußballs kindgerecht und einfach** zu erklären, da sich der Aha-Effekt bei den Jüngsten erst dann einstellt, wenn ihnen Dinge verständlich erläutert wurden. Je älter die Kinder werden, desto komplexer können die Begriffe, Spielzüge und Systeme dann sein, die der Trainer erklärt. Er sollte jedoch immer im Hinterkopf behalten, dass jede neue Aufgabe, Übung, Methode und jeder einzelne neue Spielzug Zeit braucht, um sich in den Köpfen der Kinder zu manifestieren. Sie prägen sich Neues nur durch entsprechende **regelmäßige Wiederholungen** und viel **Zeit** ein und können neue Dinge dadurch vertiefen. Natürlich lernt auch jedes Kind in seinem eigenen **individuellen Tempo** und macht eigene Fortschritte. Die Aufgabe des Trainers ist es hierbei, die Geschwindigkeit jedes einzelnen Spielers herauszufiltern und diese zu berücksichtigen.

Nicht nur dem Training, sondern auch dem **Trainer** selbst kommt beim Fußball eine **zentrale Rolle** zu. Bei den Jüngsten sollte er Vorbild und Vertrauensperson zugleich sein, wohingegen er bei höheren Altersklassen außerdem in der Lage sein sollte, feste Regeln aufzustellen und seinen Spielern zu sagen, wenn sie einen Fehler begangen haben oder wo Verbesserungspotenzial steckt. Auf der anderen Seite muss ein Trainer jedoch auch offen für Kritik und Verbesserungsvorschläge seitens seiner Mannschaft sein und ehrlich auf Augenhöhe kommunizieren.

Eine wichtige und zugleich oftmals unterschätzte Möglichkeit, um als Trainer ein gutes Fußballtraining zu ermöglichen und die Motivation der Kinder hochzuhalten, ist es außerdem, die **Kinder zu loben**. Ein Lob ist mit kaum Aufwand verbunden, bewirkt jedoch bei jedem Menschen, ganz gleich, wie alt, wahre Wunder. Loben wir Kinder bei einem Erfolgserlebnis, durchleben sie direkt einen riesigen Motivationsschub. Und wenn mal etwas nicht ganz so gut läuft, sollten Kinder angespornt werden, um es beim nächsten Mal einfach besser zu machen.

Darüber hinaus ist es vor allem in den ersten Jahren der Fußballkarriere wichtig, **erste Bewegungsschulen** bei den Bambinis und regelmäßig **verschiedene Spielformen** in die Trainingseinheiten älterer Kinder zu integrieren. Eine vielseitige Bewegungsschule lehrt die kleinsten Kicker bereits von Beginn an, wie sie sich in ganz bestimmten Situationen bewegen sollten, und schult gleichzeitig auch ihre motorischen Grundbewegungen. Dafür bieten sich zahlreiche Geräte und Hilfsmittel, zum Beispiel Bänke, Hütchen, Kästen oder Medizinbälle, an. Etwas ältere Kinder profitieren außerdem von verschiedenen Spielformen, durch die sie wichtige Anforderungen zu meistern lernen, die im Fußball immer wieder von ihnen gefordert werden. Natürlich sollten bei jüngeren Altersklassen hierbei andere Regeln gelten als bei älteren. Wichtig bei allen Altersklassen ist jedoch, dass immer wieder **Tore geschossen** werden, damit die Kinder **Erfolgserlebnisse feiern** können. Hierfür bietet es sich an, dass der Trainer die Kinder in möglichst kleinen Mannschaften auf kleinen Spielfeldern mit relativ simplen und schnell zu verstehenden Regeln spielen lässt. Dadurch können sich die Kinder außerdem an die Sportart inklusive aller Regeln herantasten und gleichzeitig Spaß am Spiel haben.

In den Trainingseinheiten sollten die meisten Übungen zweifellos **abwechslungsreich**, **spannend** und **mit dem Ball** gestaltet sein. Dabei können zum Beispiel Passübungen bereits von Anfang an durchgeführt werden, da die Kinder von ihrem Ballgefühl später nur profitieren werden. Am besten werden diese dann noch mit Torschüssen und kleinen Wettbewerben kombiniert – angepasst auf Altersklasse und Leistungsvermögen –, um ein erlebnisreiches Fußballtraining zu gestalten.

In jedem Fall sollten der **Aufbau** sowie die **Ausübung** der einzelnen Trainingseinheiten je nach Altersklasse **variieren** und mit den Kindern mitwachsen. Inwiefern sich die jeweiligen Altersklassen überhaupt voneinander unterscheiden, was Trainer beachten sollten und welche Altersgruppen welchen Klassen zugeordnet werden, können Sie in dem nachfolgenden Leitfaden nachlesen.

Checkliste für Trainer und Trainerinnen:

Die goldenen Regeln für kindgerechtes Fußballtraining

✓ die Kinder motivieren und regelmäßig loben
✓ für ausreichend Erfüllung, Abwechslung und Spaß sorgen
✓ Spaß im Training aktiv zulassen
✓ spielerisches Lernen
✓ erste Bewegungsschulen und verschiedene Spielformen
✓ abwechslungsreiches und spannendes Training mit Ball und vielen Toren
✓ regelmäßige Wiederholungen
✓ ausreichend Zeit einplanen
✓ jedes Kind lernt in seinem eigenen individuellen Tempo
✓ Überwältigung durch Leistungsdruck vermeiden
✓ ausreichend Pausen und ausreichend trinken
✓ kein Training bis zur Erschöpfung
✓ Grundmotivation für den Sport als notwendige Voraussetzung
✓ die Eltern der Kinder als Motivatoren
✓ Trainer nimmt zentrale Rolle ein
✓ Erfolg im Punktspielbetrieb
✓ Erfolgserlebnisse feiern
✓ Fußball als Mannschaftssport
✓ Formung des Teams
✓ klare Rollen innerhalb der Mannschaft
✓ Erlernen von wesentlichen Grundinformationen und Basisregeln
✓ kindgerechtes und einfaches Erklären der Regeln
✓ Variation von Aufbau und Ausübung der einzelnen Trainingseinheiten je nach Altersklasse

Die Altersklassen

4 bis 6 Jahre: Bambini

Bambinis sind super verspielt, sehr neugierig und Ich-bezogen. Sie besitzen nur ein geringes Konzentrationsvermögen und ermüden schnell, weshalb das Hauptaugenmerk bei den jüngsten Kickern in den ersten Jahren auf dem Spaß an der Bewegung und dem Sport liegen sollte. Grundsätzlich bieten sich eine bis zwei Trainingseinheiten à 60 Minuten pro Woche an, wobei das Training vor allem auf viele verschiedene Spielformen abzielen sollte, die automatisch unterschiedliche Grundlagen in den Bereichen Ballgefühl, Beweglichkeit, Konzentration, Reaktionsvermögen, Gleichgewichtssinn und Muskulatur schulen. Wichtig ist außerdem, dass der Trainer seine angehenden Fußballprofis keinen allzu langen Wartezeiten aussetzt und das Training mit vielen Bällen, Stationen und Toren auf kurzen Distanzen gestaltet. Je nach Mannschaftsgröße bietet es sich hierbei an, das Team in kleinere Gruppen aufzuteilen, um die Motivation der Kinder hoch und sie ständig in Bewegung zu halten. Gerade bei den Bambinis ist die Rolle des Trainers von ganz besonderer Bedeutung, da er eher als Freund angesehen und keinesfalls als autoritärer Inhaltsvermittler betrachtet werden sollte.

Da Leistungsdruck und Punktspiele in dieser Altersklasse noch nichts verloren haben, bietet es sich an, hin und wieder Freundschaftsspiele mit anderen Vereinen auszumachen. Der Trainer sollte seinen Bambinis jedoch deutlich machen, dass er keinen Wert auf das Ergebnis legt, sondern es vielmehr darum geht, dass die Jungs und Mädchen Spaß am Spiel haben und neue Erfahrungen auf allen Positionen sammeln. Dafür ist es natürlich ebenso wichtig, dass alle Kinder, unabhängig von ihrer Spielstärke, dieselbe Spielzeit bekommen. Dadurch bleiben nicht nur alle Kinder motiviert und sammeln Spielpraxis, sondern lernen außerdem, was es bedeutet, ein Team zu sein.

Bambinis

- Fokus: Spaß am Fußball und an der Bewegung
- Spielformen ohne lange Wartezeiten
- Trainer: wesentliche Rolle, sollte nicht autoritär auftreten
- 1-2 Trainingseinheiten à 60 Minuten pro Woche
- kein Leistungsdruck und keine Punktspiele, dafür hin und wieder regionale Freundschaftsspiele
- keine festen Positionen
- faire Einsatzzeiten

6 bis 9 Jahre: F-Jugend

Sobald die Kinder zwischen sechs und neun Jahre alt sind, sollten Trainer damit beginnen, ihnen die Spielidee des Fußballs zu vermitteln, sodass sie die Grundregeln des Sports kennenlernen können. Durch Spaß und Freude am Spiel kann es ihrem Trainer, trotz ihres geringen Konzentrationsvermögens, gelingen, ihnen vielfältige Bewegungserfahrungen zu ermöglichen und Vielseitigkeit am Ball näherzubringen. Außerdem ist es wichtig, nun die koordinativen Fähigkeiten der Kinder zu trainieren und dabei immer den Ball selbst einzubeziehen, zum Beispiel, indem die koordinativen Übungen mit einem Pass, der Ballannahme oder dem Torabschluss kombiniert werden. Das kann man ganz wunderbar erreichen, indem man viele Spielformen in das Training integriert. Mit sogenannten Provokationsregeln kann außerdem, durch simple Regeln innerhalb der Spielform, ein ganz bestimmtes Spielverhalten provoziert werden. So kann der Trainer zum Beispiel eine Kontaktbegrenzung vorgeben, die unweigerlich dazu führt, dass der Ball nicht zu lange im Besitz eines Kindes ist, wodurch ein schnelleres Spielen gefördert wird.

Die Trainingseinheiten in der F-Jugend können schon etwas länger ausfallen als die der Bambinis. Idealerweise trainieren die Kinder zweimal pro Woche für jeweils 70 Minuten in kleinen Gruppen und in überschaubarer Entfernung. Während der Trainingseinheiten sollte jedes Kind die Chance bekommen, innerhalb der Mannschaft zu rotieren und sich damit auf jeder Position einmal auszuprobieren, um herauszufinden, welche ihm am meisten gefällt und wo es seine Fähigkeiten am besten einbringen kann.

Genau wie bei den Bambinis spielt der Trainer auch in der F-Jugend eine ganz besondere Rolle und sollte Vorbild und Vertrauensperson zugleich sein. Die Frage, ob er seine Mannschaft in diesem Alter schon für Punktspiele anmelden sollte, ist relativ schwierig zu beantworten. Auf der einen Seite sind ein gewisser Ehrgeiz sowie Wettkampfgedanke unentbehrlich, auf der anderen Seite könnte er jedoch auch Gefahr laufen, durch den Punktspielbetrieb falsche Ziele und Prioritäten zu setzen.

F-Jugend

- erste spielerische Einheiten zu koordinativen Fähigkeiten mit Einbezug des Balls
- hauptsächlich Spielformen ohne lange Wartezeiten
- Trainer: Vorbild und Vertrauensperson zugleich
- 2 Trainingseinheiten à 70 Minuten pro Woche
- Rotation der Positionen innerhalb der Mannschaft
- Entscheidung für Punktspielbetrieb muss Trainer selbst abwägen

9 bis 11 Jahre: E-Jugend

Kinder im Alter zwischen neun und elf Jahren besitzen einen hohen Gerechtigkeitssinn, der auf dem Spielfeld in Form von Fairness und Ehrlichkeit zum Ausdruck kommt. Ihre Spiel- und Bewegungsfreude ist, genau wie bei jüngeren Kindern, stark ausgeprägt. Außerdem orientieren sich die Kinder weiterhin an ihrem Trainer, der ihnen die Grundregeln sowie die Spielidee des Fußballs vermitteln sollte. Durch das spielerische Üben technischer Grundlagen und Fertigkeiten sowie der Vielseitigkeit am Ball gelingt es ihm, die Freude und den Spaß am Fußballspiel auf die Kinder zu übertragen und die Grundlage für all das zu legen, was Fußballer an Handwerkszeug benötigen.

Sobald der Trainer jedoch taktische Elemente in die Trainingseinheiten einführt, muss er im Zuge dessen auch dafür sorgen, dass sowohl die kognitiven als auch die athletischen Fähigkeiten der Kinder ausreichend geschult werden. Beim Fußball sind Laufbereitschaft, Kraft und die allgemeine physische Verfassung der Spieler von großer Bedeutung. Darüber hinaus müssen sie in der Lage sein, Entscheidungen blitzschnell und konsequent zu treffen, um beispielsweise das schnelle Umschaltspiel von der Defensive in die Offensive zu gewährleisten. Aus diesem Grund sollten Trainer bereits in der E-Jugend mit kognitiven und athletischen Basics beginnen und diese in der D-Jugend ausbauen und vertiefen. In der D-Jugend bietet es sich dann auch an, Kraftübungen in das Training zu integrieren oder den Kindern diese als kleine Hausaufgabe bis zum nächsten Training mitzugeben.

Grundsätzlich sind in der E-Jugend zwei Trainingseinheiten pro Woche à 70 Minuten empfehlenswert, in denen die Kinder in kleinen Gruppen auf einem kleinen Spielfeld in überschaubarer Entfernung die Grundregeln des Fußballs erlernen und verschiedene Positionen im Zusammenspiel kennenlernen können. Das Training sollte einfach organisiert sein. Außerdem sind Übungen mit wechselnden Aufgaben an verschiedenen Stationen sinnvoll.

E-Jugend

- spielerisches Üben erster technischer Grundlagen in Kombination mit permanentem Training am Ball
- Einführung von Technik-Basics: Schulung von ersten kognitiven und athletischen Fähigkeiten
- Trainer: weiterhin Vorbildfunktion, führt jedoch erste Regeln und Gesetze ein
- 2 Trainingseinheiten à 70 Minuten pro Woche
- Rotation der Positionen innerhalb der Mannschaft

11 bis 13 Jahre: D-Jugend

Im Alter von etwa elf Jahren treten Kinder in das sogenannte erste *Goldene Lernalter* ein. Diese Phase zeichnet sich durch hohe Lernbereitschaft, Aufnahmefähigkeit, Konzentrationsvermögen, Motivation sowie das enorme Voranschreiten der körperlichen Entwicklung aus. In diesem Alter sind Koordinationsübungen unersetzlich, jedoch können die Kinder auch durch Festigung sowie Verbesserung ihrer Technik enorme Fortschritte machen. Die ersten taktischen Basics aus der E-Jugend sollten nun vom Trainer aufgegriffen und mit weiteren kognitiven und athletischen Fähigkeiten kombiniert und vertieft werden. Ab der D-Jugend bieten sich außerdem bereits komplexere Systeme und Spielzüge an, die die Kinder lernen sollten, insofern sie die technischen Grundlagen dafür besitzen. Denn ohne eine fehlerfreie Ballannahme und Ballmitnahme sowie ohne sicheres Passspiel können die Kinder Systeme, Eröffnungen und komplexere Spielzüge nur sehr schwer umsetzen.Damit die Kinder sowohl ihre taktischen als auch technischen Aspekte im Spiel umsetzen können, sollte der Trainer nicht zu starke Gegner auswählen. Nichtsdestotrotz machen Spiele gegen vermeintlich stärkere Gegner hin und wieder Sinn, damit der Trainer die Positionen sowie den Leistungsstand und Fortschritt der Kinder feststellen kann. An ihren Fähigkeiten können die Kinder dann in den beiden Trainingseinheiten à 90 Minuten pro Woche durch systematische Spiel- und Übungsformen arbeiten. Grundsätzlich kommt dem Trainer während der D-Jugend eine außerordentlich wichtige Rolle zu, da er von nun an nicht mehr nur ein Freund für seine Spieler ist, sondern auch Grenzen und Regeln einführen und diese durchsetzen muss. Grenzen und Regeln sind nämlich nicht nur für ein strukturiertes und geordnetes Training wichtig, sondern fördern auch den Teamgeist und die sozialen Aspekte des Fußballs. Kinder müssen lernen, dass eben nicht nur die fußballerischen und die technischen Komponenten wesentliche Bestandteile vom Fußball sind, sondern auch, dass der Teamgedanke, das Zusammengehörigkeitsgefühl und das allgemeine Sozialverhalten innerhalb einer Gruppe immens wichtig sind.

D-Jugend

- 1. goldenes Lernalter
- Fokus: Koordination und Technik, Einführung komplexerer Systeme und Spielzüge
- Vertiefung von kognitiven und athletischen Fähigkeiten
- Trainer: Freund und Autoritätsperson, die Grenzen und Regeln festlegt
- Hoher Stellenwert: (neben fußballerischen und technischen Komponenten) Teamgedanke und soziale Aspekte
- 2 Trainingseinheiten á 90 Minuten pro Woche
- Punktspiele gegen stärkere Gegner zum Testen der eigenen Mannschaft
- Rotation der Positionen innerhalb der Mannschaft

13 bis 15 Jahre: C-Jugend

Idealerweise wurden die technischen Grundlagen in den vorangegangenen Altersklassen so gut ausgebildet, dass Ausdauer, Kraft, Athletik und Schnelligkeit ab der C-Jugend in den Mittelpunkt des Fußballtrainings rücken können. Das bedeutet natürlich nicht, dass Trainer Koordination und Technik von nun an außer Acht lassen können. Vielmehr bietet es sich an, die unterschiedlichen Bereiche im Training zu kombinieren, da es mit steigendem Alter der Kinder immer wichtiger wird, die Technik unter Druck und in hohem Tempo präzise zu festigen. Auf Grundlage dessen können die in der Vergangenheit erlernten Techniken zudem verfeinert und in wettkampfnahen Spielsituationen angewendet werden. Daneben ist eine ausführliche und regelmäßige Taktikschule sowie die Entwicklung der eigenen Spielphilosophie unerlässlich. Dafür sollten im Training taktische Feinheiten, Abläufe und Spielzüge besprochen und trainiert werden. Wenn ausreichend finanzielle Mittel zur Verfügung stehen, können diese gerne auch mit Videoanalysen vergangener Spiele oder Videoanalysen der Gegner kombiniert werden. Außerdem sollten die jeweiligen Positionen ab der C-Jugend fest unter den Spielern eingeteilt sein und bei der Taktikschulung natürlich auch individuell trainiert werden. Vor allem bei der Position des Torhüters ist das spezielle Training maßgebend. Wenn nicht schon im Vorfeld geschehen, sollte das Ziel ab der C-Jugend daher sein, zunächst herauszustellen, welcher Spieler für welche Position geeignet ist, und anschließend sowohl die taktischen als auch die technischen Spezialisten für die unterschiedlichen Positionen auszubilden. In der Regel bieten sich ab der C-Jugend zwei bis drei Trainingseinheiten pro Woche à 90 Minuten an, die ausreichend Zeit für die Stabilisierung der erlernten individual- sowie gruppentaktischen Maßnahmen bieten. Gerade in der C-Jugend befinden sich die heranwachsenden Kinder in einer schwierigen Phase, die von vielen persönlichen Umbrüchen, emotionaler Unausgeglichenheit, seelischer Unausgewogenheit sowie sozialen und psychischen Spannungen begleitet wird. Deshalb kommt dem Trainer auch in dieser Altersklasse eine unglaublich wichtige Bedeutung zu. Von ihm wird viel Geduld, Feingefühl und Verständnis abverlangt, denn nur so kann eine vernünftige Grundlage geschaffen werden, um mit den Mädchen und Jungs erfolgreiche Trainingseinheiten gestalten zu können.

C-Jugend

- Fokus: Ausdauer, Kraft, Athletik und Schnelligkeit
- Festigung von Koordination und Technik
- regelmäßige Taktikschulung und Entwicklung der eigenen Spielphilosophie
- festgelegte Positionen mit positionsspezifischen Trainingseinheiten
- Trainer: autoritär, geduldig und verständnisvoll in gleichen Maßen
- 2-3 Trainingseinheiten à 90 Minuten pro Woche

15 bis 19 Jahre: B- und A-Jugend

Ab der B-Jugend treten die Jugendlichen in die Phase des zweiten goldenen Lernalters ein, die mit einer hohen Lern- und Leistungsbereitschaft und einem ausgeglichenen Zustand von Körper und Geist einhergeht. Mit Eintreten in die A-Jugend wird ihr Entwicklungsstand außerdem durch eine hohe Eigenmotivation, eine ausgebildete Leistungsfähigkeit und -bereitschaft sowie die Reifung zu einer autonomen Persönlichkeit ergänzt. Gleichzeitig rückt jedoch auch das schulische bzw. berufliche, das private sowie das soziale Umfeld mehr in den Vordergrund und beansprucht die Zeit der Spieler. Der Fußball sollte dann auf keinen Fall als zusätzliche Belastung empfunden werden, sondern Spaß machen und den B- und A-Junioren als Ausgleich dienen. Obgleich es nicht immer ganz einfach ist, hier das Gleichgewicht zu finden, gehört es zu den grundlegenden Aufgaben jedes Trainers, seinen Spielern auch hierbei unterstützend zur Seite zu stehen und sie auf ihrem Weg zu begleiten.

Sowohl die Trainingszeit als auch die Trainingshäufigkeit sollten, natürlich in Abhängigkeit vom persönlichen Umfeld und den Ambitionen von Mannschaft und Verein, auf zwei bis vier Einheiten à 90 bis 120 Minuten pro Woche erhöht werden. Aufgrund des steigenden Anforderungsprofils sowie des Umfangs der Inhalte im Training sind längere und häufigere Trainingseinheiten durchaus begründet. Im Zuge dessen ist eine Einteilung der Einheiten natürlich sinnvoll und man könnte Raum und Zeit schaffen, um die unterschiedlichen Bereiche wie Technik, Taktik, Koordination, Kraft, Ausdauer und Co. gleichermaßen abzudecken. Dadurch können zunehmend komplexere Übungen und Spielformen unter Wettkampfbedingungen in das Training integriert, die Aufgaben positionsspezifisch vermittelt und sowohl die taktischen Verhaltensweisen als auch die technischen Fertigkeiten angewendet werden.

B- und A-Jugend

- 2. goldenes Lernalter
- Berücksichtigung des schulischen bzw. beruflichen, privaten sowie sozialen Umfelds
- Schwerpunkte: Technik, Taktik, Koordination, Kraft, Ausdauer und Co.
- regelmäßige Taktikschulung
- positionsspezifisches Training
- Trainer als autoritärer und verständnisvoller Unterstützer
- 2-4 Trainingseinheiten à 90 bis 120 Minuten pro Woche

Exkurs: Fokus Nationalspieler

Die meisten Fußballprofis haben ihre Leidenschaft für den Fußball bereits im Kindesalter auf ihren heimischen Bolzplätzen entdeckt. Bei wem das Kicken schon in jungen Jahren Begeisterung entfacht, sollte sich recht früh einen Verein suchen, diesem beitreten und am regelmäßigen Training teilnehmen, um die eigenen Fähigkeiten auszubauen und weiterzuentwickeln. Im Verein wird sich relativ schnell zeigen, ob man ein ausgeprägtes fußballerisches Talent besitzt oder nicht.

In den jüngeren Altersklassen schauen sich immer wieder sogenannte Sichter um, die die talentiertesten Spieler des Teams in Förderprogramme aufnehmen oder um diese zum Leistungstest einzuladen, bei dessen erfolgreichen Bestehen sie in einem bestimmten Alter auf die Sportschule wechseln können, auf der sie ihr Talent im professionellen Training weiterentwickeln und sich mit anderen messen können. In höheren Altersklassen halten außerdem Profivereine immer wieder Ausschau nach geeigneten Talenten, weshalb es sich anbietet, vor allem bei größeren Turnieren mitzuspielen, bei denen Talentscouts häufig anwesend sind. Die von den Scouts gesichteten Talente werden dann zum Probetraining beim jeweiligen Verein eingeladen. Wird dieses erfolgreich abgeschlossen, kann der Wechsel von der Jugendmannschaft in den größeren Verein vertraglich festgesetzt werden.

Doch selbst, nachdem talentierte Spieler den Wechsel in größere Vereine geschafft haben, ist der Weg zum Profifußballer immer noch lang und steinig. Disziplin, Ehrgeiz, außergewöhnliches Talent und harte Arbeit sind wesentliche Grundvoraussetzungen, um sich während des Trainings und während der Spiele von anderen abzusetzen, herauszuragen und aufzufallen. Die meisten Spieler, die es dann von der Jugendmannschaft in den Profibereich schaffen, spielen „nur“ in der zweiten oder dritten Liga. Viele von ihnen werden auf ihrem Weg außerdem von Verletzungen ausgebremst, wodurch der Traum vom Nationalspieler in weite Ferne rückt.

Auf dem Platz zu verzaubern und aufzufallen gelingt nur dann, wenn man ausreichende Leistungen bringt. Neben technischen, taktischen und athletischen Fähig- und Fertigkeiten ist es zudem wichtig, auch mentale Stärke zu beweisen und sich auf dem Platz zu 100 % auf den Fußball zu konzentrieren. Natürlich bringt der Traum vom Profifußballer auch viele Entbehrungen mit sich: keine Partys, kein Alkohol und gesunde Ernährung. Der Fußball muss immer Priorität haben, wodurch viele andere Dinge auf der Strecke bleiben. Nur, wer es schafft, die notwendigen Schritte zu gehen und auf viele Dinge zu verzichten, auf dem Platz positiv aufzufallen und immer sein Bestes zu geben, schafft den Weg zum Fußballprofi und bekommt einen Profivertrag angeboten.

Der Weg zum Fußballprofi

- körperliche Fitness
- Disziplin, Talent, Ehrgeiz, harte Arbeit und Motivation
- technische, taktische, athletische und mentale Fähig- und Fertigkeiten
- hohe Spielintelligenz
- auffallende positive Leistungen auf dem Spielfeld
- Teamplayer sein
- Entbehrungen und Verzicht

Fußballfähigkeiten altersgerecht fördern

Wie Kinder lernen – Was man über Lerntheorien wissen sollte

Es dürfte inzwischen kein allzu großes Geheimnis mehr sein, dass Kinder anders lernen als Erwachsene. Da die Forschung zum Lernen bei Kindern in vielen Bereichen jedoch noch in den Kinderschuhen steckt, gibt es immer wieder neue Ansätze zur Forderung und Förderung von Kindern.

Lernen ist ein komplexer und facettenreicher Prozess, der ein Leben lang andauert. Beim Lernprozess vergleichen wir ständig das bereits in der Vergangenheit erlernte Wissen mit neu gesammelten Erfahrungen und gruppieren diese zu neuen Erkenntnissen, wodurch unser Grundwissen stetig wächst. Wie schnell und vor allem gut Kinder lernen und sich entwickeln, ist dabei von einer Vielzahl verschiedener Faktoren abhängig und deshalb sehr individuell. Neben den Erbanlagen, die das Fundament für die Entwicklung legen, spielen außerdem der Erziehungsstil der Eltern, die Umwelt und gesellschaftliche, soziale sowie kulturelle Einflüsse eine wesentliche Rolle.

Grundsätzlich orientiert sich die Lernentwicklung von Kindern an ihren kognitiven Möglichkeiten – also ihren Fähigkeiten, sich zu erinnern, zu denken und zu planen. Die Grundlage des Lernvorgangs legen dabei die unterschiedlichen Bereiche der Wahrnehmung und die Sinne inklusive ihrer Vernetzung und Integration.

Entwicklungsstörungen der

- visuellen (Sehsinn),
- auditiven (Hörsinn),
- taktilen (Tastsinn) oder
- vestibulären (Gleichgewichtssinn) Wahrnehmung
- sowie der Fein- oder Grobmotorik

können zu Schwierigkeiten oder Problemen der Lernentwicklung führen. Heutzutage gibt es unzählige Modelle und Hypothesen, die darin versucht sind, den Lernprozess zu beschreiben. Die **klassischen Lerntheorien** lassen sich dabei in zwei Hauptzweige unterteilen: den **Behaviorismus** und den **Kognitivismus**.

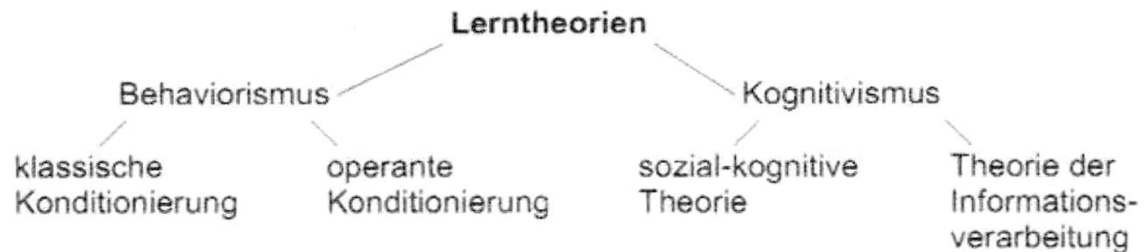

Behaviorismus

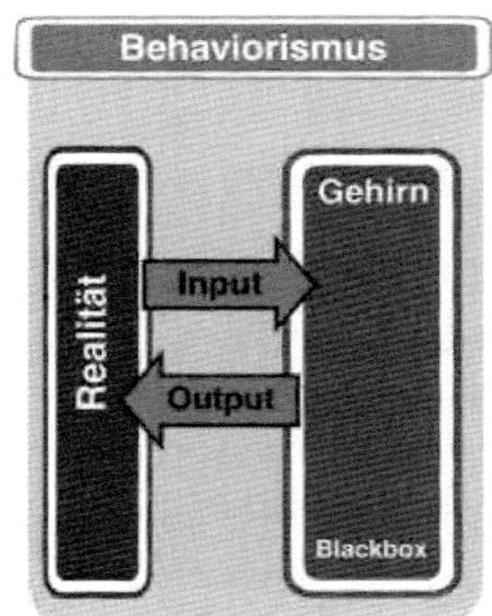

Der zentrale Aspekt der behavioristischen Lerntheorie ist die Untersuchung des beobachtbaren Verhaltens, wobei die mentalen Prozesse, die im Gehirn stattfinden, nicht von Interesse sind und ausgeblendet werden. Im Gegensatz dazu werden bei den kognitivistischen Lerntheorien sowohl die Emotionen als auch die Kognitionen mit in das Modell des Lernprozesses integriert, da dort die Informationsverarbeitung, die Organisationsprozesse sowie die Entscheidungsvorgänge im Vordergrund stehen.

Bei den **behavioristischen Lerntheorien** liegt der **Schwerpunkt** demnach **auf dem Menschen**, der als **Ergebnis seiner Umwelt** betrachtet wird. Dabei liegt der Fokus auf einem Reiz-Reaktions-Modell. Außerdem wird der behavioristische Lernansatz nochmals unterteilt: in die **klassische Konditionierung** und die **operante Konditionierung**.

1. Klassische Konditionierung

Die **klassische Konditionierung** wurde von dem Physiologen Iwan Pawlow begründet. Die Kernaussage der klassischen Konditionierung ist, dass ein **unbedingter und ein bedingter Stimulus durch Wiederholungen miteinander gekoppelt werden können**. Nach der Konditionierung löst der bedingte Stimulus dabei dieselbe Reaktion aus, die im Vorfeld nur der unbedingte Stimulus auslösen konnte. Bei der klassischen Konditionierung geht es demnach darum, dass ein **Lebewesen** (ein Mensch oder ein Tier) **erlernt, ein bestimmtes Verhalten infolge eines speziellen Signals zu zeigen**. Die Konditionierung beginnt dabei mit einem unbedingten Stimulus, also einem Reiz, der die unbedingte Reaktion, also das erwünschte Verhalten, natürlich auslöst, da die Reaktion beispielsweise angeboren ist. Das Ziel der klassischen Konditionierung ist nun, dass der Mensch oder aber auch das Tier lernt, dieselbe Reaktion auf einen anderen Reiz, also einen neutralen Stimulus, zu zeigen.

Hierfür wird dem Menschen oder dem Tier sowohl der neutrale Stimulus als auch der unbedingte Stimulus immer wieder in kurzen Abständen präsentiert, wodurch die beiden Stimuli und die Reaktion vom Lebewesen miteinander verknüpft werden. Infolgedessen entwickelt sich der neutrale Stimulus zu dem bedingten Stimulus und die unbedingte Reaktion wird zur bedingten Reaktion. Durch die klassische Konditionierung kann das Lebewesen nun auch infolge des ursprünglich neutralen Reizes mit den erwünschten Verhaltensweisen reagieren, wobei der unbedingte Stimulus jedoch nicht mehr gezeigt werden muss.

2. Operante Konditionierung

Der klassischen Konditionierung gegenüber steht die **operante Konditionierung**, bei der Reiz-Reaktions-Muster zunächst aus einem spontanen Verhalten heraus gebildet werden. Das Hauptaugenmerk der operanten Konditionierung liegt darauf, dass ein **Lebewesen** (ein Mensch oder ein Tier) **ein bestimmtes Verhalten öfter oder seltener zeigt, indem es dafür entweder belohnt oder aber bestraft wird**. Ein wünschenswertes Verhalten wird durch einen **positiven Verstärker**, also eine angenehme Konsequenz, bzw. durch das Fernbleiben einer unangenehmen Konsequenz, also einer **negativen Verstärkung**, belohnt. Auf der anderen Seite wird unerwünschtes Verhalten durch eine angenehme Konsequenz, also eine **positive Bestrafung**, bzw. durch das Fernbleiben von einer angenehmen Konsequenz, also einer **negativen Bestrafung**, unterdrückt.

Zusammengefasst wird das Lernen beim Behaviorismus als **Verstärkung** sowie als **Abschwächung von Verhaltensweisen** betrachtet. Bringt eine bestimmte Verhaltensweise ein angenehmes Ereignis hervor, wird diese Verhaltensweise verstärkt (positive Verstärkung). Hat eine bestimmte Verhaltensweise jedoch ein unangenehmes Ereignis zur Folge (negativer Reiz), wird diese Verhaltensweise abgeschwächt

Beispiel: Die behavioristischen Lerntheorien lassen sich natürlich auch auf das Fußballtraining übertragen. Der Trainer gibt sein Wissen in Form von Erklärungen an seine Spieler weiter und legt damit im ersten Schritt sowohl den Inhalt als auch die Umsetzung innerhalb der Trainingseinheiten fest. Durch die Konditionierung gelingt es dem Trainer, die Trainingsinhalte in der Umsetzung zu verbessern und auch unbeliebte Trainingseinheiten, wie zum Beispiel das Konditionstraining, durch ein positives Ereignis, wie beispielsweise ein unmittelbar anschließendes langes Abschlussspiel, zu verbinden. Mit der Zeit werden seine Spieler so konditioniert sein, dass ihre positiven Gefühle (die Vorfreude auf das lange Abschlussspiel) direkt mit dem Konditionstraining verknüpft werden. Dadurch bringt er seine Spieler durch einen Anreiz zu den erwünschten Verhaltensweisen. Die Konditionierung kann dabei auch über Regeln, Übungen oder Bewegungen stattfinden, die im Training einstudiert werden und durch Lob (positiver Verstärker) oder Kritik (negative Bestrafung) verstärkt bzw. getrübt werden.

Klassische Konditionierung – Beispiel: Wenn die Spieler die Trainingsübungen ordentlich und konzentriert ausführen, werden sie dafür vom Trainer mit einem längeren Abschlussspiel belohnt, was bei ihnen ein angenehmes Gefühl auslöst. Nach einigen Trainingseinheiten verbinden die Spieler dieses positive Gefühl unmittelbar mit dem gewissenhaften Ausführen der Übungen, wodurch diese ihnen zunehmend Spaß bereiten.

Operante Konditionierung – Beispiel: Als Belohnung für die tollen Trainingseinheiten plant der Trainer längere Abschlussspiele ein, wodurch die Spieler eine angenehme Konsequenz erfahren und sie mit hoher Wahrscheinlichkeit weiterhin diszipliniert trainieren. Einige Wochen später belohnt der Trainer die Spieler jedoch nicht mehr mit längeren Abschlussspielen, woraufhin die Spieler über die Entscheidung des Trainers entsetzt sind. Die Entscheidung des Trainers, keine längeren Abschlussspiele einzuplanen, führt bei den Spielern zu einer unangenehmen Konsequenz, weshalb die Spieler die Übungen im Training mit hoher Wahrscheinlichkeit nicht mehr diszipliniert ausführen werden. Demzufolge wird die Auftretenswahrscheinlichkeit einer Verhaltensweise immer durch eine Belohnung oder eine Bestrafung beeinflusst.

Kognitivismus

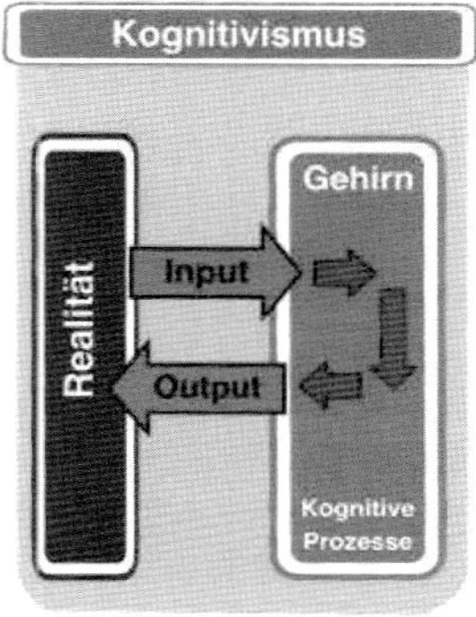

Im Zentrum der **kognitivistischen Lerntheorien** steht die **individuelle Informationsverarbeitung** des lernenden Menschen, wozu sowohl Denk- als auch Verarbeitungsprozesse zählen. Die kognitivistischen Lerntheorien gehen von der Annahme aus, dass das Lernen von Prozessen, die zwischen Reiz und Reaktion stattfinden, beeinflusst wird. Im Kontrast zu den behavioristischen Ansätzen sind dabei die **innerpsychischen Vorgänge** sowie die **mentalen Prozesse** von wesentlicher Bedeutung. Außerdem kommt dem **Lernenden selbst eine aktive Rolle** zu.

Genau wie der behavioristische Lernansatz wird auch der kognitivistische Lernansatz nochmals unterteilt – und zwar in das **Modelllernen**, das **Entwicklungsstufenmodell** sowie in das **Lernen durch Einsicht**.

Modelllernen

Das Hauptaugenmerk beim **Modelllernen** liegt auf **speziellen Lernvorgängen, die auf der Beobachtung von Verhaltensweisen von Vorbildern, also Modellen, beruhen**. Hierbei nimmt man sich eine Person als Vorbild und ahmt seine Verhaltensweisen nach. Dabei eignet man sich jedoch nicht nur neue Verhaltensweisen an, sondern beobachtet außerdem, welche Konsequenzen die jeweiligen Verhaltensweisen der imitierten Person haben.

Entwicklungsstufenmodell

Beim **Entwicklungsstufenmodell** von Piaget wird die **geistige Entwicklung von Kindern in vier Entwicklungsstufen eingeteilt**, die aufeinander aufbauen. Bevor die jeweils nächste Phase beginnen kann, muss die vorherige Phase erst einmal abgeschlossen sein. Diese Entwicklungsstufen sind:

- die **sensomotorische Entwicklungsstufe**: Sinneserfahrung (0 bis 2 Jahre)
- die **präoperationale Entwicklungsstufe**: Sprache und Gebrauch von Symbolen (2 bis 7 Jahre)
- die **Stufe der konkreten Operation**: Kategorisierung und logisches Denken (7 bis 11 Jahre)
- die **formaloperationale Entwicklungsstufe**: wissenschaftliche Rationalität und hypothetisches Denken (ab 12 Jahren)

Das Entwicklungsstufenmodell basiert dabei auf der Annahme, dass jeder Mensch **zwei angeborene Tendenzen** besitzt. Zum einen geht Piaget davon aus, dass jeder eine angeborene Tendenz hat, sich der Umwelt anzupassen. Diese **Adaption** (Anpassung) vollzieht sich wiederum über zwei Prozesse, die sich gegenseitig ergänzen: die **Assimilation** und die **Akkommodation**, die beide in einem **Gleichgewicht** (Äquilibration) stehen müssen. Dabei meint die Assimilation das Eingliedern von neuen Erfahrungen in ein bereits bestehendes System – zum Beispiel lernt ein Kind, wie es einen Apfel isst, und weiß nun auch, wie es eine Banane essen soll. Die Akkommodation hingegen meint das Erweitern eines Systems anhand einer Situation, die mit dem bereits vorhandenen System nicht bewältigt werden kann. Das Kind weiß also, wie es einen Apfel isst, und versucht nun, einen Spielzeugapfel aus Plastik zu essen. Schnell stellt das Kind fest, dass es den Plastikapfel gar nicht abbeißen kann, und es muss nun sein System erweitern, zum Beispiel damit, dass der Apfel nicht aus Plastik besteht und auch keine blaue Färbung besitzt, oder beispielsweise dadurch, dass es bemerkt, dass es einmal Äpfel gibt, die man essen kann, und es außerdem Äpfel gibt, mit denen man spielen kann.

Darüber hinaus geht Piaget davon aus, dass jeder Mensch die angeborene Tendenz besitzt, sowohl die physischen als auch die psychologischen Strukturen innerhalb eines zusammenhängenden Systems zu organisieren sowie zu integrieren. Ein Kind lernt zum Beispiel das Laufen und kann dieses System bzw. dieses Schema immer wieder ausführen, ohne dabei groß darüber nachzudenken.

Lernen durch Einsicht

Das Hauptaugenmerk beim **Lernen durch Einsicht** liegt darauf, dass der **Lernende seine persönliche Sichtweise überdenkt und diese in der Folge anpassen** soll. Demnach überdenkt der Lernende also eines seiner Probleme, hat ein Aha-Erlebnis und findet anschließend einen Lösungsweg.

> Zusammengefasst wird das Lernen beim Kognitivismus als Prozess der aktiven Wahrnehmung, des Erlebens sowie Erfahrens beschrieben und durch Einsicht, Nachdenken und Handeln angewendet.

Beispiel: Beim Fußballtraining kann der kognitivistische Lernansatz insofern relevant sein, als die Kinder zum Beispiel die Verhaltensweisen ihres Trainers oder die optimale Ausführung einer Technik eines Mitspielers nachahmen (Modelllernen). Außerdem können die Spieler anhand des kognitivistischen Lernansatzes lernen, wie man den Ball zum Beispiel mit dem rechten Fuß spielt. Diese Fähigkeit können Sie nun immer wieder abrufen und das Gelernte auch in einer neuen Situation auf eine andere übertragen (Entwicklungsstufenmodell). Dabei sind sie zudem in der Lage, den Ball ebenso mit ihrem schwachen Fuß zu spielen, wenn keine Möglichkeit besteht, diesen mit dem starken Fuß zu passen.

Konstruktivismus

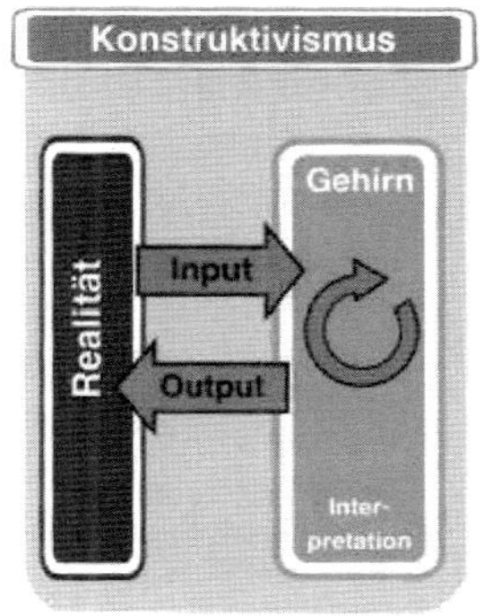

Neben dem Behaviorismus und dem Kognitivismus gibt es darüber hinaus noch den Konstruktivismus, der die neueste der drei Theorien darstellt. Der Leitgedanke des Konstruktivismus besteht darin, dass Individuen eine subjektive Realität anhand von Sinneseindrücken erschaffen, anstatt auf die Reize einer objektiven Welt zu reagieren. Die subjektiv erzeugte Realität steht dabei in einem starken Abhängigkeitsverhältnis zu der individuellen Prägung der jeweiligen Person.

Im Konstruktivismus wird der Wissenserwerb als individueller Aufbauprozess betrachtet. Dabei sucht der lernende Mensch aktiv nach Informationen, die anhand von vorherigem Wissen interpretiert werden, damit daraufhin neue Konzepte sowie Auffassungen der Wirklichkeit abgeleitet werden können.

Zusammengefasst wird beim Konstruktivismus nicht durch passives Abspeichern von Informationen gelernt, sondern durch die **aktive Konstruktion von Wissen**. Demnach kann **Wissen** nicht von einem Menschen auf einen anderen übertragen werden, sondern **muss vielmehr von jedem neu konstruiert werden**.

Beispiel: Beim Fußballtraining bietet der Trainer seinen Spielern eine Lernumgebung mit möglichst vielen Möglichkeiten an, durch die sie eigene Erfahrungen sammeln können. Die Spieler können, durch viele Spiele im Training, permanent neue Erfahrungen im Fußballspielen sammeln, wodurch sie nicht nur an Sicherheit gewinnen, sondern auch unterschiedliche Lösungsmöglichkeiten in unterschiedlichen Situationen im Spiel probieren und anwenden können.

Kategorie	Behaviorismus	Kognitivismus	Konstruktivismus
Das Gehirn ist:	ein passiver Behälter	ein Gerät, das Informationen verarbeitet	ein System, das informationell geschlossen ist
Das Wissen wird:	abgelagert	verarbeitet	konstruiert
Das Wissen ist:	eine richtige Input-Output-Relation	ein geeigneter, interner Verarbeitungsprozess	die Fähigkeit, mit einer bestimmten Situation operieren zu können
Die Lernziele sind:	das Geben richtiger Antworten	das Finden richtiger Methoden, um Antworten geben zu können	die Bewältigung von komplexen Situationen
Die Strategie ist:	das Lehren	das Helfen und Beobachten	das Kooperieren
Das Paradigma ist:	die Stimulus-Response	die Lösung von Problemen	die Konstruktion
Der Trainer ist:	die Autorität	der Tutor	der Coach
Das Feedback ist:	extern vorgegeben	extern modelliert	intern modelliert

Grundsätzlich sammeln Kinder durch das Üben und Ausprobieren wertvolle Erfahrungen. Für sie ist das gesamte Leben ein Spiel. Sie bekommen überall Anreize und lernen ständig neue Dinge in jedem Bereich ihres Lebens. Vor allem dann, wenn Kinder neue oder bedeutungsvolle Dinge verarbeiten, werden die Synapsen in ihren Gehirnen besonders gefordert. Auf diese Weise können sich ihre Hirnareale vernetzen, wodurch der Lernprozess einerseits sehr effektiv und andererseits von langer Dauer ist. Am besten lernen Kinder jedoch immer dann, wenn sie von etwas wirklich begeistert und fasziniert sind und ihre intrinsische (innere) Motivation sie antreibt.

Kinder sollten nicht aus dem Grund heraus etwas lernen wollen, weil ihnen eine Belohnung versprochen wird oder sie eine drohende Strafe umgehen können, sondern deshalb, weil sie es selbst wirklich wollen. Es gibt natürlich auch einige Kinder, die bereits von klein auf die Erfahrung gemacht haben, infolge von Belohnung oder Bestrafung zu lernen. Allerdings werden diese Kinder auch in Zukunft immer Dinge fordern, wenn sie lernen sollen. Außerdem entsteht ihre Lernmotivation nicht aus eigenem Antrieb heraus, sondern aufgrund von externen Faktoren, zum Beispiel neue Fußballschuhe als Belohnung für das regelmäßige Konditionstraining.

Idealerweise lernen Kinder die Welt in allen Facetten mit all ihren Sinnen kennen, entdecken dabei Muster und setzen diese zu einem Bild zusammen. Dadurch lernen sie nicht einfach nur irgendwelche Regeln auswendig, die ihnen von anderen beigebracht werden, sondern können diese selbst verinnerlichen und neu Erlerntes besser aufnehmen.

Die 4 mentalen Dimensionen

Im Fußball setzt sich jede Aktion aus vier aufeinanderfolgenden Phasen, den **vier mentalen Dimensionen**, zusammen. Die sogenannte **Spielintelligenz (= Grundlage jeder Aktion im Fußball)** beinhaltet dabei

- die Wahrnehmung,
- das Verstehen,
- die Entscheidungsfindung sowie
- die Ausführung.

➔ 4 mentale Dimensionen

Bei der Spielintelligenz geht es darum, dass ein Spieler die unterschiedlichsten Situationen im Spiel erkennt, versteht und so oft wie möglich die richtigen Entscheidungen trifft. Dabei sollte er sich fragen, welche Aktion in welcher Situation zu welchem Zeitpunkt erforderlich ist. Im Umkehrschluss bedeutet das auch, dass die Spielintelligenz eines Spielers umso höher eingestuft werden kann, je weniger Fehlentscheidungen er im Spiel trifft. Ein Spieler muss also mehr können, als nur einen Pass zu spielen, den Torabschluss zu suchen, einen Kopfball zu spielen, zu dribbeln oder zu pressen. Vielmehr muss er insbesondere gedanklich in der Lage sein, eine ideale Lösung zu finden. Dieser Schritt wird oftmals auch als das Lesen des Spiels bezeichnet.

Beispiel: Bevor ein Kind seinem Mitspieler beispielsweise einen Pass zuspielt (Ausführung), muss es die Situation zunächst einmal mit seinen Sinnen aufnehmen (Wahrnehmung), zum Beispiel schaut es sich auf dem Feld um und guckt, wo sein Mitspieler steht, oder es hört diesen von der anderen Seitenlinie aus rufen. Anschließend wird diese Situation in die eigene Wissenswelt eingegliedert (Verstehen), zum Beispiel versteht der Spieler, dass er den Ball auf die andere Seite des Feldes passen und im Anschluss, aufgrund dieser Faktoren, entscheiden muss, welche Reaktion das Kind nun zeigen möchte (Entscheidungsfindung), beispielsweise, dass es den Pass spielt.

Von Trainern wird dieses 4-Phasen-Modell jedoch selten berücksichtigt, weil sie die Trainingseinheiten oftmals nur durch Übungen gestalten, in denen lediglich die Technik geschult wird. Somit lassen sie die ersten drei Phasen oftmals vollkommen außer Acht. Dabei kommt auch den ersten drei Phasen im Fußball eine wesentliche Bedeutung zu, da Spieler, die alle vier Phasen beherrschen, einen entscheidenden Zeitvorteil gegenüber ihren Gegnern haben. Aus diesem Grund ist es so wichtig, dass Übungen und Spielformen mit Entscheidungsfreiheit, in denen die Kinder Situationen im Spiel zu erkennen lernen und schnell eigenständige Entscheidungen treffen können, in besonderem Maße in die Trainingseinheiten integriert werden.

Im Training oder im Spiel durchlaufen die Kinder das Phasenmodell etwa alle drei Sekunden. Dabei hat jeder einzelne Teilzyklus denselben Stellenwert und ist somit von gleicher Wichtigkeit. Um als Trainer seinen Spielern zahlreiche Erfolge im Spiel zu ermöglichen, ist es erforderlich, diese Phasen schnell, effektiv und erfolgreich zu durchlaufen. Der Anspruch jedes Trainings sollte daher sein, immer alle vier Phasen zu bedienen und somit die Spielintelligenz der Kinder entsprechend auszubilden. Zur Schulung der Fußballintelligenz folgt im Laufe dieses Buches noch eine Vielzahl von geeigneten Übungen.

Spieler mit einer hohen Spielintelligenz wissen bereits bevor sie den Ball bekommen, was sie als Nächstes tun werden. Spieler mit einer niedrigeren Spielintelligenz fangen hingegen erst dann, wenn sie den Ball bekommen, an, zu überlegen, was sie als Nächstes tun werden. Bevor ein Spieler die richtige Lösung jedoch überhaupt finden kann, durchläuft er ganz automatisch im Unterbewusstsein die vier Phasen des Phasenmodells. Im Endeffekt macht also das Zusammenspiel dieser Phasen einen intelligenten Spieler aus.

Mentale Dimension: Wahrnehmung

Die erste Phase der Spielintelligenz ist die Wahrnehmung, bei der sich die Spieler auf dem Spielfeld orientieren und sämtliche Informationen, die eine Spielsituation kennzeichnen, sammeln. Dabei nehmen sie ihre Umgebung mit all ihren Sinnen wahr.

- Wo stehe ich auf dem Feld?
- Wo ist der Ball und wo befinden sich sowohl die Mitspieler als auch die Gegner?

Der Fußball wird durch optische Reize bestimmt, bei dem der Ball das wichtigste Objekt ist, das selbst jedoch keinerlei Geräusche macht. Im Training sollte der Trainer deshalb die optische Reizverarbeitung sowie die Orientierung der Spieler fördern.

Mentale Dimension: Verstehen

Während der zweiten Phase müssen die Spieler die Situation, die sie in der ersten Phase mit ihren Sinnen wahrgenommen haben, verstehen, in ihre eigene Wissenswelt eingliedern und diese einschätzen.

- Was bedeutet die Situation, in der ich mich gerade befinde, für mich?
- Stehe ich auf dem Spielfeld gut oder schlecht?
- Sollte ich in dieser Position verweilen oder ist es besser, mich zu bewegen?

Um das Verständnis seiner Spieler zu fördern, kann der Trainer in die Aufwärmspiele sowie die einzelnen Spielformen im Training sogenannte Provokationsregeln integrieren, mit denen er seine Spieler zum Verstehen sowie Einschätzen der jeweiligen Situationen zwingt. Hierfür eignen sich zum Beispiel Ballkontaktbegrenzungen, Tabuzonen, durch die das Spiel in bestimmte Bereiche des Feldes gelenkt wird, oder eine festgelegte Passanzahl vor dem Torabschluss.

Mentale Dimension: Entscheidungsfindung

Nach der Orientierung und der Einschätzung der Situation steht bei der dritten Phase der Spielintelligenz die Entscheidungsfindung im Mittelpunkt, in der der Spieler Chancen und Risiken abwägt.

- Setze ich nun zum Sprint an oder bleibe ich noch ein wenig stehen?
- Sollte ich ins 1 gegen 1 gehen oder doch lieber den Ball einem Mitspieler zupassen?
- Schieße ich lieber in die linke oder die rechte Torecke?
- Was muss ich tun, um mein Problem richtig zu lösen?

Zur Schulung der Entscheidungsfindung kann der Trainer seinen Spielern im Training immer zwei Optionen anbieten und beispielsweise jedem Team im Spiel zwei Tore zuordnen. Dadurch wird den Spielern immer wieder die Entscheidung abverlangt, welches Tor von beiden sie denn nun priorisieren.

Mentale Dimension: Ausführung

Am Ende der Handlung folgt dann die optimale motorische Ausführung der Spielsituation, in der der Spieler, nachdem er die Situation wahrgenommen, verstanden und sich entschieden hat, entweder losläuft, mit dem Ball dribbelt, einen Pass spielt oder zum Beispiel den Torabschluss sucht und damit seine Entscheidung in eine Handlung umsetzt.

- Wahrnehmung -> Verständnis -> Entscheidung → Handlung

Vermutlich wird die richtige Ausführung der jeweiligen Aktionen weniger problematisch sein. Trotzdem sollte der Trainer, statt einer isolierten Technikübung, einen ganzen Spielaufbau trainieren, bei dem seine Spieler die ersten drei Phasen zwingend durchlaufen müssen und erst im Anschluss die eigentliche technische Übung ausführen. Denn nur durch seine Spielintelligenz kann ein Spieler sowohl seine physischen als auch technischen Fähigkeiten in eine effektive und erfolgreiche fußballerische Leistung umsetzen.

Pädagogische Zielsetzungen

Die Bedürfnisse von Kindern in den jüngeren Altersklassen sind vielfältig und gehen über die Vermittlung von sportlichen Fertigkeiten weit hinaus. Kinder möchten verstanden werden. Sie wollen gelobt und ermutigt werden und brauchen Geborgenheit und Liebe. Zeitgleich brauchen sie auch ihre Freiräume, um ihre eigenen Erfahrungen sammeln und Aufgaben selbstständig lösen zu können. Die wichtigste pädagogische Zielsetzung im Grundlagenbereich sollte dabei sein, die Kinder zu selbstbewussten, verantwortungsvollen, mutigen und widerstandsfähigen jungen Persönlichkeiten zu erziehen.

Ein starkes und gesundes Selbstbewusstsein resultiert dabei immer daraus, seine eigenen Stärken zu erkennen und diese zu nutzen. Erfolge zu feiern wirkt nicht nur motivierend, sondern steigert auch die Zuversicht der Kinder, sodass sie mit gestärktem Selbstvertrauen letztendlich auch selbst Verantwortung übernehmen und ihrem Team unterstützend zur Seite stehen können. Die Voraussetzung dafür ist natürlich ein gewisser Grad an kommunikativer Kompetenz, durch die Kinder ihre persönliche Meinung zum Ausdruck bringen, ihren Mitspielern aktiv zuhören und gleichzeitig auch andere Meinungen akzeptieren können.

Mögen beim Kinderfußball taktische, technische, konditionelle und koordinative Fähigkeiten im Vordergrund stehen, sollte Kinderfußball darüber hinaus auch als soziale und pädagogische Aufgabe verstanden werden, die das Fundament für ein harmonisches Miteinander legt. Neben der ganzheitlichen körperlichen, geistigen sowie seelischen Ausbildung sollten die Kinder auch ein positives Selbstwertgefühl entwickeln, Verantwortungsbewusstsein für sich selbst sowie für andere herausbilden und kommunikative Kompetenzen erlernen.

Pädagogische ‚erzieherische' Ziele für die Kinder

- ganzheitliche Entwicklung von Seele, Geist und Körper
- Ausbildung eines positiven Selbstwerts
- Herausbildung eines Verantwortungsbewusstseins für sich selbst sowie für andere
- Erlernen kommunikativer Kompetenzen

Freude und Spaß am Fußball sind die Grundlage dafür, dass der Sport für die Kinder, neben dem fußballspezifischen Lernen, auch andere wertvolle pädagogische sowie soziale Funktionen erfüllt. Damit die pädagogischen Ziele des Kinderfußballs jedoch erreicht werden können, ist es in erster Linie wichtig, dass Trainer eine positive Atmosphäre schaffen, in der sich die Kinder wohlfühlen und motiviert sind – denn Leistung wächst am besten in einer liebevollen und herzlichen Atmosphäre. Das Fundament von Engagement und Motivation bildet dabei das betreuende Geschick des Trainers, der seine Spieler lobt, anspornt, sie aufmuntert, ein verlässlicher Ansprechpartner ist, ihnen Trost spendet und sie weder unter Zeit- noch Leistungsdruck setzt, wenn es einmal nicht so laufen sollte, wie sie es sich vorstellen. Gleichzeitig ist es wichtig, zu vermitteln, dass es in Ordnung und gut ist, Fehler zu machen, denn nur so können Kinder lernen und sich weiterentwickeln. Wer immer Angst davor hat, auch mal einen Fehler zu machen, kann seine Kreativität am Ball nur beschränkt ausleben. Wer sich hingegen traut, auch mal neue Dinge auf dem Platz auszuprobieren, mutig zu sein und ein Risiko einzugehen, wird im Endeffekt auch mehr Spaß am Fußball haben. Kinder brauchen das Gefühl, sich für wertvolle Aufgaben einsetzen zu können, in denen sie mutig sein dürfen. Natürlich müssen diese Aufgaben für sie auch machbar sein und ihrem kindlichen Anforderungsniveau entsprechen.

Bei Unstimmigkeiten innerhalb der Mannschaft ist es wichtig, dass der Trainer ein feines Gespür für die Probleme seiner Spieler entwickelt, ihnen verständnisvolle Wärme zeigt und sich den Kindern aktiv zuwendet, um Spannungen aufzulösen und ihnen verschiedene Lösungsansätze aufzuzeigen. Durch konfliktreiche Situationen werden außerdem die soziale Kompetenz sowie die Kommunikationsfähigkeit der Kinder gefördert. Im Training kann er das Miteinander dann durch Mannschaftsspiele oder Partnerübungen stärken, die zur Harmonie innerhalb der Mannschaft beitragen werden. Außerdem darf der Trainer keinerlei Unterschiede zwischen seinen Spielern machen, da alle Kinder gleich wichtig sind.

Kinder sind Meister im Nachahmen, weshalb der Trainer ihnen positive Normen und Werte, wie Fairness, Geduld, Zuverlässigkeit, Gerechtigkeit und Freundlichkeit, vorleben sollte. Natürlich dürfen im Training auch Spaß und Freude nicht zu kurz kommen, die der Trainer ganz einfach durch das Vorleben seiner eigenen Begeisterung für den Fußball verstärken und so die Leidenschaft für den Sport bei den Kindern entfachen kann. Vermittelt er sein fachliches Wissen dann durch eine altersgerechte Sprache und in Form von abwechslungsreichen Übungen und Spielen, die freie Phasen der Bewegung zum Austoben beinhalten, kann er Konzentrationsprobleme, Unterforderung und vor allem Monotonie innerhalb der einzelnen Trainingseinheiten ganz einfach verhindern.

Außerdem möchten Kinder nicht nur auf dem Fußballballplatz etwas gemeinsam erleben, sondern auch außerhalb des Trainings. Gemeinsame Aktivitäten und Unternehmungen tragen dabei nicht nur zum Teamgeist bei, sondern fördern auch die Persönlichkeitsentwicklung jedes einzelnen Spielers.

Pädagogische Leitlinien des Trainers

- Schaffung einer positiven Atmosphäre
- Aufbau eines Vertrauensverhältnisses zu den Kindern
- Aufgreifen von Unstimmigkeiten und gemeinsames Lösen von Problemen
- Vorleben positiver Normen und Werte
- Gebrauch altersgerechter Sprache
- Beteiligung der Kinder an der Trainingsgestaltung und dem Lernprozess
- abwechslungsreiche Trainingseinheiten mit freien Bewegungsphasen
- gemeinsame Unternehmungen abseits des Fußballplatzes

PERSÖNLICHKEITSENTWICKLUNG IM FUSSBALLTRAINING

Jedes Kind kommt mit einer ganz individuellen Persönlichkeit zur Welt und schon nach kurzer Zeit stellt sich heraus, mit welchem Temperament jedes Kind gesegnet ist. Kann es gut mit Veränderungen, Herausforderungen, Schwierigkeiten und sogar Rückschlägen umgehen oder gibt es vielleicht schnell auf? Was bringt das Kind zum Lachen und was verursacht bittersüße Tränen?

Das **Temperament** jedes Kindes ist ein Zusammenspiel aus den drei Wesenszügen der

➔ Kontaktintensität,

➔ Gefühlsintensität sowie

➔ Bewegungsintensität,

wobei sich diese Wesenszüge bei jedem Kind in jeweils unterschiedlichen Mischungsverhältnissen zusammensetzen.

Kontaktintensität
Die Kontaktintensität beschreibt die Tendenz, sich über die Erfahrungen von Sozialkontakten ganz besonders zu freuen. Kinder mit einer ausgeprägten Kontaktintensität verbringen viel lieber Zeit mit anderen als alleine. Sie nehmen viel Anteil an den Erfahrungen anderer und erwarten im Gegenzug ebenfalls Anteilnahme.

Beispiel: Mannschaftsausflüge, Verabredungen mit Mitspielern, Teamabende

Gefühlsintensität
Mit der Gefühlsintensität wird die kindliche Neigung beschrieben, schnell und stark aufgeregt sowie betrübt zu werden. Kinder mit einer hohen Gefühlsintensität lassen sich oftmals nur schwer beruhigen.

Beispiel: individuelle Reaktionen auf Erfolge und Misserfolge bei Punktspielen

Bewegungsintensität
Bei der Bewegungsintensität ist das Verhalten primär mit Bewegungen sowie der Sprechgeschwindigkeit verbunden. Kinder mit einer ausgeprägten Bewegungsintensität bringen also sowohl bei ihren Tätigkeiten als auch in ruhigen Momenten sehr viel Energie auf.

Beispiel: Ansprachen im Mannschaftskreis, weite Laufstrecken im Training und den Spielen

Obwohl das Temperament erahnen lässt, wie sich die Persönlichkeit eines Babys entwickeln kann, ist es nicht dasselbe wie die Persönlichkeit. Im Gegensatz zum Temperament wird die **Persönlichkeit** in **verschiedene Persönlichkeitstypen** unterteilt. Persönlichkeiten entwickeln sich nach **genetischen Faktoren** (zum Beispiel durch vererbte Merkmale der Eltern), durch die **Umgebung** sowie die allgemeinen **Erfahrungen**, die im Leben gesammelt werden.

Grundsätzlich dienen Persönlichkeitstypen dazu, Menschen aufgrund ihrer verschiedenen charakterlichen Merkmale in unterschiedliche Gruppen zu klassifizieren. Nach welchen charakterlichen Merkmalen sie dabei jeweils unterteilt werden, ist vom Modell selbst abhängig. Obwohl es viele unterschiedliche Modelle zu den Persönlichkeitstypen gibt, sind folgende die vier bekanntesten:

- das Big-Five-Prinzip
- Persönlichkeitstypen nach Carl Gustav Jung
- Persönlichkeitstypen nach dem Test von Myers-Briggs
- das Riemann-Thomann-Modell

Die unterschiedlichen Persönlichkeitstypen unterscheiden sich in jedem Modell durch verschiedene Persönlichkeitsmerkmale.

Modell	Beschreibung
Big-Five-Prinzip	• Modell unterteilt mehr in Merkmalsausprägungen als in unterschiedliche Persönlichkeitstypen • die fünf Merkmale: Extravertiertheit, Verträglichkeit, Offenheit, Gewissenhaftigkeit, Neurotizismus
Persönlichkeitstypen nach C. G. Jung	• C. G. Jung unterteilt Persönlichkeitsmerkmale in vier Funktionen • die vier Funktionen: Fühlen, Denken, Empfinden, Intuition
Persönlichkeitstypen nach dem Test von Myers-Briggs	• Persönlichkeitstypen werden nach vier Indikatoren unterteilt • die vier Indikatoren: Aufmerksamkeit, Lebensstil, Entscheidung, Antrieb
Riemann-Thomann-Modell	• die Persönlichkeit, das Denken und Handeln werden bei diesem Modell durch vier unterschiedliche Grundausrichtungen bestimmt • die vier Grundausrichtungen: Näheausrichtung, Distanzausrichtung, Wechselausrichtung, Dauerausrichtung

Die Entwicklung der Persönlichkeit ist ein Prozess, der bei den meisten Menschen bereits in den ersten Jahren der Kindheit beginnt und bis ins Erwachsenenalter andauert. Dabei ist jede Altersstufe durch eigene Entwicklungsschritte sowie Abläufe gekennzeichnet.

0-3 Jahre

Bei Babys und Kleinkindern bis drei Jahre wird die Persönlichkeitsentwicklung insbesondere durch ihre engsten Bezugspersonen, meistens die Eltern, beeinflusst. Es ist jedoch fragwürdig, ob in dem Alter bereits von einer tatsächlichen Persönlichkeit gesprochen werden kann, weil Kinder Verhaltensweisen primär nachahmen und selbst noch keine individuelle Persönlichkeit ausgebildet haben. Nichtsdestotrotz bilden Kinder in diesem Alter bereits unterschiedliche Verhaltensmuster heraus, die dann auf die spätere Persönlichkeitsentwicklung Einfluss nehmen.

3-12 Jahre

Die Entwicklung der Persönlichkeit bei Kindern im Alter von drei bis zwölf Jahren wird in erster Linie von ihrer Familie, der Schule sowie der Fußballmannschaft beeinflusst. Hierzu gehören beispielsweise die Verhaltensweisen von Eltern, Lehrenden und dem Trainer, die Lebensordnung des Kindes, die Struktur innerhalb der Familie sowie die Atmosphäre in der Schule und der Mannschaft. Daneben bestimmen Kinder außerdem selber über ihre eigene Entwicklung. So nehmen sie beispielsweise innere Prozesse, ihre Verhaltensweise sowie ihre Wirkungen auf andere durch Selbstwahrnehmung wahr. Weiterhin beurteilen sie ihre eigene Wahrnehmung und entwickeln somit ein Selbstkonzept. Zudem bewerten sie sich selbst und tragen damit zu ihrem Selbstwertgefühl bei.

Beispiel: Verhaltensweisen des Trainers oder von Mitspielern werden übernommen

Ab 11 Jahre

Etwa in einem Alter von elf Jahren können Kinder Denkprozesse, die sich auf nicht erfahrbare, wahrnehmbare, greifbare und vorstellbare Vorgänge und Dinge beziehen, durchführen. So sind sie etwa in der Lage, sich mit gesellschaftlichen Problemen, die nicht ihre individuelle Situation widerspiegeln oder aber sie selbst betreffen, auseinanderzusetzen. Außerdem beginnt ab dem Jugendalter die Zeit der Selbstkritik sowie die Selbstbeurteilung. Durch die Auseinandersetzung mit Werten und Normen beginnen Kinder zudem, ihre eigene Identität auszubilden.

Beispiel: kritische Reflexion sowie Beurteilung eigener Leistungen im Spiel

Ab 18 Jahre
Darüber hinaus geht die Persönlichkeitsforschung von der Annahme aus, dass die Eigenschaften unserer Persönlichkeit ab einem Alter von achtzehn Jahren relativ stabil bleiben und sich kaum verändern.

Neben verschiedenen Modellen zu den Persönlichkeits**typen** kann auch die Persönlichkeits**entwicklung** durch ein Modell näher beschrieben werden. Das **Modell der Ich-Entwicklung** von Jane Loevinger, auch **als Stufen-Modell der Persönlichkeitsentwicklung** bekannt, ist eines der am weitesten verbreiteten Modelle. Nach Loevinger verläuft die Persönlichkeitsentwicklung stufenförmig ab, wobei die sogenannte Ich-Struktur Einfluss darauf nimmt, wie man sowohl sich selbst als auch seine Umwelt wahrnimmt und beurteilt. Außerdem beschreibt Loevinger die Persönlichkeitsentwicklung als einen Prozess, der die Erfahrungen und die Gedanken eines Menschen in Stufen organisiert.

Entwicklungsstufe	Hauptcharakteristika
Stufe der Impulsivität	• Bewusstseinsentwicklung von sich selbst als eigenständiger und selbstständiger Mensch • (unkontrollierbare) Impulse tragen zur Eigenständigkeitsentwicklung bei • untergeordnete Rolle körperlicher Bedürfnisse
Stufe des Selbstschutzes	• gewisse Impulskontrolle • erste Bemühungen um Selbstkontrolle, dafür werden Rituale gebraucht • Begrenzung (einfacher) emotionaler Empfindungen • Phase endet im Jugendalter
Stufe des Konformismus	• Gruppenidentifikation • stereotypisches Denken • stärkere Emotionen als in vorangegangenen Phasen
Stufe des Selbstbewusstseins	• Steigerung des eigenen Bewusstseins • Steigerung der Gruppenunabhängigkeit
Stufe der Gewissenhaftigkeit	• Lebensgestaltung nach eigenen Idealen anstatt nach Gruppenstandards • ausgeprägtes Innenleben • Entwicklung langfristiger Ziele

Stufe des Individualismus	• Bewusstseinsentwicklung für Widersprüche und Paradoxien • Steigerung der Wissbegierde • Sichtweise aufs Leben wird umfassender
Stufe der Autonomie	• Weiterentwicklung individualistischer Eigenschaften • vielseitige Denkweise • wachsender Respekt gegenüber anderen und ihren Bedürfnissen
Stufe der Integration	• Stufe wird nur selten erreicht • stärkere Ausprägung der Merkmale der Stufe des Individualismus sowie der Integration • Versuch der Vereinigung eigener sowie gesellschaftlicher Anliegen • sich selbst verwirklichender Mensch

Der kleine Exkurs zu den Persönlichkeitstypen und den Stufen der Persönlichkeitsentwicklung haben gezeigt, dass sich der Prozess der Entwicklung sowohl aus psychosomatischen Wechselwirkungen als auch der kindlichen Interaktion mit der personalen, sozialen, materiellen und kulturellen Umwelt zusammensetzt. Die Persönlichkeitsentwicklung nimmt dabei in der Kindheit einen sehr hohen Stellenwert ein. Starke Persönlichkeiten kommen mit ihrem Umfeld besser zurecht, gehen auf neue Situationen positiv zu, können mit ihren Mitmenschen leichter interagieren, mit Stress besser umgehen und sich in ungewohnten Situationen leichter zurechtfinden.

Beispiel: leichteres und schnelleres Einfinden in eine neue Mannschaft, Unterordnung im Team

Eltern mögen zwar maßgeblich an der Persönlichkeitsentwicklung ihrer Kinder beteiligt sein, jedoch werden Kinder auch ohne das Zutun ihrer Eltern ihre Persönlichkeit entwickeln. Trotzdem können Kinder nur dann ein zufriedenes und glückliches Leben führen, wenn sie zwischen den Wünschen, die ihren eigenen Bedürfnissen entsprechen, und den Erwartungen der Gesellschaft ein gutes Gleichgewicht halten. Zeigen Kinder Persönlichkeitsmerkmale, die sie permanent mit ihrem Umfeld in Konflikte bringen, sollten Eltern natürlich unbedingt Einfluss nehmen.

Neben den Eltern können auch Sportvereine und insbesondere Trainer die Entwicklung eines Kindes positiv unterstützen. Beim Fußball können Kinder nämlich nicht nur auf körperlicher Ebene stärker werden, sondern auch ihre ganz eigenen persönlichen Stärken entwickeln – Sie können ihre Fähigkeiten und Grenzen austesten. Sie lernen, sich innerhalb der Mannschaft unterzuordnen, auf die Bedürfnisse ihrer Mitspieler Rücksicht zu nehmen und gemeinsam im Team für ein Ziel zu kämpfen. Sie bekommen die Möglichkeit, Einsatzbereitschaft zu zeigen, Ehrgeiz zu entwickeln und Erfolge zu feiern. Genauso lernen sie natürlich auch, mit Misserfolgen umzugehen und wieder aufzustehen, zu kämpfen und nicht aufzugeben, wenn es einmal nicht so gelaufen ist, wie man es sich vorgestellt hat. Nur, wer einmal eine Niederlage erlebt hat, der weiß einen Sieg auch wirklich zu schätzen.

All das sind wichtige Meilensteine auf dem Weg zu einer starken Persönlichkeit, auf dem auch der Trainer eine ganz besondere Verantwortung trägt. Gute Trainer zeichnen sich dadurch aus, dass sie darauf achten, dass sich jeder ihrer Spieler in der Mannschaft gut aufgehoben fühlt. Gleichzeitig müssen sie ihren Spielern Selbstdisziplin und Selbstbeherrschung im Hinblick auf Rücksichtnahme beibringen. Außerdem sollte jedes Kind die Möglichkeit bekommen, seine Stärken zu optimieren, an seinen Schwächen zu arbeiten, zu experimentieren und sich auf dem Platz kreativ auszuleben.

Besonders wichtig ist natürlich auch, die Spieler entsprechend ihrem Leistungsniveau zu fördern, ihre Leistungen anzuerkennen, sie anzuspornen sowie herauszufordern und sie immer wieder zu loben. Dadurch lernen Kinder, dass sie an sich selber glauben sollten, anstatt sich immer wieder mit anderen zu vergleichen. Dies fördert nicht nur das Selbstvertrauen der Kinder, sondern auch ihr Selbstbewusstsein. Daneben können auch die Erfolge auf dem Platz dazu beitragen, dass vor allem schüchterne und zurückhaltende Kinder ihr Selbstbewusstsein nachhaltig stärken können. Denn eine Verbesserung im Fußballtraining kommt über kurz oder lang auch durch selbstsicheres Auftreten im Privatleben zum Ausdruck.

Gibt der Trainer außerdem ein gutes Vorbild ab, geht als gutes Beispiel voran und lebt seinen Spielern eine positive Einstellung vor, kann er ihnen auch wichtige zwischenmenschliche Werte, wie Respekt, Toleranz, Teamgeist, Fairplay, Solidarität, Verständnis und Hilfsbereitschaft sowie Leistungsbereitschaft und Disziplin, im und für den Sport vermitteln. Diese Werte lassen sich fast nirgendwo leichter, besser und effektiver vermitteln als bei einem Mannschaftssport. Im Idealfall verinnerlichen die Kinder diese Gedanken dann und übertragen sie auch auf ganz alltägliche Situationen in ihrem Leben.

Persönlichkeitsentwicklung: Was Kinder brauchen

- eine persönlichkeitsfördernde Erziehung und Ausbildung zur optimalen Entfaltung individueller Fähigkeiten
- eine Vorbildfunktion
- Vorleben zwischenmenschlicher Werte
- Lob, Anerkennung und Wertschätzung zur Ausbildung des Selbstbewusstseins
- Ansporn und Herausforderungen zur Weiterentwicklung und Austesten eigener Grenzen
- Experimentierfelder zum Ausleben ihrer Kreativität
- Leistungsbereitschaft und Disziplin

Entwicklungsbereiche im Fussballtraining

Fußball ist eine der beliebtesten Sportarten, die es gibt. Doch was für Außenstehende meistens ganz leicht aussieht, ist in Wahrheit mit sehr viel Disziplin und harter Arbeit verbunden. Athletik, Technik, Taktik und mentale Faktoren – nur wer diese Bereiche immer wieder übt, kann die Übungen verinnerlichen und sie in bestimmten Spielsituationen auf dem Feld anwenden. Zu den im Folgenden beschriebenen vier Entwicklungsbereichen finden sich im Laufe des Buches Übungen bzw. Anleitungen wieder, die Sie als Trainer wunderbar in die Trainingseinheiten integrieren können.

Athletik

Athletik und die damit verbundene körperliche Fitness bilden das Fundament jeder Sportart, denn mit Taktik und Technik allein lässt sich kein Spiel gewinnen. Obgleich im Breitensport oftmals das Verständnis dafür fehlt, wie wichtig das Athletiktraining im Fußball ist, ist es in Profimannschaften bereits fest verankert. Auf der einen Seite minimiert Athletiktraining das Verletzungsrisiko der Spieler und steigert ebenso ihre Leistungsfähigkeit. Auf der anderen Seite vermindert es Einschränkungen und Dysbalancen in der Beweglichkeit, wodurch die Kinder in ihren Bewegungen stabiler werden.

Da Fußball ein komplexer Sport mit einem breiten Anforderungsprofil ist, soll das spezifische fußballerische Athletiktraining mehrere Bereiche abdecken. Durch gezieltes Mobilisationstraining werden sowohl die Gelenke als auch die Muskulatur der Kinder auf das eigentliche Training vorbereitet, bevor die funktionellen Bewegungsmuster anschließend im Kraftteil trainiert werden. Besonderen Wert sollte der Trainer dabei auf das Stabilitätstraining der Bein- sowie der Rumpfmuskulatur (Core) legen. Der Rumpf ist das Kernstück jeder Bewegung und seine Spieler werden ohne einen stabilen Rumpf keine Power haben und sich in Zweikämpfen schlechter durchsetzen können. Durch die gezielte Rumpfkräftigung sind die Spieler bei dynamischen Rotationsbewegungen und Sprüngen wesentlich stabiler. Bein- und Gesäßtraining erhöht außerdem die Stabilität der Beinachsen und verbessert dadurch das Sprinten.

Je nach Altersklasse lässt sich dynamisches Aufwärmen hervorragend ins normale Warm-up integrieren, bei dem der Trainer drei bis vier Übungen wählen kann, die jeweils verschiedene Muskeln beanspruchen. Die Kraft- und Stabilitätsübungen können dann direkt nach dem Aufwärmen ausgeführt werden, was den Spielern mehr Körperspannung für die restliche Trainingseinheit schenkt. Alternativ kann das Kraft- und Stabilitätstraining auch am Ende der Einheit in einem separaten Training von etwa 30 Minuten vollzogen werden.

Jugend- oder Männer- bzw. Frauenmannschaften können Athletiktraining idealerweise dreimal pro Woche in ihr Training einbinden. Doch auch in sehr jungen Altersklassen lässt sich athletisches Training gut umsetzen. Bereits in der E-Jugend können athletische Elemente spielerisch erarbeitet und die ersten kognitiven sowie athletischen Basics im Training integriert werden, die dann ab der D-Jugend ausgebaut und vertieft werden. Wichtig ist jedoch, dass Kinder in diesem Alter lediglich mit ihrem eigenen Körpergewicht arbeiten sollten.

Auf einen Blick:

Athletik

- ➔ Mobilisation
- ➔ Minimierung des Verletzungsrisikos
- ➔ Steigerung der Leistungsfähigkeit
- ➔ Verminderung von Einschränkungen und Dysbalancen in der Beweglichkeit
- ➔ Stabilisierung der Bewegungen

Technik

Auch das Techniktraining ist ein Grundpfeiler im Fußball, da Kinder durch das Üben der Technik die Grundlagen im Umgang mit dem Ball kennenlernen. Erst wenn Kinder die Ballannahme und die Ballmitnahme beherrschen, können sie beispielsweise Tricks und Finten erlernen, mit denen sie im Spiel den entscheidenden Unterschied machen können.

Doch bei technischen Fähig- und Fertigkeiten geht es nicht nur um das saubere Stoppen und Spielen des Balls, sondern vielmehr auch darum, dass die Spieler auf verschiedenen Positionen unterschiedliche Situationen im Spiel technisch auf eine intelligente Art und Weise lösen, impulsive Momente setzen und Standardsituationen sicher ausführen können. Aus diesem Grund ist die technische Ausbildung von Fußballern von ganz zentraler Bedeutung im Lernprozess.

Damit ein effektives Techniktraining aber überhaupt erst einmal durchgeführt werden kann, müssen die Spieler eine gewisse Kondition besitzen. Ansonsten können sie ihre Gegenspieler womöglich mit schnellem Dribbeln oder einer eleganten Finte ausspielen, sie aber keinesfalls abhängen. Deshalb sollten ausgewogene und abwechslungsreiche Einheiten mit Techniktraining bereits in Kinder- und Jugendmannschaften durchgeführt werden. Denn Kinder, die regelmäßig an diesen Trainingseinheiten teilnehmen, steigern ihre Kondition ganz automatisch. Idealerweise verbessern die Kinder dabei auch ihre Kraft sowie ihre Körperhaltungen, um sich gegenüber ihren Gegnern einen Vorteil zu verschaffen, und stärken zeitgleich ihr Spielverständnis.

Techniktraining ist für jeden Spieler, ganz gleich, auf welcher Position er spielt, unheimlich wichtig und sollte regelmäßig, am besten positionsspezifisch, trainiert werden. Wenn Kinder noch sehr jung oder unerfahren sind, sollte der Trainer langsam mit dem Techniktraining beginnen, sodass die Spieler ihre neu erlernten Eigenschaften festigen und die Bewegungen verinnerlichen können, bevor sie sich neuen Herausforderungen stellen. Ab der E-Jugend kann der Trainer seinen Spielern erste technische Grundlagen und Fertigkeiten vermitteln. Obwohl das Techniktraining dabei ein gewisses Maß an Disziplin erfordert, sollte es immer auch mit Spaß verbunden werden, da sich viele Dinge mit Freude einfach leichter lernen lassen. Ab der D-Jugend sollten die technischen Grundlagen dann aufgegriffen und fortan gefestigt sowie verbessert werden. Nun bieten sich außerdem auch komplexere Spielzüge und Systeme an, die Kinder, die die technischen Grundlagen besitzen, nun lernen können (1. goldenes Lernalter).

Auf einen Blick:

Technik

➔ Kennenlernen der Grundlagen im Umgang mit dem Ball

➔ intelligente technische Lösung unterschiedlicher Situationen auf verschiedenen Positionen im Spiel

➔ Setzen von impulsiven Momenten

➔ sichere Ausführung von Standardsituationen

➔ Steigerung der Kondition

➔ Verbesserung von Kraft und Körperhaltungen

➔ Stärkung des Spielverständnisses

Taktik

Neben regelmäßigem Technik- und Konditionstraining ist es essentiell, auch regelmäßige taktische Einheiten durchzuführen, um vom Gegner nicht so leicht durchschaut zu werden. Beim Taktiktraining bringt der Trainer seinen Spielern alle möglichen Abläufe bei, die sie dann im Spiel anwenden. Bevor der Trainer seine Mannschaft auf den Platz auflaufen lässt, sollte er sich überlegen, welche Taktik er grundsätzlich anwenden möchte, und seine Gedanken dann in die Übungen der Trainingseinheiten einfließen lassen. Mit anderen Worten: Es braucht einen Plan, an dem sich sowohl der Trainer als auch seine Spieler orientieren können. Im besten Fall wird aber immer auch eine alternative Taktik trainiert, die angewendet werden kann, wenn der Gegner den Matchplan durchschaut hat.

Beim Taktiktraining im Fußball ist es wichtig, das taktische Training auf die Mannschaft und ihre individuellen Spieler abzustimmen. Spieler mit einer ausgeprägten Kondition können eine sehr lauflastige Taktik fahren, während höhere Altersklassen, in denen mit elf Spielern und einer Viererkette gespielt wird, das Verschieben dieser Kette trainieren könnten. Ein gutes Stellungsspiel sorgt nämlich dafür, dass unnötige Laufwege vermieden werden können und die Spieler dadurch mehr Kraft zum Verschieben sowie zum engen Halten der Räume haben.

Damit die Taktik des Trainers im Spiel aufgeht, muss jeder Spieler seiner Mannschaft bestimmte Verhaltensweisen sowie Laufwege trainieren. Nur dann, wenn alle Kinder wissen, was sie tun müssen, kann die Mannschaft auch Erfolge feiern. Dafür müssen alle Bewegungsabläufe regelmäßig geübt, im Training simuliert und von den Spielern verinnerlicht werden. Außerdem erhöht individuelles Taktiktraining auf den unterschiedlichen Positionen natürlich die Erfolgsaussichten des Teams, weshalb Taktiktraining nicht nur auf die Mannschaft und die individuellen Spieler, sondern auch auf die jeweiligen Positionen abgestimmt werden sollte. Daneben ist es jedoch genauso wichtig, auch im Kollektiv zu trainieren, weil es im Spiel immer wieder zu Situationen kommt, an denen mehrere Spieler beteiligt sind. Wissen die Kinder untereinander, wie ihre Mitspieler laufen, können nicht nur Missverständnisse, sondern auch Fehlpässe vermieden werden.

Bei den Bambinis macht es grundsätzlich noch keinen Sinn, taktische Übungen in die Trainingseinheiten zu integrieren. In der Regel werden die ersten taktischen Grundlagen in der E-Jugend gelegt, die dann in der D-Jugend vom Trainer aufgegriffen und mit weiteren athletischen sowie kognitiven Fähigkeiten kombiniert und vertieft werden sollten. Dadurch können taktische Feinheiten, Spielzüge und ganze Spielabläufe in höheren Altersklassen regelmäßig besprochen und angewendet werden. Taktikschulungen sollten dann regelmäßig auf dem Trainingsplan stehen und natürlich auch individuell sowie positionsbezogen trainiert werden.

Für das Taktiktraining stehen dem Trainer zahlreiche Hilfsmittel zur Verfügung. Um unterschiedliche Taktiken zu üben, können zum Beispiel Hütchen, Leibchen, Ringe oder Hürden zum Einsatz kommen. Außerdem kann hin und wieder die Spielfeldgröße verändert werden, wodurch verschiedene Spielsituationen simuliert werden können. Daneben können auch Provokationsregeln und Taburäume genutzt werden. Zudem sollten in den höheren Altersklassen Standardsituationen, wie Freistöße, Ecken und Einwürfe, trainiert werden. Die Spielphilosophie sollte im Gegensatz dazu schon früh vermittelt werden, damit sich sowohl Trainer als auch Spieler an dieser orientieren können.

Auf einen Blick:
Taktik

➔ Erschwerung der Durchschaubarkeit

➔ Erhöhung der Erfolgsaussichten des Teams

➔ Vermeidung von Missverständnissen und Fehlpässen

Mentale Faktoren

Beim Fußball kommt nicht nur den Bereichen Technik, Taktik und Athletik eine zentrale Rolle zu, sondern auch die Psyche ist essentiell. Das sogenannte Mentaltraining ist wie ein Workout für die Psyche der Spieler. Es hilft beim Abbau von Blockaden, nimmt den Kindern die Ängste und schenkt ihnen gleichzeitig Mut für das nächste wichtige Spiel. Verschiedene Techniken, wie

Visualisierung oder Autosuggestion, schaffen dabei neue synaptische Verbindungen im Gehirn, die es den Spielern ermöglichen, ihr volles Potential im richtigen Moment abzurufen.

Das Mentaltraining wird in der Sportpsychologie bereits seit vielen Jahren erforscht und die Ergebnisse machen deutlich, dass das geistige Training nicht nur fit macht, sondern auch die Einstellungen der Spieler zum Sport verbessert. Durch regelmäßiges Mentaltraining fällt es den Fußballern leichter, vor Spielen die Ruhe zu bewahren, bei einem Rückstand nicht den Kopf hängen zu lassen, aus Fehlern zu lernen und mit Niederlagen richtig umzugehen. Außerdem hilft es ihnen, sowohl ihre Fähigkeiten zu reflektieren als auch ihre Stärken zu fördern und an ihren Schwächen zu arbeiten. Es hilft ihnen, ihre Flexibilität, Schnelligkeit sowie Kreativität in Einklang zu bringen und eine Routine zu entwickeln, die sie in jedem Training und jedem Spiel konsequent umsetzen können, wodurch sie wissen, was sie in bestimmten Situationen tun sollten.

Dabei gibt es keine einzige Altersgruppe, die nicht von mentalem Training profitieren kann. Je früher Kinder ihre eigenen mentalen Kräfte entdecken, positive Denkweisen schaffen und ihr Selbstbewusstsein sowie Wohlbefinden stärken, umso umfassender können sie im Laufe ihres Lebens davon profitieren. Die Vorteile des Mentaltrainings liegen dabei auf der Hand: Es hilft, mentale Stärke aufzubauen, neue Kraft zu schöpfen, und schafft Klarheit sowie Orientierung auf und neben dem Platz. Außerdem hilft es dabei, sportliche Ziele anzuvisieren und diese auch zu erreichen, Aufregung vor dem Spiel zu bekämpfen und Stress sowie Frust abzubauen. Gleichzeitig wird dadurch auch die innere Balance der Spieler bewahrt.

Darüber hinaus fördert mentales Training sowohl die Teamfähigkeit als auch die eigene Rolle im Team. Es verhilft den Spielern zu einer positiven Selbsteinschätzung, schenkt ihnen Selbstvertrauen und Konzentration vor dem Spiel, beschleunigt die Akzeptanz von Verletzungen sowie deren Heilungsprozess und kann während der geistigen Entwicklung der Kinder die nötige Stütze sein, um ihre Leistungen vom Training auf den Platz am Spieltag zu transportieren. Denn ein umfassendes mentales Training, das auf die individuelle Persönlichkeit der Kinder angepasst ist, wirkt sich auf ihre gesamte Entwicklung positiv aus. Wichtig ist in jedem Fall, dass das Training den Kindern auch Spaß macht und von ihnen auch zuhause selbst ausgeführt werden kann.

Am Anfang sollte das Mentaltraining zunächst spielerisch in das Fußballtraining involviert werden. Dabei kann der Trainer die Kinder zum Beispiel durch Atemtechniken und Konzentrationsübungen an das Mentalcoaching heranführen. Dadurch lernen die Spieler zum einen ihre Emotionen besser kennen und können diese kontrollieren. Zum anderen können sie den Erfolg sowie den Fortschritt ihres Teams durch Fantasiereisen visualisieren. Das Mentaltraining ist nämlich eine wundervolle Methode, um die grenzenlose Fantasie und die Vorstellungskraft von Kindern gezielt zu fördern, zu fokussieren und zu lenken.

Der körperliche Aspekt des Fußballs ist also nur ein Faktor, der zwar unglaublich wichtig ist, um sportliche Erfolge feiern zu können, aber nur in Kombination mit einer starken inneren Einstellung funktionieren kann. Denn der Kopf hat, egal, in welchem Alter und in welcher Liga, einen ganz wesentlichen Einfluss auf den individuellen Erfolg einzelner Spieler sowie auf den Erfolg des gesamten Teams. Mangelndes Selbstvertrauen und Blockaden auf emotionaler Ebene können sich negativ auf die eigenen Leistungen auswirken und manchmal sogar das gesamte Mannschaftsgefüge stören. Mit Hilfe eines Mentaltrainings kann also die berühmte Kopfsache trainiert, der Negativsog vermieden und Erfolgserlebnisse geschaffen werden.

Auf einen Blick:

Psyche

➔ Verminderung von Ängsten

➔ schenkt Mut

➔ Abrufung des vollen Potentials im richtigen Moment

➔ hilft, Ruhe zu bewahren, bei Rückstand nicht den Kopf hängen zu lassen, aus Fehlern zu lernen und mit Niederlagen richtig umzugehen

➔ Reflexion eigener Fähigkeiten

➔ Förderung der Stärken

➔ Optimierung der Schwächen

➔ bringt Flexibilität, Schnelligkeit und Kreativität in Einklang miteinander

➔ Entwicklung von Routinen

➔ Entdeckung und Aufbau eigener mentaler Kräfte

➔ Schaffung positiver Denkweisen

➔ Stärkung von Selbstbewusstsein und Wohlbefinden

➔ Schaffung von Klarheit und Orientierung auf und neben dem Platz

➔ Anvisierung und Erreichen sportlicher Ziele

➔ Bekämpfung von Aufregung vor dem Spiel

➔ Abbau von Blockaden, Stress und Frust

➔ Bewahrung innerer Balance

➔ Förderung der Teamfähigkeit und der eigenen Rolle im Team

Mentale Entwicklung – wie man Kinder auf Grundlage von Emotionen altersgerecht fördert & motiviert

In ihrem Leben durchlaufen Kinder verschiedene Entwicklungsstufen, bei denen jede einzelne von unterschiedlichen Merkmalen gekennzeichnet wird. Um einen Überblick über die für die verschiedenen im Fußball relevanten Altersklassen in diesem Buch zu bekommen, werden in diesem Unterkapitel die Entwicklungsstufen der Kinder kurz umrissen.

Ab 5 Jahre

Das fünfte Lebensjahr ist das klassische Fragealter, in dem das Fragespiel „Warum?“ viele Eltern so einige Nerven kostet. Kinder versuchen nun, auch die Hintergründe von verschiedenen Funktionen und Sachverhalten zu erfahren. Obwohl das ständige Nachhaken für Eltern belastend sein kann, ist es trotzdem wichtig, dass sie ihren wissbegierigen Lieblingen altersgerechte Antworten geben. Möglich wird das permanente Hinterfragen durch die Erweiterung des kindlichen Wortschatzes, der durch eine korrekte Satzbildung, die Verwendung von Nebensätzen sowie die Aussprache einzelner Laute und Lautverbindungen ergänzt wird. Unter den neugewonnenen Wortschatz der Kinder fallen jedoch auch erste Lügen und Schimpfwörter, die oftmals auf große Verwunderung und Entsetzen durch die Eltern und den Trainer stoßen und im Training zu einigen Reibereien führen können.

Auffällig in diesem Lebensabschnitt ist außerdem, dass sich die bereits erlernten motorischen Funktionen ab dem fünften Lebensjahr festigen sowie erweitern und sich die Feinmotorik der Kinder verbessert. Hinzu kommen zudem eine grenzenlose kindliche Fantasie, ein stark ausgeprägter Bewegungsdrang und eine Verbesserung des Gleichgewichtssinns, des Rhythmus und der räumlichen Orientierung sowie eine gesteigerte Reaktionsfähigkeit, die sich natürlich positiv auf die fußballerischen Fähigkeiten der Kinder auswirken und ihre persönliche Motivation hochhalten.

Bereits vor dem sechsten Lebensjahr spüren Kinder, dass sie ein eigenes Individuum sind. Ab fünf Jahren nimmt dieses Gespür jedoch immer mehr zu und das kindliche Bewusstsein für das eigene Individuum verlangt danach, Verantwortung zu übernehmen. In diesem Alter möchten die Kinder am liebsten bei allen Dingen mitreden. Wenn man ihnen an geeigneter Stelle die Gelegenheit dazu gibt, kann das sogar ihr Selbstwertgefühl stärken. Doch trotz des Wunsches danach, Verantwortung zu übernehmen, sind Tabuverletzungen, Provokationen sowie das Austesten eigener Grenzen immer mal wieder an der Tagesordnung.

Ab 6 Jahre

Ab dem sechsten Lebensjahr schreiten sowohl die motorische als auch die sprachliche Entwicklung der Kinder voran, sodass sie immer kompliziertere Zusammenhänge verstehen und dadurch auch im Training anspruchsvollere Übungen ausführen können. Waren ihre bisherigen Zeichnungen im Kindergarten in der Vergangenheit eher simpel gehalten, kommen jetzt zunehmend mehr Details hinzu. Sie unternehmen erste Versuche, die Schnürsenkel ihrer Fußballschuhe zu binden, und auch das Fahrradfahren bereitet den meisten Kindern keinerlei Probleme mehr. Zeitgleich erleben sie dadurch kleine Erfolgserlebnisse, die sie dazu motivieren, weiterhin neue Dinge mutig auszuprobieren.

Charakteristisch für das sechste Lebensjahr ist außerdem, dass sich die Kinder plötzlich von dem jeweils anderen Geschlecht vollständig distanzieren. Die Mädchen finden nun die Jungs blöd und die Jungen sind genervt davon, dass man mit den Mädchen nicht spielen kann. Das ausschließliche Beisammensein mit demselben Geschlecht gehört jedoch zu einer normalen Entwicklung dazu und dient der Identitätssicherung der Kinder.

Ab 7 Jahre

Im siebten Lebensjahr erobern Kinder einen neuen Lebensabschnitt. In der Regel beginnen sie nun, die Schule zu besuchen, sind deutlich selbstständiger und können erste Witze verstehen und diese nacherzählen. Sie nehmen nicht mehr alles wörtlich, sondern sind in der Lage, Wortwitze zu verstehen und sie gezielt selbst anzuwenden. Dadurch beherrschen sie zunehmend Sarkasmus und Ironie, was sie in so manches Fettnäpfchen treten lässt. Außerdem nimmt der Wortschatz der Kinder stetig zu, sodass sie einerseits sogenannte Wenn-Dann-Fragen beantworten können („Wenn ich am Sonntag spiele, dann schieße ich ein Tor"), andererseits jedoch auch ihre verbalen Grenzen austesten und dabei aufmerksam beobachten, welche Konsequenzen dieses Austesten nach sich zieht.

6-7 Jahre

In einem Alter von sechs bis sieben Jahren sind besonders die Veränderungen in der Selbstständigkeit von Kindern nachhaltig, wobei sich ihre Selbstständigkeit wie ein roter Faden durch ihr Leben zieht. Das Erbringen eigener Leistungen rückt in den Mittelpunkt. Gleichzeitig sind Kinder aber auch darauf angewiesen, dass ihre Eltern und ihre Trainer ihnen gewisse Dinge zutrauen. Schließlich sind sie bereits in der Lage, alleine zum Fußballtraining zu laufen, sicher mit Löffel und Gabel zu essen, selbstständig zur Toilette zu gehen oder sich ohne Hilfe ihr Trikot anzuziehen.

Mädchen und Jungen im Alter von sechs Jahren akzeptieren nun auch immer öfter Kritik von anderen und lassen fremde Meinungen zu, was nicht zuletzt auch dazu beiträgt, dass sie ihre individuellen Leistungen auf dem Platz sowie ihren Teamgeist innerhalb der Mannschaft stärken können. Zudem lernen Kinder die ersten Enttäuschungen in ihrem Leben kennen, wobei der Umgang mit ihnen für jedes Kind ein schwieriger und dennoch unerlässlicher Lernprozess ist. Außerdem suchen sich Kinder nun auch häufig außerhalb der eigenen Familie ein Vorbild, zum Beispiel den Trainer, zu dem sie aufschauen können. Sie beginnen, ihr persönliches Verständnis von Ungerechtigkeit und Gerechtigkeit zu definieren, und prüfen entsprechend oft die Authentizität von Eltern und Trainer. Sagen sie die Wahrheit oder Lügen sie? Halten sie ihr Wort? Welche Dinge sind falsch und welche richtig? Ab und zu wird es dabei sogar vorkommen, dass Kinder die Entscheidungen ihrer Eltern oder ihres Trainers kritisieren, hinterfragen und Erklärungen einfordern, die sie ihnen in jedem Fall geben sollten.

Ab 7 Jahre

Ab einem Alter von sieben Jahren unterscheiden Mädchen und Jungs zunehmend zwischen Realität und Fantasie. Häufig lässt sich in diesem Alter beobachten, dass Kinder beginnen, die Geschichten vom Osterhasen oder dem Weihnachtsmann anzuzweifeln, und Fantasiegestalten wie die Zahnfee verlieren in den kindlichen Augen ihren Reiz. Kinder lernen, klare Linien zwischen den Dingen zu ziehen, die wahr und die erfunden sind. Daneben sind sie außerdem in der Lage, zeitliche Begriffe präzise einzuordnen, sodass ein Gestern nun kein abstrakter Zeitpunkt mehr ist. Während sie insbesondere in ihrer Feinmotorik eine visuelle Kontrolle benötigen, werden sie in ihrer Grobmotorik hingegen immer sicherer. Räumliche Differenzen sind für Siebenjährige gut einschätzbar, sodass sie Pässe über eine längere Entfernung problemlos spielen können. Außerdem beginnen sie nun, geschlechtsspezifische Verhaltensweisen zu zeigen.

Ab 8 Jahre

Mit dem beginnenden achten Lebensjahr treten Kinder in eine neue Entwicklungsphase ein. Sie denken nun wesentlich rationaler, können immer differenzierter zwischen anderen und sich selbst entscheiden und verstehen, dass Menschen nicht immer dieselbe Meinung haben. Außerdem entwickelt sich sowohl ihre Augen-Hand-Koordination als auch ihre Balance, Präzision, Beweglichkeit und Flexibilität weiter und sie probieren Fähigkeiten, die sie neu erlernt haben, in vielerlei Hinsicht aus.

8-10 Jahre

Im Alter von acht bis zehn Jahren besitzen Kinder ein gesteigertes Körperbewusstsein, das sie natürlich gerne bei zahlreichen Aktivitäten, wie zum Beispiel beim Fußballspielen, austesten. Dabei steht jedoch nicht nur der Spaß am Sport im Vordergrund, sondern auch der Wettbewerb mit ihren Mitspielern und das Erkennen der eigenen Stärken. Gleichzeitig sammeln sie jedoch auch erste Erfahrungen im Team und lernen, was es bedeutet, teamfähig zu sein.

Neben sportlichen Erfahrungen sammeln Kinder außerdem erste Erfahrungen in der Schule. Sie lernen mathematische Konzepte kennen und üben sich im Lesen kleinerer Textabschnitte, das sie durch regelmäßige Wiederholungen immer weiter ausbauen. Aufgrund ihres experimentellen Ansatzes gelingt es ihnen außerdem, verschiedene Situationen unter unterschiedlichen Gesichtspunkten zu betrachten und die Lösung von Problemen oftmals praktisch anzugehen. Auch ihre Körperbewegungen können sie nun räumlich und zeitlich besser koordinieren und abstimmen, was ihnen wiederum auf dem Fußballplatz zugutekommt.

Zudem erkennen die Kinder nun ziemlich gut, dass jeder Mensch eine eigene Meinung hat, die nicht immer mit der eigenen Meinung konform ist. Inzwischen sind sie in der Lage, ihren Gegenüber zu verstehen und sich in unterschiedliche Gefühlszustände hineinzuversetzen, sodass sie Konflikte innerhalb der Mannschaft lösen können. Im Zusammensein mit anderen wollen sie nun alle Regeln verstehen und diese einhalten. Ihr stark ausgeprägter Gerechtigkeitssinn hilft ihnen ferner, ihre besten Freunde zu verteidigen, und durch die Weiterentwicklung ihres Ich-Bewusstseins können sie nicht nur sich selbst, sondern auch ihre Wirkung auf andere bewerten. Dabei können sie sowohl zwischen ihrer Wirkung als auch zwischen ihrer Erscheinung auf andere unterscheiden. Zwischen all den Veränderungen und Entwicklungen, die Kinder im Alter von acht, neun und zehn Jahren durchleben, ist es wichtig, Ideale zu haben, mit denen sie sich identifizieren können und zu denen sie aufsehen – zum Beispiel die Eltern oder der Fußballtrainer.

10-13 Jahre

Die Lebensphase, in der Kinder zwischen zehn und dreizehn Jahre alt sind, markiert den Übergang von der Kindheit in die Pubertät. Da sich Kinder jedoch immer in ihrem ganz eigenen Tempo entwickeln, lässt sich nicht genau abgrenzen, in welchem Alter sie in die Pubertät eintreten und wann welche körperlichen Veränderungen sichtbar werden. Grundsätzlich beginnt die Pubertät bei Mädchen jedoch früher als bei Jungen.

Unabhängig von den einzelnen Etappen der Pubertät versuchen die Jungs und Mädchen nun gleichermaßen, ihre ersten Schritte im alltäglichen Gefühlschaos alleine zu gehen. Die Türen werden immer häufiger zugeknallt oder bleiben ganz verschlossen. Das Kinderzimmer soll urplötzlich umgestaltet werden, die Kuscheltiere und das Spielzeug verschwinden unter dem Bett und Poster von Fußballspielern finden ihren Platz an der Wand über dem Bett. Außerdem grenzen sich Kinder nun immer öfter von ihren Eltern ab und obwohl der Abnabelungsprozess ihnen im Herzen wehtut, ist er für die Entwicklung eines Kindes wichtig und abdingbar.

Während im Inneren häufig Chaos herrscht, die Gefühle und Hormone der Kinder verrücktspielen, vollkommen durcheinander sind und sie permanent zwischen elterlicher Nestwärme und dem Willen nach Autonomie schwanken, verändert sich auch ihr Äußeres immer mehr. Sie vergleichen sich mit ihren Mitspielern, entwickeln ein völlig neues Schamgefühl, schließen sich im Bad ein, wollen sich nun nicht mehr vor ihren Eltern oder Teamkollegen umziehen und tragen die Kleidung, die ihnen gefällt.

Während der Pubertät grenzen sich Kinder immer öfter von ihren Eltern ab und treten gleichzeitig in den Prozess der Selbstfindung ein, durch den sie ihren eigenen Platz im Leben einnehmen wollen. Die Pubertät gewinnt Stück für Stück die Oberhand, die Geschlechtsreife zeigt sich zum ersten Mal und Bartflaum bei den Jungs sowie weiblichere Formen bei den Mädchen entwickeln sich. Außerdem ist diese Lebensphase von Hormonschwankungen, Wachstumsschüben, Zahnspangen, Pickeln und der ersten Liebe geprägt. Die Kinder reifen nun allmählich zu eigenständigen Persönlichkeiten heran, wobei insbesondere die Phase der körperlichen Veränderungen für sie mit vielen Fragezeichen verbunden ist. Um ihren Unsicherheiten entgegenzuwirken und Fragezeichen verschwinden zu lassen, sollten Eltern das Gespräch zu ihren Kindern suchen und Aufklärung leisten.

Die Entwicklung eines Kindes ist vielfältig und immer individuell, da sie ein kontinuierlicher Prozess ist, den jedes Kind in seinem ganz eigenen Tempo durchläuft. Insbesondere Trainer können innerhalb ihrer Mannschaft deshalb oftmals eine große Variabilität in den Entwicklungsstufen ihrer Spieler erkennen. Aus diesem Grund ist es heutzutage wohl eine der größten Herausforderungen, auf die persönlichen Bedürfnisse der Kinder einzugehen und ihre individuellen Fähigkeiten zu fördern, zur selben Zeit jedoch auch alle Kinder gleich zu behandeln.

FUSSBALLSPIELINTELLIGENZ & IHRE ENTWICKLUNGSSTUFEN

Mittlerweile gibt es viele Experten, die sich auf unterschiedliche Bereiche im Fußball spezialisiert haben. Neben Trainern, die sich sehr gut mit der Technik im Fußball auskennen, gibt es beispielsweise andere, die im Bereich der Taktik Spezialisten sind. Wieder andere sind hervorragende Fitness- und Athletiktrainer und somit für die körperliche Verfassung der Spieler zuständig. Allerdings gibt es nur wenige Trainer, die sich mit der Steuerzentrale ihrer Spieler, also ihrem Gehirn, das für all das, was sie sowohl auf als auch abseits des Feldes ausführen, beschäftigen. Trainer sind wie Lehrer, deren Aufgabe es ist, ihren Schülern ein bestimmtes Schulfach näherzubringen. Um als Spieler auf dem Platz zu den Aufgaben innerhalb des Teams beitragen zu können, muss jeder Spieler in der Lage sein, unterschiedliche Spielsituationen zu erkennen, sie zu verstehen und diese anschließend zu lösen. Wie bereits im Kapitel „Die 4 mentalen Dimensionen" umrissen, steht dabei die Frage, welche Aktion in welcher Situation zu welchem Zeitpunkt erforderlich ist, im Zentrum.

Zur Erinnerung: Bei der Spielintelligenz geht es darum, das Spiel zu lesen und zum richtigen Zeitpunkt die richtigen Aktionen im richtigen Raum auszuführen.

Damit ein Spieler das Spiel aber überhaupt lesen kann, muss er die jeweiligen Verknüpfungen, also die Spielsituationen, im Vorfeld in seinem Gehirn anlegen. Der Prozess funktioniert dabei ähnlich wie das Lesenlernen. Bevor wir ganze Sätze lesen und verstehen können, müssen wir erst einmal einzelne Buchstaben verstehen lernen.

Möchte ein Spieler nun eine Aktion am oder ohne Ball ausführen, muss er während der Bewegungen verbal sowie non-verbal beobachten und kommunizieren können. Er muss also permanent verschiedene Informationen aufnehmen, diese verarbeiten und anschließend senden, während er sich außerdem über das Spielfeld bewegt. Von großer Bedeutung ist dabei, dass der Spieler den Zeit- und Raumdruck beobachtet und diesen korrekt bewertet. Es geht also darum, dass er die richtige Wahl treffen muss, um eine ganz bestimmte Aktion auch ausführen zu können.

Obgleich der Terminus der Spielintelligenz für einige Trainer unbekannt sein mag, ist die Spielintelligenz keinesfalls ein Mysterium. Vielmehr kommt die Spielintelligenz eines Spielers in seinen individuellen Entscheidungen hinsichtlich seines Timings, seiner Positionierung, der Richtung seiner Aktion sowie der Ausführungsgeschwindigkeit zum Ausdruck.

Die Spielintelligenz bezeichnet nichts weniger als die bewusste Suche nach optimalen Lösungen für all die Probleme, die im Spiel auftreten.

Während der Spieler sowohl die Aktionen seiner Gegner als auch die seiner Mitspieler wahrnimmt und versteht, beherrscht er zeitgleich die unterschiedlichen potentiellen Lösungen dieser Probleme und zeichnet sich darüber hinaus dadurch aus, dass er oftmals richtig handelt.

Auf bildlicher Ebene stellt die Spielintelligenz eines Spielers den **Motor seiner individuellen sportlichen Handlungen** dar und ist damit ein ganz grundlegendes und entscheidendes Kriterium für seinen Erfolg.

Horst Wein, ein international anerkannter Fachmann für die Ausbildung von Fußballtrainern, war ein Meister auf seinem Gebiet, der die Kinder anhand seines Entwicklungsmodells zu selbstständigem Denken und Handeln beim Fußballspielen aufforderte.

Steckbrief:

Horst Wein

- 1941 in Hannover geboren und 2016 in Barcelona gestorben
- ehemaliger deutscher Hockeynationalspieler und Trainer der spanischen sowie deutschen Hockeynationalmannschaft, Mentor, Diplomsportlehrer, Sportdirektor, Universitätsdozent und Ausbilder von Fußballtrainern
- entwickelte Trainingsmodell mit fünf Entwicklungsstufen, das die Spielintelligenz sowie die Kreativität von Kindern fördert
- gehört zu den bekanntesten Fußballpädagogen auf der ganzen Welt

Horst Wein beschäftigte sich seinerzeit über mehrere Jahre hinweg intensiv mit der Spielintelligenz junger Fußballer. Im Zentrum seiner Arbeit stand dabei die Frage danach, wie die Spielintelligenz optimal entwickelt werden kann. Wein zeigte Trainern in verschiedenen Übungs- und Spielformen methodisch, wie sie das kindliche Potential ihrer Spieler stimulieren können. Dabei bediente er sich bewusst dem Wechselspiel aus induktiven und deduktiven Trainervorgaben. Das bedeutet, dass er sowohl vom unangeleiteten als auch vom freien Spiel Gebrauch machte, um den Kindern das Sammeln von Erfahrungen und das Entdecken von Lösungen zu ermöglichen. Außerdem griff Wein auf Übungsformen zurück, bei denen präzise Abläufe vorgegeben waren.

Das **Entwicklungsmodell** nach Horst Wein setzt sich aus **fünf verschiedenen Stufen** zusammen. Jede einzelne Stufe des Modells passt sich dabei dem natürlichen Wachstum von Kindern an. Vier der fünf Stufen werden außerdem dem erwachsenen Fußball (11 vs. 11) vorgeschaltet und dienen dazu, die Kinder auf das Fußballspiel in der fünften Stufe vorzubereiten. Dann wird der

Fußball nämlich auf die Art und Weise gespielt, wie wir es beinahe täglich im Fernsehen beobachten können.

Jedes Entwicklungselement setzt sich aus einer Komposition unterschiedlicher Lerninhalte zusammen, die aufeinander abgestimmt sind, um sowohl die Spielfähigkeit als auch die Intelligenz der heranwachsenden Profifußballer Schritt für Schritt zu entwickeln. Dabei knüpfen die jeweiligen Elemente immer an die vorangegangenen taktischen sowie technischen Fertigkeiten der bereits bekannten Elemente aus der Vorgängerstufe an. Das Schöne am Entwicklungsmodell ist außerdem, dass die Kinder zumeist durch ihre eigenen Fehler lernen, die sie, aufgrund der vom Trainer an den psychischen und physischen Leistungsstand der Kinder angepassten Spielaufgaben, fast immer selbst bemerken. Das beschleunigt nicht nur das Lernen der Kinder, sondern stärkt sie auch in ihrem Wesen.

Das Voranschreiten von einer zur nächsten Stufe geschieht dabei nicht nur mit der Zeit, sondern auch durch die steigende Zunahme des Niveaus sowie der Komplexität einzelner Spielsituationen. Weiterhin ist ebenso der Anspruch an das immer schnellere Wahrnehmen, Verstehen sowie die schnelle Ausführung der getroffenen Entscheidung maßgebend. Bei jeder Entwicklungsstufe gibt es mehr Spieler, die auf weniger Spielraum zusammenkommen. Hierdurch werden die Kinder dazu forciert, die Situationen im Spiel schneller zu lesen und aufzufassen, um in der Folge nicht nur die richtigen Entscheidungen treffen zu können, sondern diese auch richtig auszuführen.

1. Entwicklungsstufe	**2. Entwicklungsstufe**	**3. Entwicklungsstufe**	**4. Entwicklungsstufe**	**5. Entwicklungsstufe**
- ab 7 Jahren - Spiele für fundamentale Fähigkeiten und Fertigkeiten	- ab 8 Jahren - Spielfähigkeit für Minifußball	- ab 10 Jahren - Spielfähigkeit für Fußball: 5 gegen 5 und 7 gegen 7	- ab 13 Jahren - Spielfähigkeit für Fußball: 8 gegen 8	- ab 14 Jahren - Spielfähigkeit für Fußball: 11 gegen 11

1. Entwicklungsstufe

In die erste Entwicklungsstufe treten die Spieler ab einem Alter von sieben Jahren ein. Für diese Entwicklungsstufe bieten sich alle möglichen Spiele an, die die fundamentalen Fähigkeiten sowie Fertigkeiten der Kinder schulen. Hierzu zählen zum Beispiel Dribbelspiele mit und ohne Gegenspieler, Mehrzweckspiele, Fußballtriathlon im 2 gegen 2, Spiele für die Abwehr, zum Torschuss, zum Passen, zur Ballannahme und Ballmitnahme, Spiele im Labyrinth sowie die grundlegende Ballschule.

2. Entwicklungsstufe

Die zweite Entwicklungsstufe beginnt in einem Alter von acht Jahren, bei dieser bieten sich jegliche Spiele für Minifußball an. Damit sind sowohl die Spiele für die grundlegenden Fähigkeiten sowie Fertigkeiten der Kinder aus der ersten Entwicklungsstufe als auch vorbereitende und korrigierende Spiele für den Minifußball, vereinfachte Spielformen im 2 gegen 2 mit anschließenden Korrekturspielen, Triathlon im 3 gegen 3 sowie die allgemeine Prüfung der spielerischen Fähigkeit im Minifußball gemeint.

3. Entwicklungsstufe

Ab einem Alter von zehn Jahren treten die Kinder in die dritte Entwicklungsstufe ein, für die sich Spielformen im 5 gegen 5 sowie 7 gegen 7 anbieten. Am besten lässt sich das Potential der Kinder in dieser Entwicklungsstufe beispielsweise durch vereinfachte 3 gegen 3 Formen mit anschließenden Korrekturspielen, Futsal (Hallenfußball) im 5 gegen 5, Triathlon im 4 gegen 4, Spielen für den Torwart sowie Torwart-Dekathlon wecken. Beim Torwart-Dekathlon werden, durch zehn verschiedene Disziplinen mit jeweils anderen Schwerpunkten, wichtige Grundlagen und Fertigkeiten des Torhüters geschult. Allerdings sollten auch weiterhin Spiele für fundamentale Fähig- und Fertigkeiten sowie Spiele für den Minifußball eingebunden werden.

4. Entwicklungsstufe

Die vierte Entwicklungsstufe beginnt in einem Alter von dreizehn Jahren. Die Spieler sollten während dieser Entwicklungsstufe ihre Spielfähigkeit für Fußball in 8-gegen-8-Spielformen testen, die zwischen den beiden Strafräumen eines Fußballfeldes ausgetragen werden. Zur Entwicklung ihrer Spielfähigkeit bieten sich hierbei auch Spiele im 7 gegen 7, Triathlon im 6 gegen 6 sowie vereinfachte Spielformen in einem 4-gegen-4- und einem 5-gegen-5-System an, auf die anschließende Korrekturspiele folgen. Außerdem kann die Spielintelligenz der Kinder gefördert werden, indem der Trainer Programme sowohl für das Verständnis von Offensivaktionen als auch für jenes von Defensivaktionen aufstellt.

5. Entwicklungsstufe

In die fünfte Entwicklungsstufe treten Kinder ab einem Alter von vierzehn Jahren ein, hier werden ihre Spielfähigkeiten für den Fußball im 11 gegen 11 geschult. Hierfür eignen sich sowohl Gruppen- als auch Mannschaftstrainingseinheiten mit Schwerpunkt auf offensivem sowie defensivem Verhalten. Außerdem sollten die Spieler im Zuge des Positionstrainings individuell geschult werden und auch Standardsituationen sollten geübt werden. Darüber hinaus bieten sich Spielformen im 8-gegen-8-System an, um die Spielfähigkeit im 11 gegen 11 zu fördern.

Die Rolle des Fußballtrainers – mehr als nur ein Vorbild

Die Rolle des Fußballtrainers ist schon lange nicht mehr nur als reines Hobby anzusehen. Heutzutage sind sowohl das Anforderungsprofil als auch die Tätigkeitsfelder eines Trainers sehr vielfältig und komplex, da sie nicht einzig und allein auf den fußballerischen Bereich beschränkt sind, sondern auch soziale Verantwortung, Integrationsarbeit und die Zusammenarbeit mit den Eltern von den Trainern abverlangen.

Ein Trainer ist Vorbild, Pädagoge, Manager, Psychologe, Berater, Vertrauensperson und Freund in einem.

Er muss nicht nur fachlich kompetent sein, um teambildende Maßnahmen im Training umzusetzen, seine Mannschaft aufzubauen und führen zu können, sondern auch gewisse persönliche Eigenschaften mitbringen, um den Kindern Werte zu vermitteln, ihnen Perspektiven aufzuzeigen und für sie als Vertrauensperson für private Probleme zu fungieren.Unabhängig davon, was jeden Einzelnen dazu antreibt, seine Rolle als Fußballtrainer anzutreten und in dieser aufzublühen – jeder Trainer agiert mit seiner Mannschaft und für seine Mannschaft. Je selbstloser, ehrlicher und besser ihnen diese Interaktion dabei gelingt, desto nachhaltiger werden ihre Arbeit und ihr Wirken sein und umso eher bekommen sie selbst die Gelegenheit, dass auch ihre persönlichen Ziele von ihrer Arbeit als Fußballtrainer profitieren. Ein Fußballtrainer entwickelt Übungen, Spielzüge, Trainingseinheiten sowie methodische Zusammenhänge und ermöglicht es seiner Mannschaft dadurch, Fußball mit Freude zu spielen und sich gleichzeitig motiviert und nachhaltig zu entwickeln.

Der Trainer unterstützt seine Spieler, inspiriert sie, zeigt ihnen neue Perspektiven, Verbesserungen und Lösungsmöglichkeiten auf, gibt ihnen wertvolle Tipps und tritt, durch das Einbringen eigener Erfahrungen, in die Rolle des Vermittlers.

Durch seine Worte, sein offenes Ohr und sein Hinterfragen führt er sein Team an. Er vermittelt seinen Spielern Ideen, schenkt ihnen Raum zur persönlichen Entfaltung und hinterfragt nicht nur Handlungen, spielerische Leistungen und Lösungen, sondern auch jeden einzelnen Spieler, das Team als Kollektiv und sich selbst.

Für seine Spieler und ihre Entwicklung lebt der Trainer seine Rolle als Orientierungsgröße, was aus ihm Stütze, Begleiter, Kritiker und Ansprechpartner zugleich macht.

Er steht zu jeder Zeit im Mittelpunkt und muss nicht schauspielern oder sich als jemand präsentieren, der er nicht ist. Er beobachtet, analysiert und ordnet jeden seiner Spieler mit seiner Eigenart individuell ein. Dabei agiert er flexibel. Er fordert seine Spieler ebenso wie er sie ermutigt, sie bestätigt und ihnen Vertrauen sowie Sicherheit spendet. Er nimmt sich selbst nicht allzu wichtig, übernimmt Verantwortung und gesteht sich seine Fehler selbst ein. Im Zuge dessen hinterfragt er immer wieder sein eigenes Verhalten und reflektiert dabei zum Beispiel seine Konfliktbewältigung, den Auftritt seines Teams, die Gleichbehandlung jedes einzelnen Spielers, seinen persönlichen Konsum von Suchtmitteln, den Umgang mit seinen eigenen Fehlern sowie mit Sieg und Niederlage, seine Verhaltensweisen neben dem Fußballplatz und sein Verhalten Gegnern, anderen Trainern, Eltern und Schiedsrichtern gegenüber.

Die große Kunst eines Trainers liegt darin, zwischen den sozialen Bedürfnissen der Kinder und dem sportlichen Angebot ein Gleichgewicht zu schaffen. In ihrer Entwicklung durchlaufen Kinder unterschiedliche Phasen, von denen einige leichter und andere schwerer zu bewältigen sind. Es ist nicht immer die einfachste Aufgabe, mit pubertären Stimmungsschwankungen richtig umzugehen und ein angemessenes Verhältnis zwischen Vertrauen und Kontrolle sowie Führen und Wachsenlassen zu finden.

Fußballtrainer einer Kindermannschaft zu sein bedeutet, seine Spieler so sehr zu fördern und sie zu stärken, dass sie an sich selbst und ihre Fähigkeiten glauben.

Gleichzeitig muss der Trainer ihnen aber auch vermitteln, dass Begabung allein nicht langfristig zum Erfolg führen und dass harte Arbeit Talent immer besiegen wird. Langfristiger Erfolg kann sich nämlich nur durch Disziplin, Anstrengung und Beharrlichkeit entfalten. Erreicht die Mannschaft nicht die Ziele, die sie und ihr Trainer sich zu Beginn der Saison vorgenommen haben, sollte der Trainer nach den Ursachen dafür nicht zuerst bei seinen Spielern oder ihrem Umfeld suchen, sondern zunächst bei sich selbst. Außerdem muss ein Trainer mit beiden Beinen im Leben stehen, um seine Mannschaft führen zu können. Hierzu gehört es auch, Ratschläge und Meinungen anderer einzuholen, Diskussionen zuzulassen, offen und ehrlich mit seinen Spielern zu kommunizieren und einen kühlen Kopf zu bewahren. Weiterhin sollte er den Spielern keine Pauschallösungen für ihre Probleme anbieten, sondern immer sowohl die Situation als auch die Entwicklungsstufe der Kinder ganz individuell betrachten.

Der Trainer ist in erster Linie ein Vorbild, zu dem die Kinder mit all ihren Problemen kommen können – ganz gleich, ob diese fußballerischer oder privater Natur sind.

Da Kinder Meister im Nachahmen sind, werden sie auch die Verhaltensweisen ihres Trainers nacheifern. Streitet sich dieser mit dem gegnerischen Trainer und schimpft etwa über den Schiedsrichter, werden auch seine Spieler das tun. Ein Trainer, der aufgrund seiner echauffierenden Verhaltensweisen permanent Gefahr läuft, während des Spiels auf die Tribüne verbannt zu werden, wird seiner Rolle als Vorbild nicht gerecht, sondern trägt stattdessen zur Disziplinlosigkeit seiner Spieler bei, die nicht allzu selten in einer aufgeheizten Stimmung sowie in Ausschreitungen münden. Sobald es, im Training oder im Spiel, zu hitzigen Situationen kommt, sollte der Trainer seine Spieler stattdessen darauf hinweisen, wenn sie einen Fehler begangen haben, die Situation umgehend korrigieren und die Kinder dazu auffordern, sich zu entschuldigen. Auch wenn die Eltern der Kinder gegnerische Spieler, Trainer oder den Schiedsrichter beschimpfen sollten, wird das sofortige Einschreiten des Trainers verlangt, der die Eltern ganz höflich auf ihre eigene Vorbildfunktion gegenüber den Kindern hinweisen sollte. Wenn Erwachsene von Kindern verlangen, diszipliniert zu sein und sich korrekt zu verhalten, müssen sie es ihnen erst einmal selbst vorleben.

Für einen Trainer ist es nicht nur wichtig, sich beruflich weiterzubilden und offizielle Trainerlizenzen zu erwerben, sondern auch die individuelle Persönlichkeitsentwicklung sowie die Entwicklung eigener Fähigkeiten voranzutreiben, zum Beispiel durch folgende Fragen:

- „Was möchte ich im Leben und was will ich als Trainer erreichen?"
- „Worin möchte ich mich verbessern?"
- „Welche Fähigkeiten möchte ich weiterentwickeln und was will ich lernen? "
- „Was ist mir im Leben wichtig?"

Jede einzelne Trainingseinheit, jedes Punktspiel, jede taktische Aufstellung und jede einzelne Ansprache halten wertvolle Erfahrungswerte für den Trainer bereit, auf die er reflektiert zurückblicken kann.

Obgleich jeder Trainer gewinnen und Erfolge erzielen möchte, sollte der Erfolg weder für das Ausüben der Position noch für das kritische Reflektieren der eigenen Handlungen die antreibende und alleinige Motivation sein. Es gibt zahlreiche Ansatzpunkte, an die ein Trainer regelmäßig anknüpfen sollte, um positive und nachhaltige Resultate zu erzielen.

- **Wie entwickelt sich zum Beispiel jeder einzelne Spieler innerhalb des Teams und wie verhält sich das Zusammenspiel untereinander nach einer bestimmten Zeit?**
- **Wie gut funktionieren positionsspezifische Prozesse und wie ausgeprägt ist die Spielintelligenz jedes einzelnen Kindes?**

Um die Stärken der Spieler zu optimieren und ihre Schwächen zu fördern, müssen Übungen, Spielzüge und taktische Entscheidungen regelmäßig wiederholt werden, damit sie sich in den Köpfen der Spieler festigen können. Wenn das Training immer gleich ist, die Fähigkeiten der Spieler stagnieren, da sie im Training nicht genug gefördert werden, und es dem Trainer an Inspiration fehlt, kann ein Austausch mit anderen Trainern und das Beobachten anderer Mannschaften sinnvoll sein, um durch einen eigenen Perspektivwechsel Raum für neue Ansätze und Ideen zu schaffen. Außerdem hilft es, als distanzierter Beobachter zu agieren und als bewusster Zuschauer zu hinterfragen, was gerade eigentlich passiert. Anschließend gilt es, auszuprobieren, denn auch Trainer dürfen und müssen lernen, experimentieren und Erfahrungen sammeln.

Darüber hinaus kann auch ein Trainer aufgrund von unbekannten Situationen, neuen Herausforderungen und den vielfältigen Handlungsoptionen sowie Entscheidungsmöglichkeiten überfordert sein. Manchmal ist es auch so, dass sich zum Beispiel der Co-Trainer in bestimmten Tätigkeitsfeldern besser auskennt oder mit mehr Freude agiert. Lässt der Trainer den Co-Trainer dann selbstständig agieren, kann nicht nur er, sondern auch seine Spieler vom Co-Trainer und den sich ergänzenden Kompetenzen beider Trainer profitieren.

Am Ende des Tages sind auch Trainer nur Menschen mit unterschiedlichen Persönlichkeiten, Emotionen, Entscheidungen und Fehlern.

Jedem Trainer sollte gleichermaßen Aufgabe und Anliegen sein, seine eigene individuelle Trainerrolle offen, ehrlich und glaubwürdig auszuüben und sich dabei immer selbst treu zu bleiben. Lebt ein Trainer diese Vorstellung authentisch und direkt, lässt sich inspirieren, passt sich an, ist bereit für Veränderungen und findet Wege, das Potential seiner Spieler optimal zu fördern, transportiert er seine Leidenschaft für den Fußball und seine Trainerfunktion unmittelbar auf sein Team.

Die goldenen Regeln für einen Fußballtrainer

- Sei für deine Spieler immer und überall ein Vorbild.
- Behandle alle deine Spiele gleich, gerecht und fair.
- Beleidige oder beschimpfe deine Spieler niemals.
- Schenke deinen Spielern Selbstvertrauen und Rückhalt.
- Sei immer zuverlässig, pünktlich, respektvoll und gut vorbereitet.
- Begegne anderen Mannschaften und den Schiedsrichtern mit Respekt.
- Sei nach Siegen bescheiden und stehe nach Niederlagen hinter deinem Team.
- Gib immer dein Bestes und strebe nach Perfektion, sei dir aber bewusst, dass du sie niemals erreichen wirst.
- Kommuniziere Kritik konstruktiv und sachlich.
- Sei in allem, was du tust, konsequent.
- Gestehe dir selbst ein, dass ein Trainer auch Fehler machen darf.

Grundlagen im Training

TEAMFINDUNG

Fußball ist ein Mannschaftssport, in dem die einzelnen Spieler eines Teams nur dann etwas erreichen können, wenn sie sowohl auf als auch neben dem Platz als Kollektiv funktionieren und sich gegenseitig unterstützen. Der Torwart kann zwar viele Bälle abwehren und Gegentore verhindern, doch wenn die Abwehr die gegnerische Mannschaft immer wieder zum Schuss kommen lässt und gefährliche Angriffe zulässt, ist es auch für den besten Torwart fast unmöglich, Gegentore über die gesamte Spielzeit hinweg zu verhindern. Genauso kann auch der Mittelstürmer unglaubliche technische Fähigkeiten besitzen und seine Gegner mit einer Finte nach der anderen ausnehmen, doch wenn er keine Vorlage bekommt oder nicht den Gegner gemeinsam mit seinen Teamkollegen ausspielen kann, wird es für ihn sehr schwierig, ein Tor zu erzielen. Eine Mannschaft kann nur dann erfolgreich sein, wenn alle Spieler an einem Strang ziehen und gewillt sind, die Fehler ihrer Mitspieler mit Herzblut und vollem Einsatz auszugleichen.

Doch Teamgeist ist weder eine grundlegende Eigenschaft einer Mannschaft, die bereits von Anfang an gegeben ist, noch ist sie eine Selbstverständlichkeit. Teamgeist muss vielmehr hart und intensiv erarbeitet werden, um ein Mannschaftsklima schaffen zu können, in dem sich jeder wohlfühlt und man gemeinsam Erfolge feiern kann. Dabei ist es wichtig, dass sich der Trainer bereits vor Beginn der Saison Gedanken darüber macht, wie seine Mannschaft aussehen soll, ob die Spieler zu den Werten des Teams passen, ob Neuzugänge benötigt werden und, falls ja, welche Typen in die Mannschaft passen. Schon vom ersten Tag der neuen Saison an muss der Trainer aus seinen jungen Individualisten eine Einheit formen, in der jeder einzelne Spieler seine individuellen Stärken abrufen und sein Potential entfalten kann, gleichzeitig auch jederzeit dazu bereit ist, sich seiner Mannschaft leidenschaftlich zu widmen, und gegebenenfalls sogar persönliche Interessen für das gemeinsame langfristige Ziel hinten anzustellen. Gleichzeitig muss der Trainer die unterschiedlichen Charaktere und verschiedenen Meinungen der Spieler saisonbegleitend unter einen Hut bekommen. Teambuilding ist in jedem Fall keine einfache Aufgabe oder ein einmaliger Punkt auf der Tagesordnung, der sich schnell abhaken lässt. Vielmehr ist Teambuilding ein ständiger Prozess, der dauerhaft gefördert werden muss.

Das Fundament guten Teamworks liegt dabei immer im gegenseitigen Vertrauen. Wenn ein Spieler von seinen Teamkollegen kein Vertrauen entgegengebracht bekommt, wird es für ihn nicht nur schwierig, seinen Mitspielern selbst zu vertrauen, sondern auch eigenes Selbstvertrauen aufzubauen. Die Herausforderung an gegenseitigem Vertrauen liegt dabei darin, dass sich Vertrauen über die Zeit hinweg und aufgrund von gemeinsamen Erlebnissen entwickelt. Vertrauen kann nicht schnell und nebenbei durch eine einfache Maßnahme zum Teambuilding erreicht werden.

Gemeinsame Aktivitäten und Ausflüge, bei denen Spaß die Grundlage bildet (zum Beispiel Kletterpark, Rudertour, Rafting oder ein Stadionbesuch), können definitiv zum Teamspirit beitragen und die Stimmung innerhalb der Mannschaft verbessern, doch Vertrauen entsteht zur Hälfte immer auch auf dem Platz. Letzten Endes führt kein Weg daran vorbei, sich das Vertrauen der Mitspieler durch gute Leistungen zu erarbeiten und ihnen zu zeigen, was man am Ball eigentlich kann. Schließlich könnte ein Ballverlust oder ein Fehler auf dem Spielfeld nicht nur in negativen Kommentaren oder bösen Blicken der Mitspieler münden, sondern eben auch in Form von mangelndem Vertrauen zum Ausdruck kommen. Wer jedoch Angst davor hat, Fehler zu begehen, der hat sie schon gemacht, bevor er überhaupt begonnen hat.

Aus der Sicht des Zuschauers lässt sich gutes Teamwork relativ schnell daran erkennen, wie die Spieler einer Mannschaft mit den Fehlern des jeweils anderen umgehen und wie sie miteinander kommunizieren – ob sie tendenziell positive und aufbauende Worte finden oder ob sie eher kritisieren. Als Trainer oder sogar als außenstehende Person kann man ziemlich schnell merken, ob die Spieler eines Teams eine Einheit bilden, in der eine positive Grundstimmung herrscht und in der alle zusammen kämpfen, oder ob jeder Spieler auf sein eigenes Spiel fokussiert ist und regelrecht auf einen Fehler seines Mitspielers wartet.

Mit Vertrauen einher geht natürlich auch die Kommunikation, die ebenfalls ein ganz wesentliches Instrument für den Teamspirit ist. Vor allem im Fußball ist es wichtig, dass anspruchsvolle und komplexe Aufgaben innerhalb der Mannschaft schnell und effizient gelöst werden können. Außerdem führen gegenseitiges Vertrauen und eine positive und gelungene Kommunikation untereinander dazu, dass sich die Spieler nicht nur gegenseitig motivieren, sondern sich auch akzeptieren und respektieren. Eine positive und effektive teaminterne Kommunikation ist dabei nicht nur der nötige Ausgangspunkt für den gemeinsamen Erfolg, sondern auch ein wundervolles Kennzeichen eines gefestigten und starken Teams.

Die beste Gelegenheit, um Aktivitäten, Fußball, gemeinsame Zeit, Spaß und Teambuilding zu kombinieren, ist das Trainingslager, in dem die Mannschaft über einen längeren Zeitraum zusammen ist und sich dadurch besser kennenlernen kann. Dabei bietet es sich an, als Teambuilding-Maßnahme auch mal eine andere Sportart auszuprobieren, bei der sich niemand blamieren kann, weil keiner vom anderen verlangen wird, eine andere Sportart perfekt zu beherrschen. Kommt ein Pass im Fußball nicht an, sind die Mitspieler manchmal sauer. Doch wenn ein Fußballer im ihm fachfremden Volleyball einen einfachen Aufschlag ins Netz haut, führt das höchstens zu lautstarkem Lachen. Natürlich will auch hierbei jeder gewinnen, die Atmosphäre ist jedoch meistens viel spaßbetonter, sodass die Lockerheit innerhalb der Mannschaft zunimmt und Dinge gelingen, die man nie für möglich gehalten hat. Das Selbstvertrauen, das die Spieler daraus entwickeln, lässt sich in der Folge hervorragend in den Fußball transportieren.

Grundsätzlich kommen Teambuilding-Maßnahmen bei Fußballern immer dann besonders gut an, wenn es um Sieg oder Niederlage geht und die Spieler als Team zusammenarbeiten müssen, um Herausforderungen bewältigen und ihre Ziele erreichen zu können. Das gemeinsame Ziel ist dabei immer der Ausgangspunkt eines jeden Teambuildings. Die Aufgabe des Trainers liegt hierbei darin, dass er seine Spieler auf ihr gemeinsames Ziel einschwört. Sollte der Zusammenhalt im Team einmal drohen, auseinanderzubrechen, muss der Trainer seine Spieler wieder daran erinnern und ihnen verdeutlichen, dass sie alle voneinander abhängig sind und sich gegenseitig aufeinander verlassen müssen, wenn sie ihr Ziel erreichen wollen. Einigen Fußballern ist dieser Aspekt nämlich gar nicht bewusst bzw. sie neigen dazu, diesen immer wieder zu vergessen. Wenn nun aber jeder Spieler den Wert seiner Mitspieler schätzt und die gegenseitige Abhängigkeit anerkennt, kann ein wirkliches Team entstehen.

Ziele des Teambuildings

- Erkennen und Übernahme individueller sowie gemeinsamer Verantwortung
- Entwicklung einer Teamidentität
- Verfolgen gemeinsamer Zielsetzungen und Visionen
- Förderung einer positiven Teamkultur
- Vergrößerung der Gruppenkohäsion
- Steigerung von offener und ehrlicher Kommunikation
- Demonstration von Vertrauen auf allen Ebenen

Nun stellt sich die Frage, wie sich Vertrauen, Kommunikation und Kooperation – neben den teambildenden Maßnahmen abseits des Platzes – innerhalb der Mannschaft im Training fordern lassen. Hierfür bieten sich verschiedene Trainingsformen an, die sich ganz einfach regelmäßig ins Training integrieren lassen. Der Trainer sollte seine Mannschaft bei den Trainingsformen jedoch nicht alleine lassen, da sich die Mannschaft nur zu einem richtigen Team entwickeln kann, wenn sie beim Teambuildingprozess betreut und begleitet wird.

Übung 1: Organisation gleicher Hütchenfarben

Für das erste Teamfindungsspiel wird zunächst ein 15 x 15 Meter großes Feld abgesteckt, an dessen Ecken jeweils außerhalb des großen Feldes ein 2 x 2 Meter großes Quadrat errichtet wird. Innerhalb dieser vier kleinen quadratischen Felder wird nun jeweils ein blaues, ein gelbes, ein rotes und ein weißes Hütchen aufgestellt. Alternativ können natürlich auch andersfarbige Hütchen genutzt werden. Wichtig ist nur, dass sich in jedem Quadrat jeweils vier Hütchen unterschiedlicher Farben wiederfinden, wobei die einzelnen Farben in allen vier Feldern aufgegriffen werden müssen. Außerdem werden vier Teams à drei Spieler eingeteilt.

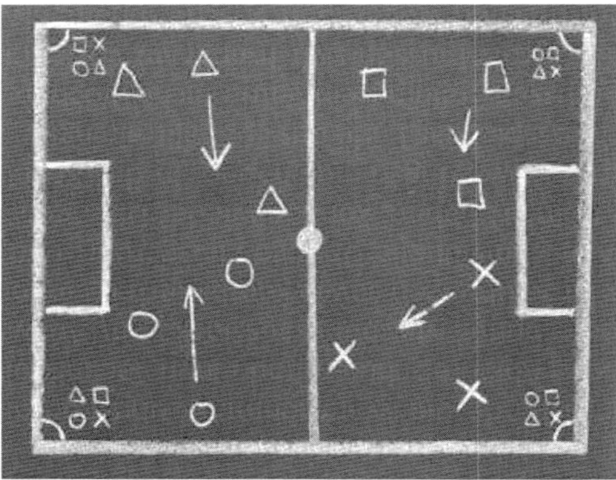

Anschließend bewegen sich alle Spieler frei im Feld und passen sich innerhalb der jeweiligen Teams den Ball zu. Der Trainer steht außerhalb des Spielfeldes. Auf sein Signal agieren nun alle Spieler innerhalb des Feldes als ein Team. Ihr Ziel ist es, pro kleinem Feld innerhalb von einer Minute vier gleiche Hütchenfarben aufzustellen. Dabei darf jeder Spieler jedoch nur ein Hütchen auf einmal transportieren. Nachdem die Spieler die Hütchen sortiert haben, treffen sich alle Spieler wieder im großen Feld, wobei die Hälfte der Spieler die andere Hälfte bis zur Mitte Huckepack tragen muss.

Übung 2: Partnerfußball mit Händchenhalten

Beim Partnerfußball mit Händchenhalten wird zunächst ein doppelter Strafraum bzw. ein der Spielerzahl entsprechendes Feld und zwei Tore abgesteckt. Anschließend werden zwei Mannschaften mit einer geraden Spieleranzahl gebildet, wobei jede Mannschaft zusätzlich jeweils einen Torhüter hat. Innerhalb der beiden Mannschaften finden sich nun immer zwei Spieler paarweise zusammen, die sich an den Händen halten müssen.

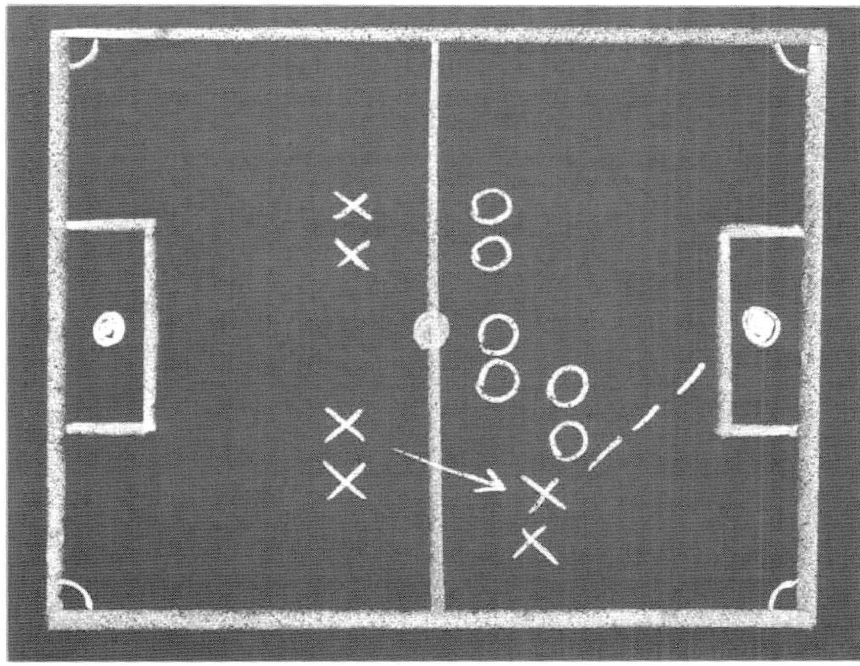

Im Anschluss beginnt das freie Spiel. Die Spielzeit beträgt vier Minuten und die jeweiligen Paare dürfen sich währenddessen natürlich nicht loslassen und müssen als Team innerhalb des Teams funktionieren. Landet der Ball im Aus, wird er durch einen gemeinsamen Einwurf der Paare wieder zurück ins Spiel gebracht. Lassen sich die Paare los, bekommt der Gegner den Ball.

Übung 3: Flexibilität im Regelsatz

Die dritte Übung ist eine spezifische fußballerische Übung für das Teambuilding, die entweder im 4 gegen 4, 5 gegen 5 oder 6 gegen 6 auf zwei Tore mit oder ohne Torwart gespielt werden kann. Die Feldgröße sollte dabei so der entsprechenden Spielerzahl angepasst werden, dass sich wettbewerbsähnliche Größenverhältnisse ergeben, zum Beispiel 4 gegen 4 und 45 x 30 Meter oder 6 gegen 6 und 60 x 40 Meter. Nachdem die beiden Teams ihre Grundordnungen selbst festgelegt haben, stellt der Trainer beiden Teams jeweils die folgenden drei Regelsätze zur Auswahl:

- freies Spiel
- Spiel mit nur zwei Ballkontakten
- Tore nur durch direkten Abschluss

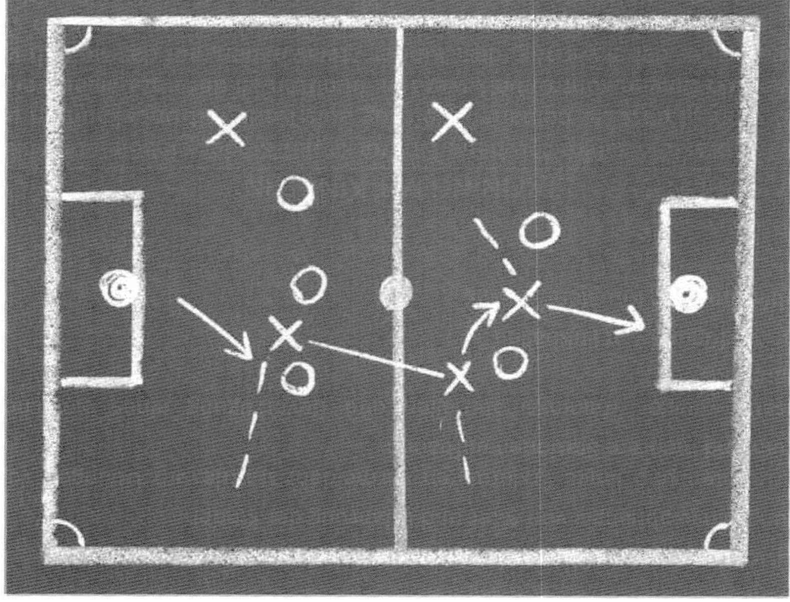

Die beiden Teams sprechen sich nun untereinander ab und entscheiden, welchen der drei Regelsätze sie in welchem Durchgang umsetzen wollen, und teilen ihre Entscheidung ausschließlich dem Trainer und nicht dem gegnerischen Team mit. Anschließend werden drei Durchgänge à vier Minuten beim 4 gegen 4, fünf Minuten beim 5 gegen 5 und sechs Minuten beim 6 gegen 6 gespielt, wobei in jedem Durchgang jeweils ein Regelsatz angewendet werden muss, kein Regelsatz jedoch doppelt genutzt werden darf.

Dadurch werden die Spieler mit Situationen konfrontiert, mit denen sie nicht gerechnet haben oder die ihnen unbekannt sind und ihre Kooperationsfähigkeit untereinander fördern.

STRUKTUREN IM TRAINING AUFBAUEN

Ein guter Trainingsaufbau und eine liebevolle Gestaltung der Einheiten sind die Grundlage dafür, Kinder beim Fußballtraining zu begeistern. Bei der Planung der Trainingseinheiten muss der Trainer dabei sowohl die körperlichen als auch die pädagogischen und psychosozialen Faktoren berücksichtigen. So sollte jede Übungsstunde die Wahrnehmung und Koordination der Kinder fördern, motorische Abläufe schulen und einen Technikteil beinhalten. Hierfür bietet sich eine bunte Mischung aus lockerem Aufwärmen und freiem Spiel an, das mit Einzelübungen sowie kombinierten Einheiten gestaltet wird. Nachdem die Kinder individuelle Übungen ausgeführt und einzelne fußballerische Elemente trainiert haben, können wieder Übungen absolviert werden, die einen größeren Bewegungsradius haben. In der Regel markiert ein zeitbegrenztes Abschlussspiel das Ende des Fußballtrainings.

Grundsätzlich müssen Trainingseinheiten nicht Wochen im Voraus geplant werden. Nichtsdestotrotz müssen sich Trainer im Vorfeld überlegen, was sie mit ihren Spielern machen wollen und welche Inhalte sie im Training dabei erarbeiten wollen. Um relativ grob und leicht planen zu können, bietet sich ein Bausteinsystem an, in dem sich jede Trainingseinheit aus vier bis fünf Spielen zusammensetzt, die aus den fünf Bausteinen des Kinderfußballs bestehen.

Diese Bausteine sind

- das Bewegungsspiel,
- das Dribbelspiel,
- das Passspiel,
- das Torschussspiel und
- das Fußballspiel.

Der Trainer sucht sich also zum Beispiel je ein Spiel aus den fünf Kategorien aus und setzt diese zu einer vollständigen Einheit zusammen. Alternativ können die Spiele natürlich auch frei miteinander kombiniert werden.

Wie viel Zeit jede einzelne Übung im Training dabei beansprucht, ist sowohl vom Alter als auch der Erfahrung der Kinder abhängig. Eine Übung bei den Bambinis sollte beispielsweise nicht länger als 15 Minuten andauern.

Außerdem brauchen die kleinsten Kicker Übungen und Spiele mit einfachen Aufgaben und einem simplen Aufbau. Im Gegensatz dazu können höhere Altersklassen wesentlich länger und gezielter an einzelnen Sachen üben. Dabei ist es vor allem wichtig, Spiele im Training zu bevorzugen, bei denen alle Kinder gleichzeitig üben können und keinerlei Wartezeiten entstehen. Wartezeiten und lange Erklärungen sind für Kinder nämlich ziemlich demotivierend und sie beginnen in der Regel schnell, sich zu langweilen und Desinteresse zu zeigen.

Besser ist es, stattdessen

- mehrere Stationen aufzubauen, an denen unterschiedliche Dinge gefördert werden,
- Rundläufe zu nutzen, um lange Wartezeiten zu verringern, sowie
- Spielabläufe, Techniken und Bewegungen selbst vorzumachen, anstatt diese mühselig zu erklären.

Beim Kinderfußball steht Trainern manchmal nur relativ wenig Fläche zur Verfügung, weil an einigen Tagen viele Mannschaften zeitgleich trainieren. Eine kleinere Fläche auf dem Sportplatz ist jedoch mehr ein Vorteil als ein Nachteil, da ein enger Raum automatisch für ein intensives Training sorgt. Nehmen mehr Spieler als gewöhnlich am Training teil, kann eine große Mannschaft auch in zwei Gruppen aufgeteilt werden, die auf mindestens zwei Feldern trainiert. Dabei kann entweder in beiden Feldern parallel gespielt oder nur in einem Feld gespielt und in dem anderen Trainingsinhalte erarbeitet werden.

Kinder brauchen einen begrenzten und übersichtlichen Raum, in dem sie sich sicher und wohl fühlen können. Bunte Hütchen, Hürden, Stangen und verschiedenfarbige Leibchen mögen zwar schön aussehen, führen jedoch lediglich dazu, dass die Kinder verwirrt sind. Viele Aufgaben sind für sie noch sehr herausfordernd und schwierige Techniken sowie komplexe Bewegungsabläufe nicht zu bewältigen. Aus diesem Grund gilt: weniger ist mehr. Gelingt es dem Trainer, einen einfachen Spielaufbau mit wenigen Materialien zu erstellen, können die Kinder leichter den Überblick behalten, die Übungen richtig ausführen und sich in ihrer Spielumgebung wohlfühlen. Daneben sollte auch auf aufwendige Umbaumaßnahmen verzichtet werden, wenn die einzelnen Übungen gewechselt werden. An Fußbällen sollte jedoch zu keiner Zeit gespart werden, sodass jedem Spieler während des Trainings immer ein Ball zur Verfügung steht.

Um Kindern ein optimales Fußballtraining zu bieten, in das sie leicht einsteigen können, bieten sich darüber hinaus auch unterschiedliche Rituale an. Welche Möglichkeiten es dabei gibt, Rituale in Trainingseinheiten und Punktspiele zu integrieren, erfahren Sie im nächsten Kapitel.

Checkliste: Aufbau und Gestaltung

- Kombination aus Aufwärmtraining, freiem Spiel und Einzelübungen
- Abschlussspiel am Ende des Trainings
- Bausteinsystem zum Planen der Trainingseinheiten
- Übungslänge abhängig von Alter und Erfahrung der Kinder
- Wartezeiten und lange Erklärungen vermeiden, stattdessen Übungen vormachen und mehrere Stationen aufbauen
- Einsatz weniger Trainingsmaterialien und Bevorzugung eines einfachen Spielaufbaus
- freie Verfügung von Fußbällen
- Etablierung von Ritualen

Rituale im Fussballtraining mit Kindern

Jeden Tag prasseln zahlreiche neue Eindrücke auf Kinder ein. Sie entwickeln sich so schnell, dass sie beinahe jeden Tag aufs Neue mit unbekannten und aufregenden Dingen konfrontiert werden. Inmitten all der unzähligen Veränderungen ist es dabei wichtig, dass Kinder etwas haben, auf das sie sich verlassen können und von dem sie wissen, dass es auch morgen noch so sein wird wie heute. Neben zwischenmenschlichen und verlässlichen Beziehungen können besonders vertraute Rituale Kindern diese Verlässlichkeit bieten.

Für Kinder sind Rituale wichtige Anker, die sie in ihrem kindlichen und später auch im erwachsenen Leben begleiten, ihnen wiederkehrende Strukturen, Regeln sowie eine Übersicht bieten und ihnen liebevoll Geborgenheit sowie Sicherheit vermitteln. Rituale sind wichtige Stützen im Leben jedes Kindes, denn Vertrautes spendet ihnen Halt, Kraft und Zuversicht. Außerdem helfen sie Kindern bei ihrer körperlichen und geistigen Entwicklung und sind wie Balsam für ihre kindliche Seele.

Rituale sind gewissermaßen ideale Erziehungshelfer, die nicht nur für Eltern, zum Beispiel beim Essen oder der Abendroutine, wahre Wunderwaffen sein können, sondern von denen auch Trainer im Fußballtraining profitieren können. Durch gemeinsame Rituale werden nämlich sowohl die Ordnungsstrukturen als auch die emotionale Verbindung innerhalb der Mannschaft gestärkt.

Besonders bei den ganz kleinen Fußballern sind feste Rituale wichtig, da sie ihnen die Möglichkeit bieten, in Ruhe beim Training anzukommen, sich kreativ zu entfalten und sich frei zu bewegen. Aus diesem Grund sollten Begrüßung und Trainingsbeginn bei den Jüngsten immer nach demselben Muster ablaufen. So könnten die ersten fünf bis zehn Minuten jeder Trainingseinheit als Zeit für freies Spiel deklariert werden, in der sich die Bambinis mit Bällen frei im Feld bewegen können. Im Anschluss werden sie wesentlich aufnahmefähiger sein und sich besser auf die Anweisungen des Trainers konzentrieren können.

Nach der freien Spielzeit bei den Bambinis oder direkt zu Beginn der Trainingseinheit in höheren Altersklassen kann sich die Mannschaft an einem festgelegten Ort treffen, zum Beispiel in der Kabine oder bei der Auswechselbank auf dem Feld, um sich dort zu begrüßen. Im Anschluss kann das Training beginnen. Natürlich kann sich jedes Team eigene individuelle Rituale überlegen, die es in die Mannschaftsphilosophie integrieren möchte. Dabei sollten in jedem Fall auch die Ideen und Wünsche der Kinder selbst eingebunden werden. Daneben können die folgenden wiederkehrenden Rituale als Inspiration dienen:

Abschiedsritual
Die Spieler kommen am Ende der Trainingseinheit zusammen, bilden einen Kreis, rufen ihren Mannschaftsspruch laut aus und beenden damit das Spiel gemeinsam. Alternativ bietet es sich an, sich am Trainingsende mit seinen Mitspielern abzuklatschen. Wichtig ist, dass alle Spieler am gemeinsamen Abschiedsritual teilnehmen. Das gemeinsame Beenden des Trainings bzw. Spiels gibt dem Trainer außerdem noch einmal die Möglichkeit, seine Spieler zu loben und die positiven Aspekte der Einheit hervorzuheben.

Festgelegte Orte
Die Trinkflaschen, Jacken und andere persönliche Gegenstände werden beispielsweise auf einer Bank, die Ballsäcke inklusive Bälle hinter dem Tor und die restlichen Trainingsutensilien neben dem Feld gesammelt.

Akustische Signale
Sowohl zu Trainingsbeginn als auch am Ende der Einheit pfeift der Trainer, um seinen Spielern zu symbolisieren, dass sie sich an einem festgelegten Ort treffen sollen.

Gemeinsames Aufräumen

Während des Trainings werden meistens zahlreiche Utensilien – wie Bälle, Hütchen, Leibchen und Co. – verwendet, die im Anschluss wieder auf- und weggeräumt werden müssen. Das gemeinschaftliche Auf- und Abbauen sowie Zusammenräumen sollte deshalb ebenfalls als wiederkehrendes Ritual aufgenommen und eingeführt werden. Es steigert nicht nur das Gemeinschaftsgefühl der Mannschaft, sondern entlastet zugleich auch den Trainer.

Einheitliche Kleidung

Auf dem Spielfeld dienen einheitliche Trikots zur einfachen und schnellen Unterscheidung der Mannschaften. Gleichzeitig vermitteln sie jedoch auch ein Gemeinschaftsgefühl, das vor allem Trainer jüngerer Teams nicht unterschätzen sollten. Deshalb sollte einheitliche Kleidung nach Möglichkeit auch beim Training getragen werden, um den Teamgeist und die Gruppendynamik der Spieler zu unterstützen.

Geburtstagsrituale

Wenn ein Spieler (oder der Trainer) Geburtstag hat, kann die Mannschaft gemeinsam für das Geburtstagskind singen. Andersherum kann das Kind natürlich auch eine kleine Süßigkeit mitbringen, die es am Ende des Trainings innerhalb seines Teams verteilt.

Elternrituale

Gerade bei jüngeren Altersklassen ist es schön, wenn sich die Eltern beispielsweise einmal pro Monat im Vereinsheim zum Kaffeetrinken treffen oder am Wochenende nach dem Spiel zusammenkommen.

Aufwärmtraining sinnvoll gestalten

Aufbau des Aufwärmtrainings

Beim Aufwärmtraining im Kinderfußball geht es hauptsächlich darum, die Kinder auf die nächsten Trainingsinhalte einzustimmen, sie zum Mitmachen zu motivieren, ihnen das Gefühl zu geben, angekommen zu sein, und ihren Körper auf die bevorstehende Bewegung vorzubereiten, um letzten Endes auch die Verletzungsgefahr zu senken. Das Aufwärmprogramm aktiviert das Herz-Kreislauf-System, erhöht die Produktion der Gelenkflüssigkeit, steigert sowohl Aufmerksamkeit als auch Selbstvertrauen der Spieler, gibt ihnen die Möglichkeit, weitere Ballkontakte zu sammeln, und stellt damit praktisch auch ein zusätzliches Techniktraining dar.

In höheren Altersklassen ist es wichtig, die dem Warm-up folgenden Trainingsinhalte mit der Erwärmung inhaltlich einzuleiten. Bei den Bambinis und in der F-Jugend kann das Aufwärmen jedoch einfach nur aus freien Bewegungen bestehen, die der Trainer in kurze Lauf-, Fang- und Ballspiele verpackt. Aufgrund ihrer muskulären Strukturen benötigen die ganz kleinen Spieler nämlich noch keine systematische Erwärmung und können ganz ohne Bedenken „kalt" ins Spiel geschickt werden. Das Aufwärmen bei den kleinen Spielern sollte vielmehr als Einstimmung gesehen werden, die als ein kleines, komprimiertes und zusätzliches Training ausgestaltet wird, damit sich die Kinder auch bei Punktspielen weiterentwickeln können.

Im Gegensatz zum Erwachsenenfußball ist es bei Kindern zunächst einmal wichtig, dass sie sich vielfältig bewegen und sich mit dem Ball beschäftigen. Dabei sollten unterschiedliche Laufarten – also vorwärts, rückwärts und seitwärts – beidbeinige sowie einbeinige Sprünge und weitere Bewegungen geschickt in das Aufwärmtraining integriert werden. Natürlich dürfen auch koordinative Aufgaben und Mobilisationsübungen nicht zu kurz kommen. In der Regel sollte das Aufwärmen nicht länger als ein Viertel der Spielzeit andauern. Bei einer Spielzeit von 60 Minuten sollten demnach etwa fünfzehn Minuten für das Warm-up aufgewendet werden.

Das Aufwärmtraining ist ein elementarer Bestandteil der Fußballpraxis, da die Kinder ihr gesamtes Leben lang von der grundlegenden motorischen Ausbildung, die sie beim Fußball durchlaufen, profitieren. Um Kindern Bewegungsabläufe zu erleichtern, Muskelgruppen zu stärken, die beim passiven Laufen vernachlässigt werden, und ihnen auf diesem Weg sportartspezifische

Bewegungen beibringen zu können, eignet sich das Lauf-ABC bei höheren Altersklassen nach kurzen Einlaufphasen als erster und fundamentaler Übungsinhalt im Aufwärmtraining hervorragend.

Das Lauf-ABC mag sich auf den ersten Blick zwar aus simplen Bewegungen zusammensetzen, der Bewegungsablauf ist dabei jedoch hochkomplex. Beim Lauf-ABC werden komplexe Bewegungen in Einzelteile zerlegt und die isolierten Bewegungsbausteine immer wieder aufs Neue geübt. Dadurch trainieren die Spieler nicht nur ihre Muskeln, Sehnen, Bänder, ihre Koordination sowie ihr nervales Zusammenspiel, sondern verbessern darüber hinaus ihren gesamten Bewegungsablauf, lernen, in kurzer Zeit ökonomischer zu laufen, senken ihr Verletzungsrisiko, steigern ihre Leistungsfähigkeit und verbessern außerdem ihre Sprungkraft, was ihnen natürlich auch im Fußball zugutekommt.

Lauf-ABC

Anfersen: Beim Anfersen ziehen die Spieler ihre Unterschenkel beim Laufen im Wechsel zu ihrem Gesäß heran, wobei ihr jeweils angewinkeltes Knie nach unten zeigt. Dafür drücken sie sich verstärkt aus der Wade sowie ihrem Fußgelenk ab. Der Oberkörper ist gerade und wird leicht nach vorne gebeugt. Die Hüfte bleibt gestreckt. Außerdem werden die Arme beim Anfersen in einem Winkel von 90 Grad aktiv mitgeführt.

Kniehebellauf: Beim Kniehebellauf wird im Wechsel jeweils ein Bein nach dem anderen etwas oberhalb der Hüfte gezogen. Dabei ist der Oberkörper gerade und leicht nach vorne gebeugt. Der Rumpf ist angespannt und die Arme werden ganz locker mitbewegt.

Fußgelenksarbeit: Bei der Fußgelenksarbeit werden die Knie abwechselnd mit wenig Vortrieb leicht nach oben geführt, wobei das Durchdrücken des Fußes betont wird. Während der Übungsausführung zeigt die Fußspitze des angehobenen Beins zu jeder Zeit nach unten und beim Aufsetzen des Fußes berührt die Ferse kurz den Boden. Außerdem werden die Arme mitbewegt, da die Bewegung der Arme die Bewegung in den Beinen unterstützt.

Hopserlauf: Beim Hopserlauf drücken sich die Spieler zunächst mit dem linken Bein kräftig vom Boden ab, während sie das rechte Knie dabei, etwa bis auf Hüfthöhe, anziehen. Gleichzeitig schwingt der linke Arm bis auf Höhe der Schultern mit. Der Rumpf bleibt aufrecht und gestreckt. Anschließend landen die Spieler mit ihrem Sprungbein wieder am Boden und stoßen sich für den nächsten Sprung mit ihrem rechten Bein ab. Während der Ausführung liegt der Fokus beim Hopserlauf auf dem Abstoßen nach oben und nicht darauf, möglichst schnell voranzukommen.

Seitlauf: Beim Seitlauf, der auch als Seitgalopp bekannt ist, ist die Bewegungsrichtung seitlich. Dabei werden die Beine im Wechsel gespreizt und anschließend wieder geschlossen. Die Arme können währenddessen entweder zur Seite ausgestreckt oder angewinkelt neben dem Körper gehalten werden.

Kreuzlauf: Beim Kreuzlauf laufen die Spieler seitlich und überkreuzen dabei ihre Beine im Wechsel erst vor und anschließend hinter ihrem Körper, wobei dieser jedoch gerade bleibt und nicht eingedreht wird. Beim Überkreuzen der Beine erfolgt die Drehung einzig und allein aus der Hüftrotation heraus. Dabei bleibt der Oberkörper aufrecht und ruhig und die Arme sind während der Übungsausführung zur Seite ausgestreckt.

Im Anschluss an das Lauf-ABC können dann fußballspezifische Aufwärmübungen mit dem Ball erfolgen, da der Ball die Übungen anspruchsvoller macht und sie für die Kinder außerdem wesentlich interessanter gestaltet.

Spielerische Inspiration

Ball sichern

Dauer der Übung: 10 Minuten

Spielbeschreibung: Zu Beginn der Übung wird ein etwa 15 x 15 Meter großes Quadrat aus Hütchen aufgebaut, in dem alle Spieler mit einem Ball am Fuß kreuz und quer dribbeln. Das Ziel der Aufwärmübung ist es nun, den eigenen Ball vor den Mitspielern zu schützen und gleichzeitig den Ball der anderen aus dem Feld zu schießen. Sobald der eigene Ball aus dem Spielfeld geschossen wurde, muss sich der Spieler, der seinen Ball nicht verteidigen konnte, diesen schnell wieder holen und zu einem vorher festgelegten Punkt, zum Beispiel einem Hütchen außerhalb des Feldes oder bis zur Grundlinie, dribbeln und diesen Punkt berühren. Anschließend darf der Spieler wieder in die Übung einsteigen.

Variation 1: Der Spieler, dessen Ball aus dem Feld gerollt ist, ist ausgeschieden und darf nicht wieder in die Übung einsteigen.

Variation 2: Die Art des Ballführens wird vorgegeben. So dürfen die Spieler den Ball zum Beispiel nur mit dem schwächeren Fuß führen oder mit der Fußsohle ziehen.

Variation 3: Der Ball wird nicht mit dem Fuß gedribbelt, sondern zwischen beiden Füßen hin und her gependelt.

Balltransport

Dauer der Übung: 5 Minuten

Spielbeschreibung: Für den Balltransport werden zunächst drei bis vier gleich große Mannschaften gebildet, die in einem abgesteckten Spielfeld gegeneinander spielen. Innerhalb des Feldes hat jede Mannschaft ein kleines quadratisches Feld aus Hütchen, in dem sich so viele Bälle wie Mannschaftsmitglieder plus zwei weitere Bälle befinden. Auf das Signal des Trainers hin versuchen nun alle Spieler eines Teams, die Bälle der gegnerischen Teams aus ihren Quadraten in das eigene zu dribbeln. Dabei darf jeder Spieler aber immer nur einen Ball gleichzeitig dribbeln. Außerdem dürfen die Bälle nicht gepasst, die Gegner nicht blockiert und die gesammelten Bälle im eigenen Feld nicht verteidigt werden. Das Ziel der Übung liegt darin, am Ende der Spielzeit die meisten Bälle im eigenen Feld gesammelt zu haben. Die Mannschaft, die die meisten Bälle im eigenen Quadrat liegen hat, hat gewonnen.

Variation 1: Die Bälle dürfen nur mit dem schwächeren Fuß gedribbelt oder zwischen beiden Füßen gependelt werden.
Variation 2: Der Spielablauf wird umgedreht. Das heißt, dass die Spieler nun versuchen, die Bälle so schnell wie möglich aus ihrem eigenen Feld in das Feld der anderen Mannschaften zu dribbeln.
Variation 3: Die Spieler müssen die Bälle in der Hand tragen oder sie auf den Boden prellen.

Stangen-Dribbling

Dauer der Übung: 5 Minuten

Spielbeschreibung: In einem abgesteckten Spielfeld werden etwa sechs Stangentore bzw. alternativ Hütchentore aufgebaut. Die Spieler verteilen sich jeweils mit einem Ball am Fuß im Feld. Auf das Signal des Trainers hin versuchen nun alle Spieler, durch so viele Stangentore wie möglich zu dribbeln, wobei jedes Stangentor einen Punkt ergibt und die Punkte von den Spielern selbst gezählt werden. Außerdem dürfen die Spieler nicht zweimal hintereinander durch dasselbe Tor dribbeln. Der Spieler, der nach Ablauf der Zeit die meisten Stangentore durchdribbelt hat, gewinnt.

Variation 1: Die Spieler finden sich zu Paaren zusammen und versuchen, durch möglichst viele Stangentore hindurchzupassen. Am Ende der Spielzeit gewinnt das Team, das durch die meisten Tore gepasst hat. Auch hier gilt: Es darf nicht zweimal hintereinander durch ein Stangentor gespielt werden.
Variation 2: Der Spieler, der zuerst durch 25 Tore gedribbelt hat, gewinnt das Spiel.

Rundlauf

Dauer der Übung: 10 Minuten

Spielbeschreibung: Zunächst finden sich immer fünf Spieler in kleinen Teams zusammen. Innerhalb der Gruppe teilen sich die Spieler dann noch einmal untereinander auf und stellen sich gegenüber voneinander auf. Anschließend passen sich die Spieler beider Seiten den Ball zu und stellen sich, nachdem sie den Pass gespielt haben, auf der gegenüberliegenden Seite hinter ihren Mitspielern auf, sodass eine Art Rundlauf entsteht. Je kleiner das Team ist, umso schneller und laufintensiver ist auch die Übung.

Variation 1: Die Spieler dürfen den Ball nur mit dem schwächeren Fuß passen.
Variation 2: Der Ball darf nicht angenommen werden, sondern muss direkt gespielt werden.
Variation 3: In der Mitte des Spielfeldes wird eine Zone markiert oder eine Bank aufgestellt, über die die Spieler den Ball passen müssen.

1, 2 oder 3

Dauer der Übung: 10 Minuten

Spielbeschreibung: In einem abgesteckten Spielfeld dribbeln die Spieler den Ball so lange, bis ihnen ihr Trainer die Zahl eins, zwei oder drei zuruft. Jede Zahl steht dabei für eine bestimmte Aktion, die jeder Spieler durchführen muss:

1. Ruft der Trainer die Zahl eins, muss jeder Spieler seinen Ball mit seiner Fußsohle stoppen und im Anschluss mit dem Ball eines Mitspielers weiterdribbeln.

2. Ruft der Trainer die Zahl zwei, sucht sich jeder Spieler einen Partner, mit dem er – durch einen Pass – seinen Ball tauscht.

3. Ruft der Trainer die Zahl drei, spielen alle Spieler einen Pass gegen eine Wand und dribbeln anschließend normal weiter.

Variation 1: Anstatt eine Zahl zu rufen, gibt der Trainer seinen Spielern direkte Anweisungen dazu, was sie als Nächstes machen sollen.

Zonenwettlauf

Dauer der Übung: 10 Minuten

Spielbeschreibung: Innerhalb eines großen Spielfeldes werden vier Hütchenquadrate unterschiedlicher Farben aufgebaut. Nun dribbeln alle Spieler mit einem Ball innerhalb des Feldes. Anschließend nennt der Trainer eine Hütchenfarbe. Daraufhin müssen die Spieler so schnell wie möglich versuchen, in das entsprechende Hütchenquadrat zu dribbeln. Die beiden Spieler, die als Letztes im Quadrat ankommen, müssen eine kleine Strafaufgabe machen, bevor die nächste Runde losgeht (zum Beispiel fünf Liegestütze oder zehn Kniebeuge).

Variation 1: Die Spieler dürfen innerhalb des Feldes nur mit ihrem schwächeren Fuß dribbeln.

Kegelfußball

Dauer der Übung: 15 Minuten

Spielbeschreibung: Zu Beginn der Übung wird ein Spielfeld abgesteckt. Jeder Spieler bekommt einen Kegel oder alternativ ein Hütchen, das er beliebig im Spielfeld aufstellen kann. Anschließend verteilen sich alle Spieler gleichmäßig im Spielfeld. Der Trainer wirft nun zwei bis vier Bälle in das Feld, woraufhin jeder einzelne Spieler versuchen muss, den Kegel der Mitspieler mit dem Ball abzuschießen. Sollte jedoch der eigene Kegel umgeschossen werden oder stößt man ihn aus Versehen selbst um, ist man ausgeschieden. Der Spieler, dessen Kegel am Ende noch steht, hat das Spiel gewonnen.

Variation 1: Die Spieler werden zu Beginn der Übung in zwei Mannschaften aufgeteilt, wobei jede Mannschaft fünf Kegel bekommt, die sie im Feld verteilen und anschließend beschützen muss. Das Team, das zuerst alle Kegel der gegnerischen Mannschaft umgeschossen hat, gewinnt das Spiel.
Variation 2: Fällt der eigene Kegel um, ist man nicht direkt ausgeschieden, sondern kann seinen Kegel wieder aufstellen und weiterspielen, nachdem man zwei Strafrunden gelaufen ist.

Tigerfußball

Dauer der Übung: 10 Minuten

Spielbeschreibung: Alle Spieler stellen sich in einem Kreis auf. Daraufhin werden ein oder zwei Spieler ausgesucht, deren Ziel es ist, den Ball zu berühren, den sich ihre Mitspieler hin und her spielen. Berührt ein Spieler in der Mitte des Kreises den Ball, wechselt er mit dem Spieler, der den Ball verloren hat, die Position.

Variation 1: Anstatt den Ball nur zu berühren, muss der Spieler bzw. müssen die Spieler in der Mitte den Ball kontrollieren.
Variation 2: Die Spieler im Kreis dürfen den Ball beim Passen nicht annehmen, sondern müssen diesen mit nur einem Kontakt direkt weiterspielen.

Mobilisierung

Bei der Mobilisierung, auch bekannt als **Mobility-Training**, handelt es sich um eine **Verletzungsprophylaxe**. Grundsätzlich verbessert Mobility-Training die Beweglichkeit, die Gelenkstellungen und die Gleitfähigkeit der Faszien. Darüber hinaus vergrößert Mobilitätstraining den Bewegungsradius, steigert die Effektivität des Trainings und das eigene Wohlbefinden.

Grundsätzlich befasst sich das Mobility-Training mit

- muskulären (Ver-) Spannungen (zum Beispiel Rückenschmerzen),
- der neuromuskulären Koordination (Zusammenspiel zwischen Muskel- und Nervensystem – zum Beispiel bei Läufern oder Triathleten),
- den Einschränkungen in der Beweglichkeit von Gelenkkapseln sowie weiterem körpereigenem Gewebe (zum Beispiel Verstauchungen oder Knorpelabnutzung),
- der idealen biomechanischen Positionierung von Körper, Körperachsen und Gelenken (anatomisch-physiologisches Zusammenspiel von Bewegungen – zum Beispiel im Umschaltspiel beim Fußball),
- der sogenannten Range of Motion oder ROM, also dem Bewegungsspielraum von Gelenken (zum Beispiel die Tiefe einer Kniebeuge), sowie
- der körperlichen Widerstandsfähigkeit gegen externe Reize (zum Beispiel Verletzungsprophylaxe).

Mobilisation ist ein ganzheitlicher bewegungsfördernder Ansatz, der jeden einzelnen Bereich im Körper anspricht, der Einschränkungen in der Bewegung zur Folge haben könnte. Heutzutage ist unser Alltag von einem sedentären Lebensstil geprägt. Wir sitzen viel zu oft und viel zu viel. Da unser sitzender Lebensstil jedoch in großen Einschränkungen unserer Beweglichkeit münden und ernsthafte Konsequenzen am Bewegungsapparat hervorrufen kann, sind wir auf einen Ausgleich angewiesen. An dieser Stelle greift das Konzept der Mobilisation, das nicht nur als Gegenpol zum sedentären Lebensstil fungiert, sondern durch das uneingeschränkte Zusammenspiel mehrerer Muskelketten und die Ausführung von sicheren Bewegungsmustern auch zu einer gesteigerten Bewegungseffizienz führt. Das bedeutet, dass wir für dieselben Bewegungen also weniger Energie aufwenden müssen und dabei sogar mehr Leistung erzeugen können.

Vor allem beim Fußball steht das Mobility-Training für eine gesteigerte Beweglichkeit. Durch regelmäßige dynamische Mobilisationsübungen werden die Spieler in ihren Bewegungen sicherer und können zunehmend einen größeren Bewegungsradius ausführen. Fußball ist keine verletzungsfreie Sportart. Die meisten Verletzungen entstehen dabei durch eine suboptimale Stellung der Gelenke oder durch Dysbalancen von Muskelgruppen. Mobilisation hilft, die Beweglichkeit der Spieler zu verbessern und zeitgleich Dysbalancen zu verhindern und zu beseitigen, wodurch auch chronische Verletzungen vermieden werden können.

Sollte sich ein Spieler doch mal eine Verletzung zuziehen, kann er durch das Mobility-Training Sicherheit zurückgewinnen. Dabei werden die Bewegungsspielräume angetestet, die nach seiner Verletzung ein Gefühl der Unsicherheit bei ihm hervorrufen. Damit nimmt das Mobility-Training im Fußball in vielerlei Hinsicht den Stellenwert als **Hilfe zur Selbsthilfe** ein.

Mobilisationsübungen sollten fester Bestandteil von jedem Warm-up sein und die Spieler durch dynamische Übungen auf die nachfolgenden Belastungen vorbereiten, ihre Muskulatur gezielt aktivieren und das Zusammenspiel ihrer Bewegungsmuskulatur verbessern.

Hüftrotation

1. Bei der Hüftrotation legen sich die Spieler jeweils in Rückenlage hin und winkeln ihre Beine sowohl im Hüft- als auch im Kniegelenk um 90 Grad an.

2. Anschließend führen sie ihre Beine zuerst nach links, legen sie auf dem Boden ab und führen sie dann wieder in die Ausgangsposition zurück, bevor sie ihre Beine anschließend zur rechten Seite führen.

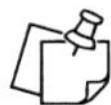

Während der Ausführung sollten die Spieler unbedingt darauf achten, dass ihre Schultern die ganze Zeit am Boden bleiben.

Ausfallschritt & Oberkörperrotation mit Ball

1. Jeder Spieler nimmt sich zunächst einen Fußball zur Hand, stellt sich gerade und aufrecht hin und streckt die Arme, mit dem Ball in den Händen haltend, vor dem Oberkörper aus, bevor er mit seinem linken Bein einen Ausfallschritt nach vorne macht.

2. Sobald die Spieler stabil im Ausfallschritt stehen, rotieren sie ihren Oberkörper um 90 Grad nach rechts und halten die Position für einen Augenblick lang. Die Arme bleiben dabei gestreckt.

3. Anschließend rotieren sie ihren Oberkörper zurück in die Ausgangsposition und stabilisieren ihren Körper.

4. Durch kräftiges Abdrücken des linken Beins führen die Spieler ihren Oberkörper nun wieder in einen aufrechten Stand zurück, bevor die Mobilisierungsübung mit dem rechten Bein wiederholt wird.

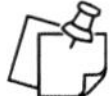

Das Standbein sollte zu keiner Zeit vollständig durchgedrückt werden und die Beinachse bleibt stets gerade.

Ausfallschritt & Oberkörperrotation

1. Aus dem aufrechten Stand heraus kommen die Spieler mit dem rechten Bein in einen Ausfallschritt und stützen ihren Oberkörper mit ihren Fingerspitzen links neben ihrem rechten Fuß ab.

2. Anschließend drehen sie ihren Oberkörper auf, wobei ihre rechte Hand am Boden verharrt und ihre linke Hand nach oben gestreckt wird.

3. Nachdem sie die Position für zwei bis drei Sekunden gehalten haben, stützen sie ihre linke Hand neben der rechten am Boden ab, kehren in den aufrechten Stand zurück und wiederholen die Übung seitenverkehrt.

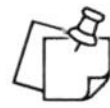

Während der Übung sollten die Spieler darauf achten, dass sie ihre Beinachse gerade halten.

Oberkörperrotation mit Partner

1. Für diese Partnerübung knien sich zwei Spieler so voneinander abgewandt auf den Boden, dass sich ihre Schuhsohlen beinahe berühren.

2. Einer der beiden Spieler hat außerdem einen Fußball in den Händen, den er nun, durch eine Oberkörperrotation, an seinen Partner übergibt.

3. Dieser übernimmt den Ball von seinem Mitspieler und gibt ihm diesen auf der anderen Seite wieder zurück.

4. Wenn der Ball fünfmal von jedem Partner übergeben wurde, wird die Richtung gewechselt.

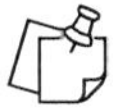

Der Oberkörper sollte während der gesamten Übung aufrecht gehalten und der Körper stets angespannt sein.

Hüftrotation innen

1. Die Spieler gehen locker und heben dabei ihr rechtes Knie so an, dass sowohl im Hüft- als auch im Kniegelenk ein Winkel von etwa 90 Grad entsteht.

2. Ausgehend von dieser Position rotieren sie nun ihr rechtes Bein nach außen und setzen es leicht versetzt neben ihrem linken Fuß auf dem Boden ab.

3. Anschließend wird die Übung mit dem linken Bein wiederholt.

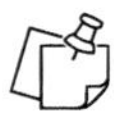

Insgesamt sollten die Spieler zehn Wiederholungen pro Seite durchführen, wobei sie die Übung im Anschluss natürlich auch mit einer Rotationsbewegung von außen nach innen ausführen können. Das Standbein sollte dabei zu keiner Zeit vollständig durchgedrückt werden und die Beinachse bleibt stets gerade.

Beinpendeln

1. Die Spieler stellen sich zunächst gerade auf ihrem linken Fuß auf und kreuzen ihr rechtes Bein vor ihrem linken.

2. Aus dieser Position heraus strecken sie ihr rechtes Bein langsam und kontrolliert so weit wie möglich zur rechten Seite ab und halten die Position des maximal abgespreizten Beins für einen Moment. Dabei bleibt der Fuß stets angehoben und wird nicht auf dem Boden abgesetzt.

3. Anschließend kehren die Spieler in die Ausgangsposition zurück und wiederholen den Vorgang acht- bis zehnmal, bevor sie das Standbein wechseln und die Übung seitenverkehrt wiederholen.

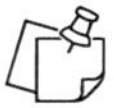

Das Standbein sollte zu keiner Zeit vollständig durchgedrückt werden und die Beinachse bleibt stets gerade.

Beinschwingen

1. Die Spieler gehen locker und führen dabei zuerst ihre linke Hand und ihren rechten Fuß vor dem Körper zusammen und beim nächsten Schritt ihre rechte Hand und ihren linken Fuß.

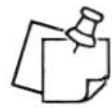

Insgesamt sollten die Spieler zehn Wiederholungen pro Seite durchführen. Das Standbein sollte dabei zu keiner Zeit vollständig durchgedrückt werden und die Beinachse bleibt stets gerade.

Hüftmobilisation

1. Für die Hüftmobilisation kommen die Spieler zunächst in einen tiefen Ausfallschritt, bei dem das Knie des vorderen Beins nicht über die Zehenspitzen des vorderen Fußes hinausragt. Der hintere Fuß wird außerdem auf dem Ballen am Boden aufgestellt und die Handflächen werden in Schulterbreite abgelegt. Dabei stabilisiert die Hand, die sich auf der Seite des vorderen Beins befindet, den vorderen Fuß.

2. Aus dieser Position heraus führen die Spieler nun kleine, kreisende Hüftbewegungen durch.

3. Anschließend wird die Übung auf der anderen Seite wiederholt.

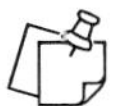

Die Hüftbewegungen können intensiviert werden, indem das Gewicht verlagert oder seitlicher Druck mit der Handfläche am vorderen Fuß, also von innen nach außen, ausgeübt wird. Außerdem kann die Verlagerung des Gewichts auch zur entgegengesetzten Seite erfolgen.

Als Variation der Hüftmobilisation bietet es sich an, den vorderen Fuß auf der Außenseite abzulegen und anschließend die Hüftbewegungen auszuführen.

Tiefe Kniebeuge

1. Jeder Spieler nimmt sich zunächst einen Fußball zur Hand, stellt sich gerade, aufrecht und etwa schulterbreit auf und führt den Ball, mit ausgestreckten Armen, vor seinen Oberkörper.

2. Nun begeben sich die Spieler in eine tiefe Hocke und führen dabei den Fußball, immer noch mit ausgestreckten Armen, über ihren Kopf und halten die tiefe Kniebeuge für ungefähr 30 Sekunden lang.

Koordinationstraining

Koordination im Fussball

Koordinationsleitern, Hürden, Hütchen und Slalomstangen – das ist das Bild, welches vielen Spielern und Trainern beim Wort Koordinationstraining in den Sinn kommt. Doch in Wahrheit versteckt sich hinter dem Koordinationstraining so viel mehr als nur das stupide Überwinden von Hürden oder das Laufen durch Koordinationsleitern. Koordination und Körperbeherrschung sind zentrale Fähigkeiten im Fußball und ihr Stellenwert ist deshalb enorm wichtig.

Eine unzureichende Koordination kommt zum Beispiel in einer unsauberen Passtechnik, in mangelnden Fähigkeiten am und mit dem Ball oder durch langsame Richtungswechsel zum Ausdruck. Dabei ist die bestmögliche Ball- sowie Körperkontrolle gerade die wesentliche Voraussetzung, um Spitzenleistungen im Fußball abrufen und zu einem Topspieler heranwachsen zu können.

Grundsätzlich ist die Koordination das Fundament jeder unserer Bewegungen, da sie das Zusammenspiel von

- Nervensystem,
- Sinnesorganen und
- der ausführenden Skelettmuskulatur

ist.
Aus diesem Grund ist jegliche Form zielgerichteter Bewegung von der eigenen Koordination abhängig. Je besser die Koordination eines Spielers ist, umso eher ist er in der Lage, qualitativ hochwertige Bewegungen durchzuführen. Auf dem Platz wird der Mehrwert des koordinativen Trainings dabei unter anderem in feinerem Dribbling oder in dynamischeren Richtungswechseln deutlich. Doch auch im Hinblick auf Verletzungspräventionen sind gut ausgeprägte koordinative Fähigkeiten unglaublich wichtig, da regelmäßiges Koordinationstraining positive Effekte auf die Vorbeugung von Verletzungen mit sich bringt. Koordinationstraining wirkt sich damit also nicht nur vorteilhaft auf die individuellen Leistungen auf dem Spielfeld aus, sondern verringert auch das allgemeine Verletzungsrisiko und trägt dazu bei, nach dem Kontakt mit Gegnern schnellstmöglich die Kontrolle über den eigenen Körper zurückzugewinnen. Darüber hinaus ermöglicht eine breite koordinative Aus-

bildung sowohl größere *motorische* als auch *taktische* sowie *technische* fußballerische Lernfortschritte. Gut ausgeprägte koordinative Fähigkeiten sind somit das Fundament zum Erlernen schwieriger Techniken und Grundvoraussetzung, um sich neuen taktischen Aufgaben widmen zu können. Vor allem Kinder können dabei vom Koordinationstraining immens profitieren, um neue Techniken schnellstmöglich zu erfassen und diese dann in Spielsituationen anwenden zu können. Gerade bei der Entwicklung der Beidfüßigkeit ist eine gut ausgeprägte Koordination wesentlich. Zudem zeigt sich immer wieder, dass sich die Handlungsgeschwindigkeit auf dem Platz durch regelmäßige koordinative Übungen erhöht.

Die Koordination gehört, neben den konditionellen Faktoren *Schnelligkeit, Beweglichkeit, Kraft* und *Ausdauer*, zu den fünf motorischen grundlegenden Fähigkeiten, wobei sich alle motorischen Grundfähigkeiten jedoch erst mithilfe der Koordination adäquat entwickeln.

Je besser die koordinativen Fähigkeiten eines Menschen entwickelt sind, desto präziser und ökonomischer sind auch seine Gesamtbewegungen. Zeitgleich wird außerdem der Energie- und Kraftaufwand jeder Bewegung reduziert, was in der Folge auch zu weniger Ermüdung führt. Für einen Fußballspieler sind sehr gut ausgeprägte koordinative Fähigkeiten also enorm wichtig, da jede einzelne Bewegung im Fußball von der Koordination abhängig ist.

Während eines Trainings sollte das Koordinationstraining immer nach dem Aufwärmen stattfinden, da zu diesem Zeitpunkt bislang kaum Ermüdungserscheinungen aufgetreten sind. Nichtsdestotrotz kann es sinnvoll sein, das koordinative Training ans Trainingsende zu verlagern, um damit die Handlungen der Spieler auch unter starker physischer sowie psychischer Belastung zu testen. Zu den psychischen Komponenten zählen hier unter anderem die eigenen Erwartungen oder die Pfiffe der Zuschauenden. Außerdem gibt es beim Koordinationstraining, im Gegensatz zu anderen Trainingsinhalten, keine festen Wiederholungsvorgaben. Stattdessen orientieren sich Trainer und Spieler vielmehr am subjektiven Belastungsempfinden.Koordinative Fähigkeiten sind nicht angeboren und müssen daher erworben werden. Die sogenannte sensible Phase in der Entwicklung eines Kindes ist dabei der ideale Zeitpunkt, um mit dem Aufbau sowie dem Training der Koordination zu beginnen. Die sensible Phase liegt ungefähr in einem Alter von fünf bis elf Jahren. Das bedeutet jedoch nicht, dass Koordinationstraining lediglich in dieser Lebensphase wichtig und notwendig ist, denn für koordinative Übungen sollte immer Zeit sein: in jungen Jahren in Form von allgemeinem Training und später dann in Form von sportartspezifischem Training.

Auf einen Blick:

Koordination

- geordnetes Zusammenspiel von zielgerichteten Einzelbewegungen
- Grundlage für erfolgreiche Handlungen
- Schaffung eines breiten koordinativen Fundaments
- Optimierung technischer Fertigkeiten
- schnelleres Erlernen neuer spezifischer Bewegungstechniken
- Verletzungsprävention
- ausgeprägte und anpassungsfähige Körper- und Ballbeherrschung in unterschiedlichen Situationen
- Förderung und Verbesserung der motorischen Entwicklung sowie der Übersicht, Kreativität, Spielschnelligkeit, Handlungsgeschwindigkeit, Flexibilität, Belastbarkeit und Variabilität

DIE 7 KOORDINATIVEN FÄHIGKEITEN

Grundsätzlich lässt sich die Koordination in die folgenden sieben koordinativen Fähigkeiten unterteilen:

- Reaktionsfähigkeit
- Rhythmusfähigkeit
- Orientierungsfähigkeit
- Differenzierungsfähigkeit
- Gleichgewichtsfähigkeit
- Kopplungsfähigkeit
- Umstellungsfähigkeit

1. Reaktionsfähigkeit

Die Reaktionsfähigkeit beschreibt die Fähigkeit, mit einer motorischen Handlung auf ein unvorhersehbares Ereignis bzw. auf ein bestimmtes Signal zu reagieren. Hierbei geht es darum, immer dann bereit zu sein, wenn es wirklich darauf ankommt.

Im Fußball lässt sich die Reaktionsfähigkeit zum Beispiel auf die schnelle Reaktion des Spielers auf die Finte seines Gegners oder das Verspringen des Balls kurz vor Ballannahme übertragen.

2. Rhythmusfähigkeit

Die Rhythmusfähigkeit beschreibt die Fähigkeit, entweder einen vorgegebenen Rhythmus wahrzunehmen oder aber einen externen Rhythmus zu übernehmen und diesen in einer gleichmäßigen Zeitabfolge motorisch umzusetzen bzw. einen Bewegungsablauf individuell rhythmisch auszugestalten. Der Rhythmusfähigkeit kommt dabei sowohl bei zyklischen Bewegungen (z. B. Laufrhythmus) als auch bei azyklischen Bewegungen (z. B. Springen) eine wesentliche Bedeutung zu. Auf der einen Seite kann die Rhythmusfähigkeit durch den Einsatz von akustischen Signalen (Trommeln, Pfeifen, Klatschen) oder durch Musik geschult werden. Auf der anderen Seite wird sie jedoch auch durch die Vorgabe von optischen Signalen (Kegel, Hütchen, Stangen) sowie von der räumlichen Komposition (Hürden, Reifenbahnen) trainiert. Eine weitere Variante der rhythmischen Schulung stellt außerdem die Adaption an einen Gruppenrhythmus dar.

Durch eine gute Rhythmusfähigkeit können die Spieler beim Fußball sowohl ihre Schritte beim Laufen als auch ihre Kraft bei der Ballführung besser einteilen und dadurch insgesamt ökonomischer spielen und länger leistungsfähig bleiben. Außerdem hilft eine gute Rhythmusfähigkeit dabei, den Mannschaftsrhythmus zu erkennen, sodass jeder einzelne Spieler weiß, was seine Mitspieler machen, welche Passwege sie bespielen und in welche Räume sie laufen.

3. Orientierungsfähigkeit

Der Fokus bei der Orientierungsfähigkeit liegt darauf, sich in einer veränderten Bewegung bzw. in einer veränderten Situation schnell räumlich orientieren zu können. Durch die realitätsgetreue Wahrnehmung der eigenen Position im Raum hilft die Orientierungsfähigkeit dabei, sich in diesem zurechtzufinden. Grundsätzlich ist eine gute Orientierungsfähigkeit sowohl in Situationen, in denen die externen Bedingungen nur geringfügig variieren (closed skills) und die unterschiedlichen Körperlagen (Stand, Rückenlage, Bauchlage) stärker variieren, wie beispielsweise beim Geräteturnen, von genauso großer Bedeutung wie in Situationen, in denen die externen Bedingungen stark variieren (open skills), wie beispielsweise beim Fußball.

Für die schnelle Wahrnehmung und Erfassung der Spielsituation ist es nicht nur wichtig, zu wissen, wo man selbst auf dem Spielfeld steht, sondern auch, wo sich Mitspieler und Gegenspieler befinden. Eine gute Orientierungsfähigkeit verschafft den Spielern einen besseren Überblick, sodass jeder einzelne Spieler weiß, welchen seiner Mitspieler er im Idealfall anspielen sollte. Aus diesem Grund kommen all jenen Übungen im Fußballtraining eine wesentliche Bedeutung zu, in denen es um die Bewegung in unterschiedlich großen Räumen, die Wahrnehmung von Begrenzungen und Hindernissen, das Wahrnehmen verschiedener Körperlagen, das Einhalten verschiedener Abstände innerhalb und zwischen den Ketten sowie um die Vermeidung von Zusammenstößen geht.

4. Differenzierungsfähigkeit

Bei der Differenzierungsfähigkeit geht es um die Feinabstimmung von körperlichen Bewegungen. Im Fokus steht dabei die Fähigkeit, verschiedene Bewegungsabläufe präzise, sicher sowie ökonomisch ausführen zu können. Dabei ist der Krafteinsatz ebenso von wesentlicher Bedeutung.

Die Differenzierungsfähigkeit kommt primär im Gefühl (Bewegungsgefühl, Ballgefühl) zum Ausdruck, wobei die Rückmeldungen, die uns unsere kinästhetischen Analysatoren senden, maßgeblich sind. Die Rezeptoren, die sich in Muskeln, Gelenken, Sehnen und Bändern befinden, geben uns Aufschluss über die unterschiedlichen Stellungen von Körperpositionen und die Kräfte, die auf diese einwirken.

Die Fähigkeit zur Differenzierung kommt bei nahezu jeder Bewegung zum Einsatz und lässt sich deshalb kaum isoliert schulen. Nichtsdestotrotz sind unterschiedliche Materialien oder gleiche Materialien in unterschiedlichen Gewichten und Größen (zum Beispiel unterschiedliche Bälle) sowie verschiedene Formen der Bewegung (Laufen, Springen, Klettern) zur Schulung der Differenzierungsfähigkeit sinnvoll.

Beim Fußball führt eine geschulte Differenzierungsfähigkeit zu einem besseren Ballgefühl, wodurch die Spieler in der Lage sind, Pässe nicht zu scharf zu ihren Mitspielern zu spielen oder diese versehentlich in den Fuß des Gegners zu passen. Stattdessen gelingt es ihnen, den genau richtigen Krafteinsatz für ihren Pass zu wählen.

5. Gleichgewichtsfähigkeit

Die Gleichgewichtsfähigkeit beschreibt die Fähigkeit, entweder den eigenen Körper oder auch beliebige Gegenstände unter Einfluss der Schwerkraft im Gleichgewicht zu halten oder diesen bzw. diese so schnell wie möglich wieder zurück ins Gleichgewicht zu bringen. Dabei unterscheidet man zwischen

- dem dynamischen Gleichgewicht, zum Beispiel das Balancieren auf einem Balken,
- dem statischen Gleichgewicht, zum Beispiel das Stehen auf einem Bein, sowie
- dem Erhalt eines Objektgleichgewichts, zum Beispiel dem Balancieren eines Lineals auf dem Handrücken.

Ein ausgeprägter Gleichgewichtssinn ist nicht nur die Grundlage für das psychisch-emotionale Gleichgewicht und damit für das allgemeine Wohlbefinden entscheidend, sondern auch für jegliche motorische Handlungen Voraussetzung. Heutzutage gibt es unzählige Möglichkeiten, das individuelle Gleichgewicht zu schulen. Neben spezifischen koordinativen Trainingsmitteln, wie Hütchen, Leitern oder Stangen, gibt es auch in Turnsälen verschiedene Gerätearrangements. Außerdem können Abstands- und Höhenvariationen, die Vergrößerung bzw. Verkleinerung der Fläche, Drehungen, der Ausschluss der optischen Kontrolle, instabile Unterstützungsflächen oder der Einsatz von Handgeräten verschiedene Übungsvarianten hervorbringen und den Schwierigkeitsgrad der einzelnen Übungen anpassen.

Im Fußball wird eine gute Gleichgewichtsfähigkeit unter anderem dafür gebraucht, um nach einem Kopfball schnell und sicher zu landen und zurück ins Gleichgewicht zu kommen (dynamisches Gleichgewicht). Außerdem benötigen Fußballer beim Torabschluss einen festen Stand und müssen sicher auf einem Bein stehen können, um den Ball überhaupt schießen zu können (statisches Gleichgewicht).

6. Kopplungsfähigkeit

Bei der Kopplungsfähigkeit geht es darum, mehrere verschiedene Teilkörperbewegungen (Körpersegmente) unmittelbar hintereinander mit nur wenig Kraftaufwand und harmonisch aufeinander abgestimmt als zielgerichtete Gesamtbewegung auszuführen. Sobald die Koordination mehrerer Teilkörperbewegungen eines Spielers nicht mehr korrekt funktioniert, ist seine Kopplungsfähigkeit nicht mehr gegeben, sodass er bestimmte zielgerichtete Handlungen in seinen Bewegungen nicht mehr optimal ausführen kann.

Beim Fußball werden zum Beispiel einzelne Bewegungsabschnitte zu einer Gesamtbewegung zusammengesetzt, die am Ende fließend und effektiv ausgeführt werden sollten. Setzt ein Spieler beispielsweise zum Sprint an, werden seine Beinbewegungen mit seinen Armbewegungen koordiniert. Erfolgt diese Koordination jedoch nur unzureichend, kommt es zu einer Störung der Bewegungsform beim Sprinten, wodurch der Antritt nur noch unausgereift ablaufen kann. Daneben setzt sich zum Beispiel auch ein Schuss allgemein aus drei verschiedenen Teilbewegungen zusammen. Im ersten Schritt läuft der Spieler an. Im zweiten Schritt holt er mit seinem Bein Schwung, um im dritten Schritt den Ball mit seinem Fuß zu schießen.

7. Umstellungsfähigkeit

Bei der Umstellungsfähigkeit geht es darum, seine individuellen Bewegungen rechtzeitig und schnellstmöglich auf neue externe Situationen einzustellen. Die Umstellungsfähigkeit legt dabei die Grundlage dafür, eigene Handlungen neuen Gegebenheiten bei Situationsveränderungen anzupassen.

Beim Fußball lässt sich die Umstellungsfähigkeit auf die taktische Anpassung des eigenen Spiels an die Spielweise der gegnerischen Mannschaft übertragen. Außerdem muss sich ein Spieler darauf einstellen können, dass sein Gegner links antäuscht, aber rechts an ihm vorbeilaufen will, oder dass er sich bei Regen auf nassem Rasen anders bewegen muss, um nicht wegzurutschen.

Koordinative Fähigkeiten und ihre fußballspezifischen Schwerpunkte
Reagieren: schnelles Auslösen von Bewegungen

- schnelleres Starten als der Gegner
- schnellstmögliches Zurücklegen kurzer Distanzen
- Verhinderung von Torschüssen
- blitzartige Verwertung von Torchancen

Rhythmisieren: richtiges Timing von Bewegungen

- zeitliche Abstimmung geradliniger Bewegungen auf die gegebenen Anforderungen
- Bewegungsfluss, z. B. beim Schuss aufs Tor aus dem Lauf heraus
- Sprungkopfball und Hüftdrehstoß

Orientieren: Überblick über das Aktionsfeld

- Anpassung der individuellen Position an die gegebene Situation
- Erkennen und Hineinstarten in freie Aktionsräume
- Erkennen und Anspielen von freien Mitspielern, der Pass in die Lücke

Differenzieren: Ausführung verschiedener Bewegungsabläufe

- Ballannahme verschiedener Intensitäten
- Passspiel mit hohem bzw. geringem Druck

Im Gleichgewicht bleiben: Sicherung bzw. Wiederherstellung des Gleichgewichts

- Körperkontakt mit dem Gegner, z. B. Zweikampf während eines Laufduells
- sicheres Landen nach dem Kopfball
- spontane Richtungsänderung beim Laufen oder Dribbeln

Koppeln: Verknüpfung erlernter Bewegungen

- reibungsloses Verknüpfen verschiedener Laufaktionen
- Verknüpfung von Dribbling und Anschlussaktion, z. B. Torschuss oder Flanke
- Anlauf sowie Absprung zum Kopfball inklusive präziser Abstoßbewegung

Umstellen: Veränderung von Bewegungen entsprechend der gegebenen Situation

- schnelles Einstellen auf neue Situationen und Anforderungen
- Abbruch bzw. Durchspielen einer Finte -> je nach Reaktion des Gegners
- Bespielen einer 1-gegen-1-Situation

EINZELÜBUNGEN

Ballwurf

Jeder Spieler bekommt einen Ball, den er mit beiden Händen hinter seinem Rücken festhält. Im Laufen werfen die Spieler den Ball nun mit beiden Händen über ihren Kopf und versuchen, diesen vor ihrem Körper wieder mit beiden Händen aufzufangen. Anschließend werfen sie den Ball von vorne über ihren Kopf nach hinten.

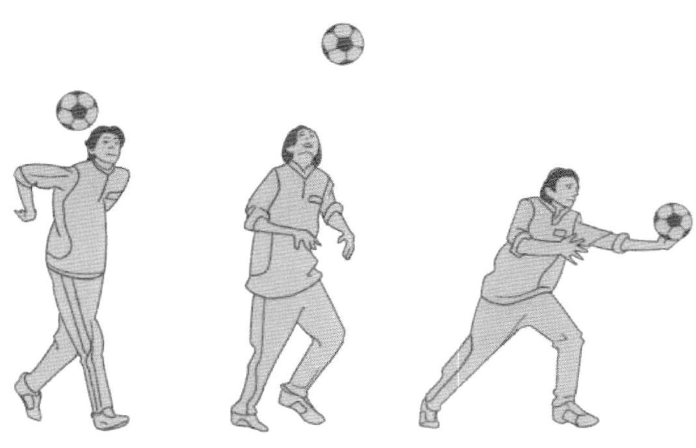

Variation 1: Wenn die Spieler den Ball in die Luft werfen, müssen sie versuchen, in der Zeit, in der der Ball in der Luft unterwegs ist, den Boden mit beiden Händen zu berühren. Anschließend springen sie hoch und fangen den Ball in der Luft.

Variation 2: Alternativ könnten sich die Spieler, nachdem sie den Ball hochgeworfen haben, auf der Stelle einmal um die eigene Achse drehen und anschließend den Ball im Sprung fangen.

Die Übung fördert sowohl die Reaktionsfähigkeit und die Differenzierungsfähigkeit der Spieler als auch ihre Orientierungsfähigkeit. Durch beide Variationen würde zusätzlich noch die Gleichgewichtsfähigkeit der Spieler geschult werden.

Die Koordinationsleiter

Für diese Einzelübung werden zwei Koordinationsleitern benötigt, die neben bzw. hintereinander aufgebaut werden. Die Spieler laufen einzeln im Sidestep durch die Leiter, wobei sie die jeweils vorgegebenen Schritte berücksichtigen. In das erste Feld der ersten Leiter steigen sie dabei mit ihrem linken Fuß ein und ziehen anschließend ihren rechten Fuß nach. Daraufhin treten sie auch in das zweite Feld zuerst mit ihrem linken und dann mit ihrem rechten Fuß. Diesem Schema folgen sie so lange, bis sie am Ende der ersten Koordinationsleiter angekommen sind.

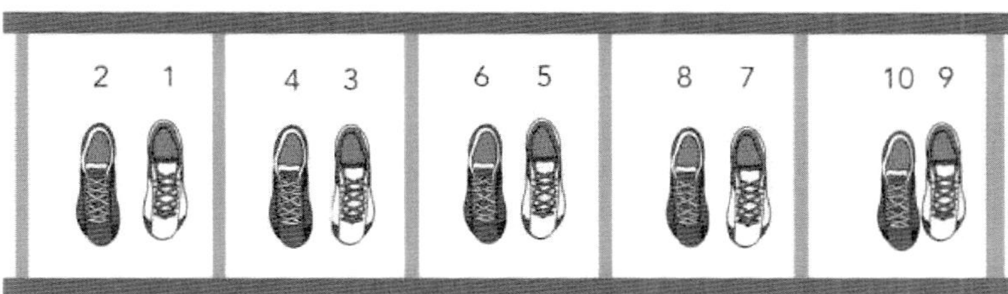

In die einzelnen Felder der zweiten Koordinationsleiter treten sie dann jeweils nur noch mit einem Fuß ein, wobei sie im ersten Feld mit dem rechten Fuß beginnen und anschließend mit ihrem linken Fuß in das zweite Feld treten.

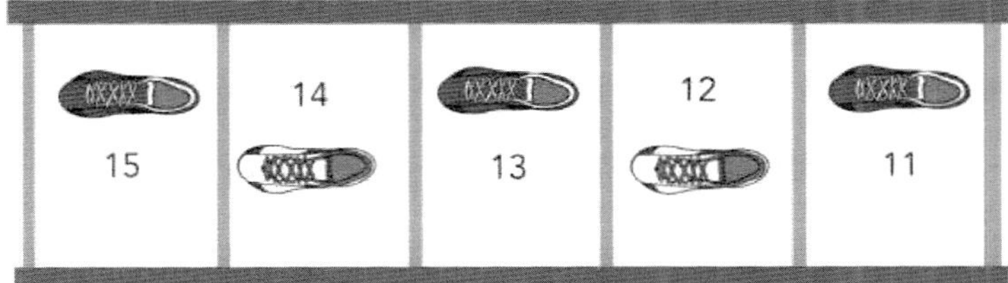

Die Übung an der Koordinationsleiter schult die Differenzierungs-, Gleichgewichts-, Kopplungs- und die Umstellungsfähigkeit der Spieler.

Reifensprung

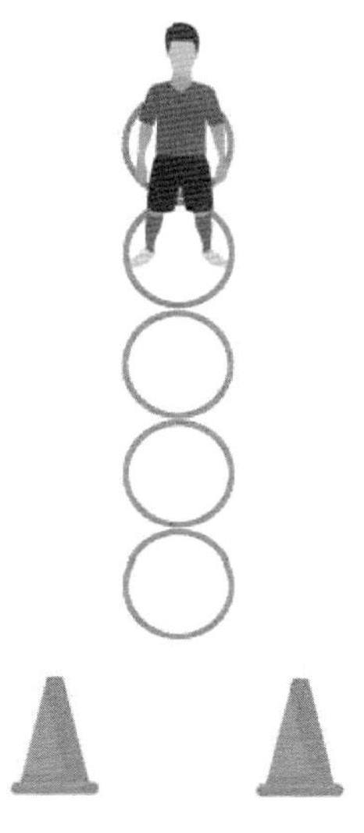

Für den Reifensprung werden fünf Reifen hintereinander auf den Boden gelegt. Am Ende der Reifenreihe befinden sich außerdem zwei Hütchen, die als Endpunkt fungieren. Der Spieler hüpft nun mit geschlossenen Beinen nacheinander durch die Reifen. Dabei springt er immer zwei Reifen vor und anschließend einen zurück, wobei er immer nur einen Sprung pro Reifen machen darf.

Variation 1: Der Spieler darf nur auf einem Bein hüpfen.

Variation 2: Zwischensprünge im Reifen sind erlaubt.

Variation 3: Am Ende der Reifenreihe könnte ein Ball positioniert werden, mit dem der Spieler auf ein Tor abschließt.

Die Übung Reifensprung trainiert die Rhythmus- sowie die Gleichgewichtsfähigkeit der Spieler.

GRUPPENTRAINING

Geschicklichkeit

Jeder Spieler bekommt einen Ball und dribbelt mit diesem anschließend in einem abgesteckten Spielfeld. Jedes Mal, wenn sich zwei Spieler begegnen, müssen sie sich mit einer Hand abklatschen. Dabei zählt jeder Spieler gedanklich mit, mit wie vielen seiner Mitspieler er während der Übung abklatschen konnte, ohne dabei seinen Ball zu verlieren.

Variante 1: Der Schwierigkeitsgrad der Übung kann erhöht werden, indem die Spieler neben dem Abklatschen noch zusätzliche Aufgaben, wie zum Beispiel das Klatschen auf den Oberschenkel, eine Kniebeuge oder eine Finte nach dem Abklatschen, erledigen müssen.

Variante 2: Daneben kann natürlich auch die Art der Fortbewegung oder des Abklatschens verändert werden.

Variante 3: Die Spieler könnten den Ball auch in den Händen tragen, diesen auf den Boden prellen und dabei rückwärtslaufen.

Variante 4: Außerdem lassen sich auch Hindernisse in das Spielfeld integrieren, über die die Spieler dann balancieren, sie umlaufen oder diese überqueren müssen.

Die Übung fordert primär die Differenzierungsfähigkeit und die Umstellungsfähigkeit der Kinder, kann jedoch, bei Erhöhung des Schwierigkeitsgrades, ebenso die Orientierungsfähigkeit, die Gleichgewichtsfähigkeit sowie die Kopplungsfähigkeit trainieren.

Das Stangenlauf-Dribbling

Beim Stangenlauf-Dribbling werden zunächst zweimal fünf Stangen hintereinander auf dem Boden ausgelegt. Außerdem werden vor den Stangen jeweils zwei Starthütchen aufgebaut und jeweils seitlich neben den Stangen vier Hütchen aufgestellt. Gegenüber der Hütchenreihe, also neben dem Startpunkt, wird zudem jeweils ein Minitor positioniert. Anschließend nimmt sich jeder Spieler einen Ball, wobei jeweils die Hälfte der Spieler ein Starthütchen besetzt.

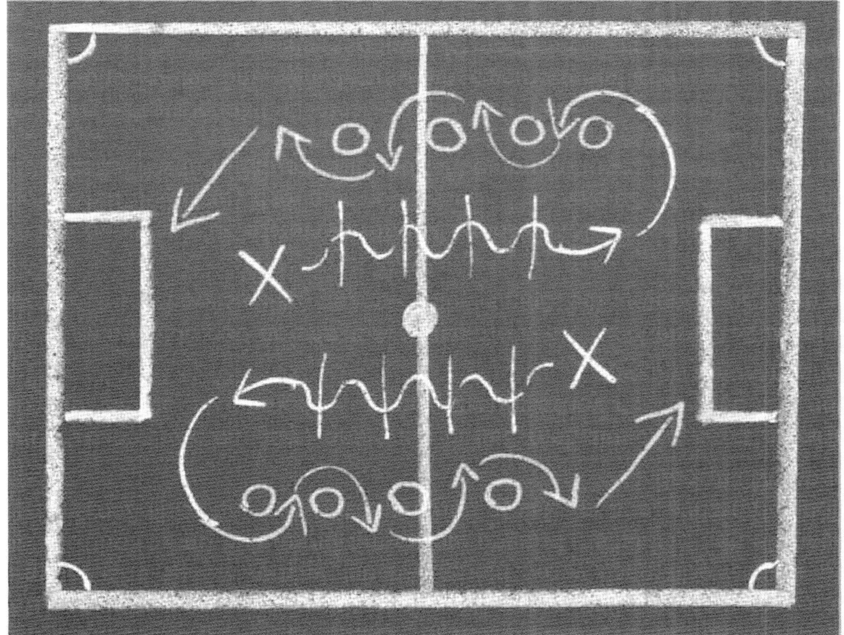

Auf das Signal des Trainers starten die ersten beiden Spieler am Starthütchen, wobei sie den Ball in den Händen halten und diesen mit beiden Händen ausgestreckt nach vorne halten. An der letzten Stange angekommen, lassen sie den Ball fallen, bringen diesen mit ihrem Fuß unter Kontrolle und dribbeln anschließend im Slalom durch die Hütchen und schließen am Ende auf das Minitor ab.

Variante 1: Anstatt mit dem Ball in der Hand über die Stangen zu laufen, kann der Ball seitlich vorbeigepasst werden, während die Spieler über die Stangen laufen müssen.

Variante 2: Gerne kann die koordinative Aufgabe an den Stangen verändert werden. So könnten die Spieler die Stangen beispielsweise im Sidestep durchlaufen.

Variante 3: Nach dem Torabschluss könnte der erste Spieler einen zweiten Ball vom nächsten Spieler flach, hoch oder halbhoch zugespielt bekommen, den er entweder erst annehmen oder aber direkt aufs Tor abschließen muss.

Die Übung fördert zum einen die Gleichgewichts- und Kopplungsfähigkeit und zum anderen die Differenzierungs-, die Umstellungs- und bei Anwendung der dritten Variante auch die Reaktionsfähigkeit der Spieler.

Stangenfarbspiel

Für das Stangenfarbspiel werden zu Beginn zwei Übungsfelder nebeneinander aufgebaut. An den Enden beider Felder werden jeweils zwei Markierungen auf dem Boden platziert, die sowohl die Start- als auch die Endposition markieren. Etwa fünf Meter vor beiden Startmarkierungen (und circa zehn Meter vor den Endmarkierungen) wird jeweils ein Stangentor mit zwei verschiedenfarbigen Stangen aufgebaut. Anschließend teilen sich die Spieler in zwei Teams auf. Bei größeren Mannschaften sollten mehrere Übungsfelder aufgebaut und mehrere Teams eingeteilt werden. Die Spieler stellen sich nun hintereinander mit Bällen an ihren jeweiligen Startmarkierungen auf.

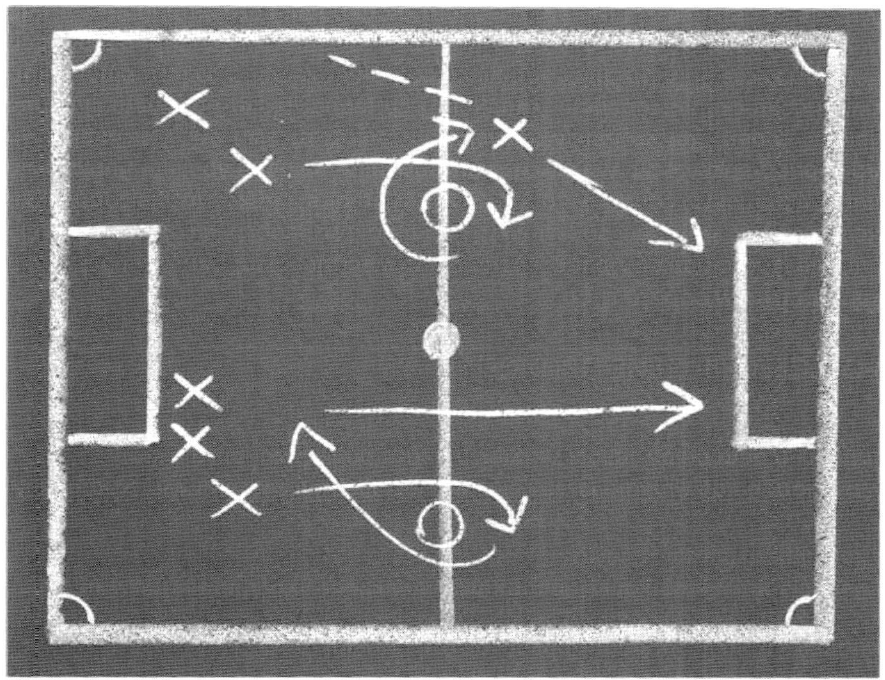

Bei **Ablauf A** startet der erste Spieler auf das Kommando des Trainers. Mit Ausrufen des Kommandos gibt der Trainer eine der beiden Stangenfarben vor. Der Spieler sprintet zur jeweiligen Stange und umrundet diese von innen nach außen. Im Anschluss läuft er zum Startpunkt zurück, holt sich einen Ball und dribbelt mit Tempo auf die Zielmarkierung los.

Bei Ablauf A werden die Orientierungs-, Reaktions- und die Kopplungsfähigkeit trainiert.

Bei **Ablauf B** läuft der erste Spieler erneut auf Trainerkommando los, bei dem der Trainer wieder eine der beiden Stangenfarben vorgibt. Auch bei Ablauf B sprintet der Spieler zur jeweiligen Stange und umrundet diese von innen. Gleichzeitig spielt sein Mitspieler, der sich an der Startmarkierung befindet, einen Pass durch das Stangentor hindurch, den der Startspieler kontrollieren und daraufhin im Tempodribbling ins Ziel bringen muss.

Bei Ablauf B werden die Orientierungs-, Reaktions-, Rhythmisierungs- und die Kopplungsfähigkeit trainiert.

Variation: Beide Abläufe lassen sich hervorragend als kleiner Wettkampf austragen, in dem beide Teams zeitgleich denselben Ablauf absolvieren.

FORTGESCHRITTENE ÜBUNGEN

Bäumchen wechsle dich

Für die koordinative Übung „Bäumchen wechsle dich“ wird zunächst ein Rechteck mit Hütchen abgesteckt. Dabei sollten jedoch nicht nur die Eckpunkte markiert, sondern an jeder Seite weitere Punkte in gleichmäßigen Abständen abgesteckt werden. Insgesamt sollte es dann so viele Punkte wie Spieler geben. Bei großen Mannschaften bietet es sich an, von Beginn an zwei Rechtecke aufzubauen. Nun stellt sich jeder Spieler an einem Hütchen des Rechtecks auf. Anschließend gibt der Trainer seinen Spielern einen Laufweg vor – zum Beispiel müssen sie immer mit ihrem gegenüberstehenden Mitspieler den Platz tauschen, nachdem sie den Ball gespielt haben. Für den Ball gibt der Trainer ebenfalls einen Laufweg vor, zum Beispiel darf dieser nur im oder gegen den Uhrzeigersinn gepasst werden. Die Aufgabe der Spieler ist es nun, den Ball als Team in Bewegung zu halten und gleichzeitig beide Laufwege zu beachten. Wird in zwei Gruppen gespielt, können diese auch gegeneinander antreten.

Variation: Um den Schwierigkeitsgrad der Übung zu erhöhen, bietet es sich an, unterschiedliche Zusatzaufgaben, wie beispielsweise das Rückwärtslaufen oder das Fortbewegen im Hopserlauf, zu stellen.

Die „Bäumchen wechsle dich"-Übung gehört zu den komplexeren Koordinationsspielen und schult sowohl die Kopplungs-, Orientierungs- und Umstellungsfähigkeit als auch die Differenzierungsfähigkeit der Spieler.

Die Endlos-Übung

Für die Endlos-Übung werden die Spieler zunächst in zwei Gruppen aufgeteilt. Anschließend wird ein 12 x 12 Meter großes Spielfeld abgesteckt.

Als Startmarkierung wird an zwei gegenüberliegenden Ecken jeweils eine kleine Passage aufgebaut, die durch zwei Hütchen begrenzt wird. In den beiden anderen Ecken markiert jeweils ein Hütchen das Übungsfeld. Im Anschluss wird auf der linken Seite erst eine Koordinationsleiter und darauffolgend drei versetzte Hütchen aufgebaut. Auf der rechten Seite beginnt die Übung mit drei zueinander versetzt stehenden Stangen. Anschließend folgen sechs am Boden liegende Stangen, die die Spieler slalomartig im Seitlauf passieren müssen.

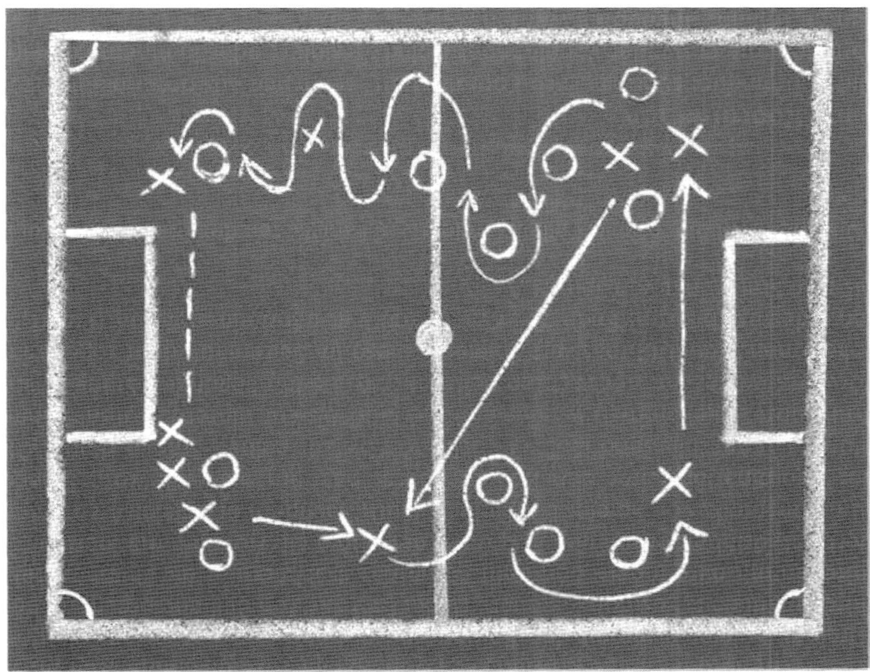

Spieler A beginnt die Übung und startet durch die Leiter. Am Ende der Leiter angekommen, bekommt er einen Pass von Spieler B zugespielt, der den Ball entsprechend der Laufgeschwindigkeit von Spieler A zeitlich abpassen muss (Timing). Spieler A nimmt den Ball an und dribbelt mit diesem um die drei Hütchen, die auf Position 2 stehen. Dabei führt er den Ball entsprechend der Hütchen mit dem Innen- und dem Außenriss. Nachdem er die Hütchen passiert hat, dribbelt er um den Eckpunkt, der durch ein Hütchen markiert wird, zum Startpunkt von Spieler B. Spieler B läuft, nachdem er Spieler A am Ende der Koordinationsleiter den Ball zugepasst hat, um die erste rote Stange (Punkt C). Anschließend läuft er rückwärts bis zur gelben Stange (Punkt D), dreht dort angekommen wieder ein und läuft bis zur hinteren roten Stange vorwärts weiter. An der rechten Seite der am Boden liegenden Stangen angekommen (Punkt E), passiert Spieler B diese im Seitenlauf, dem sogenannten Sidestep, bis zum Ende des Kegels und legt dann einen Sprint (Punkt F) bis zum Startpunkt von Spieler A ein.

Die Endlos-Übung trainiert alle koordinativen Fähigkeiten der Spieler gleichzeitig.

Farb-Koordination

Die Koordinationsübung „Farb-Koordination" setzt sich aus drei Abläufen zusammen, die entweder voneinander isoliert trainiert oder in einem gemeinsamen Training angeboten werden können.

Bei dieser Übung stehen alle koordinativen Fähigkeiten im Vordergrund. Darüber hinaus trainiert die Übung aber auch das Dribbling, das Passspiel sowie den Sprint der Spieler.

Zunächst wird für jeden Ablauf eine Startposition markiert und am Ende jedes Feldes ein Minitor aufgestellt.

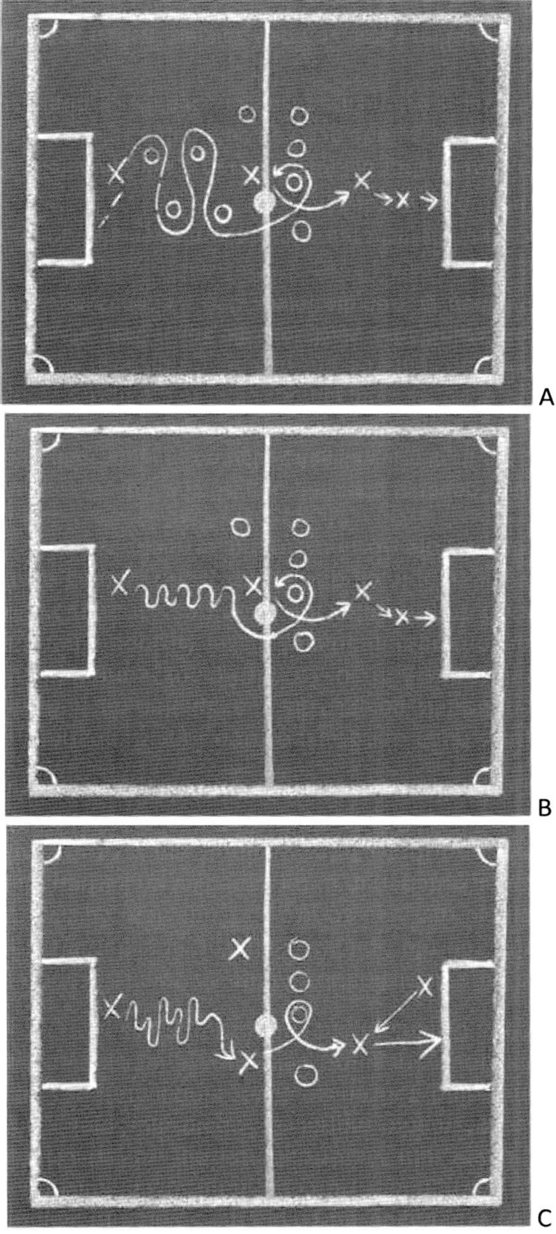
A
B
C

Bei **Ablauf A** werden etwa fünf Meter nach der Startmarkierung vier Hütchen zueinander versetzt aufgebaut, durch die die Spieler im Slalom dribbeln müssen. Anschließend werden vier Hütchen in unterschiedlichen Farben in einer Reihe aufgestellt, bevor fünf Meter dahinter ein weiteres Hütchen aufgestellt wird, das die Abschussmarke markiert. Sobald die Spieler an der Abschussmarke angekommen sind, führen sie davor eine Finte aus und schießen dann aufs Tor. Bevor die Übung beginnt, bekommt jeder Spieler dieser Gruppe einen Ball, den er beim Durchlauf am Fuß führen muss.

Bei **Ablauf B** wird eine Koordinationsleiter als zweite Station nach der Startposition aufgebaut, die die Spieler nach Vorgabe durchlaufen müssen. Anschließend spielen sie den Ball kontrolliert mit dem Fuß weiter. Nun folgen, wie bei Ablauf A, vier Hütchen in unterschiedlichen Farben, die in einer Reihe aufgestellt werden, und fünf Meter dahinter ein weiteres Hütchen, das die Abschlussmarke markiert. Bevor die Übung beginnt, bekommt jeder Spieler dieser Gruppe einen Ball, den er beim Durchlauf in den Händen halten muss.

Bei **Ablauf C** werden nach der Startposition fünf zueinander versetzt liegende Ringe auf den Boden gelegt, die die Spieler nach Bewegungsvorgabe durchlaufen. Der Rest des Aufbaus ist mit Ablauf A und B identisch. Bevor die Übung beginnt, bekommt kein Spieler dieser Gruppe einen Ball. Stattdessen befinden sich neben dem Minitor am Ende des Parcours weitere Spieler mit Ball, die dem jeweiligen Spieler, der gerade den Parcours absolviert hat, den Ball zupassen, sobald er die Abschussmarke erreicht hat.

Achtung: Der Trainer benötigt ebenfalls drei Hütchen, die dieselben Farben haben wie die Hütchen, die in den jeweiligen Abläufen in einer Reihe positioniert wurden. Die Spieler jeder Gruppe starten auf das Signal des Trainers zeitgleich. Kurz bevor jeder Spieler die erste Aufgabe bewältigt hat, hält der Trainer eines seiner Hütchen hoch. Der Hütchenfarbe entsprechend umkreist nun jeder Spieler das Hütchen der angezeigten Farbe. Nachdem die Spieler des ersten Durchgangs das Hütchen umkreist haben, starten die Spieler des zweiten Durchgangs.

Variation 1: Der Trainer hält nicht nur ein, sondern zwei oder drei Hütchen hoch, die alle entsprechend umrundet werden müssen.

Variation 2: Neben dem Minitor bei Ablauf A und B werden Spieler mit Bällen positioniert, die dem Spieler, der gerade den Parcours durchlaufen und aufs Tor geschossen hat, nach Torabschluss einen Pass zuspielen, den dieser direkt aufs Tor abschließen muss.

Variation 3: Die zugespielten Pässe von den Spielern neben den Minitoren erfolgen halbhoch bzw. hoch.

Grundlegende Fertigkeiten im Fußball

Ballschule

Technikdruck

Beim Technikdruck stehen sich immer zwei Spieler frontal gegenüber. Spieler A wirft Spieler B den Ball zu und ruft ihm dabei verschiedene Anweisungen – wie zum Beispiel Fuß, Kopf oder Fang – zu, die Spieler B dann ausführen muss. Der Schwierigkeitsgrad dieser Übung wird dabei von den technischen Anweisungen des Werfenden beeinflusst, wobei der ballempfangende Spieler seine gute Ballkoordination unter Druck beweisen muss.

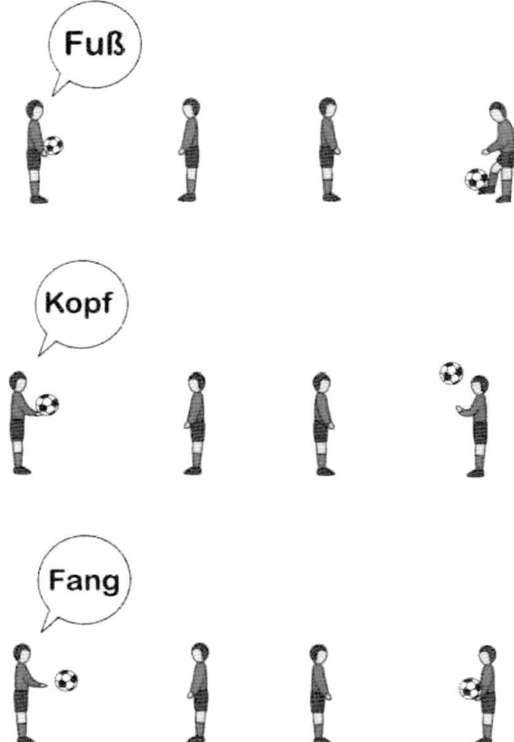

Variation 1: Der ballempfangende Spieler steht abgewandt zum ballwerfenden Spieler und dreht sich erst um, wenn Spieler A ihm Anweisungen gibt.

Variation 2: Alle Spieler stellen sich in einem Kreis auf und führen die Übung gemeinsam durch. Der Trainer steht mit einem Ball in der Hand in der Mitte und wirft seinen Spielern abwechselnd den Ball zu.

Variation 3: Neben den aufgeführten Beispielen gibt es noch unzählige Möglichkeiten, wie der ballempfangende Spieler den Ball zurückspielen muss. Er könnte diesen zunächst mit der Brust oder dem Knie annehmen und anschließend direkt zurückspielen oder den Ball unter Kontrolle bringen und flach zurückpassen.

Ballkontrolle

In einem Abstand von fünfzehn Metern werden zwei Hütchen aufgestellt, die als Startpunkte fungieren. Innerhalb der fünfzehn Meter werden außerdem vier Stangen versetzt aufgebaut. Je nach Spieleranzahl können natürlich mehrere Stationen, wie in der Abbildung, gebildet werden. Anschließend teilen sich die Spieler in gleich große Gruppen auf und verteilen sich gleichmäßig an den Starthütchen einer Station. Der erste Spieler am rechten Starthütchen (Spieler A) jongliert den Ball einige Male und spielt ihn dann direkt aus dem Jonglieren gefühlvoll hoch bzw. halbhoch zum gegenüberstehenden Spieler (Spieler B) und läuft dann seinem Zuspiel nach. Spieler B nimmt den Ball an, bringt ihn unter Kontrolle und dribbelt so schnell wie möglich durch den Stangenslalomparcours hindurch und stellt sich am Ende der Reihe von Spieler A an.

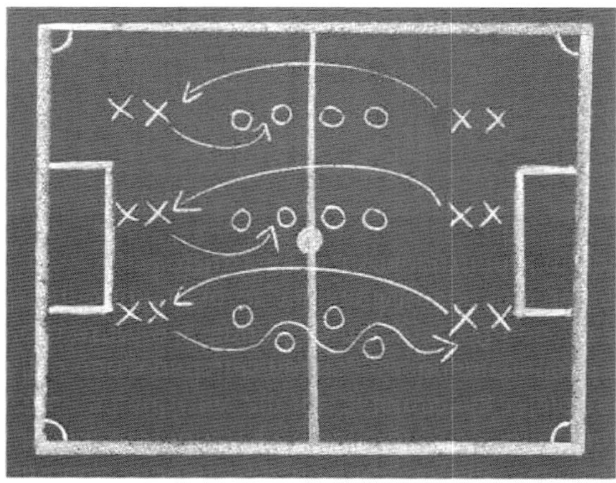

Variation 1: Wenn Spieler A die Seite wechselt, führt er Aufgaben des Lauf-ABCs durch.

Variation 2: Spieler A spielt den Ball bewusst unsauber zu Spieler B, um seine Fähigkeiten zu fordern.

Pylone bewachen

Bei der Übung „Pylone bewachen" wird je nach Altersklasse ein Spielfeld abgesteckt, in dessen Mitte eine Pylone steht. Gespielt wird im 4 gegen 1. Der Spieler, der in der Mitte des Spielfeldes steht, hat die Aufgabe, die Pylone zu bewachen und zu verteidigen. Die anderen vier Spieler stehen um ihn herum und versuchen, die bewachte Pylone durch geschicktes Zusammenspielen umzuschießen.

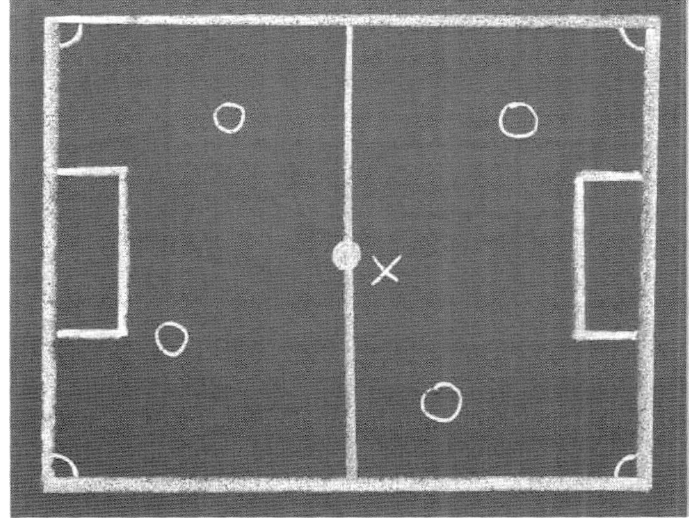

Variation 1: Die Anzahl der Ballkontakte der äußeren Spieler wird begrenzt.

Variation 2: Wenn ein Spieler den Ball von einem anderen Spieler erhält, darf er diesen nicht wieder zum Passgeber zurückspielen.

Variation 3: Der Spieler in der Mitte muss nicht nur eine, sondern zwei Pylonen bewachen.

Variation 4: Es wird mit Zeitvorgabe und in Wettkampfform gespielt. Der Spieler, dessen Pylone am wenigsten umgeschossen wurde bzw. dessen Pylone am längsten steht, gewinnt das Spiel.

DRIBBELSPIELE

Zickzack

Zu Beginn der Dribbelübung werden vier unterschiedlich breite Zonen markiert, wobei die erste Zone sieben Meter breit, die zweite vier, die dritte sechs und die vierte Zone drei Meter breit ist. Die Spieler stellen sich mit Ball am Fuß an der Startlinie auf und dribbeln mit möglichst enger Ballführung zur zweiten Linie, die sie überschreiten. Anschließend müssen sie erst den Ball mit der Innenseite einkappen und dann zur Startlinie zurückkehren. An der Startlinie angekommen, kappen sie den Ball erneut ein, wechseln die Richtung und dribbeln bis zur dritten Linie. An der dritten Linie angekommen, kappen die Spieler den Ball wieder ein und dribbeln nun bis zur zweiten Linie zurück. Von der zweiten Linie dribbeln sie nun bis zur vierten und damit letzten Linie, die sie als Erstes mit Ball am Fuß überqueren müssen.

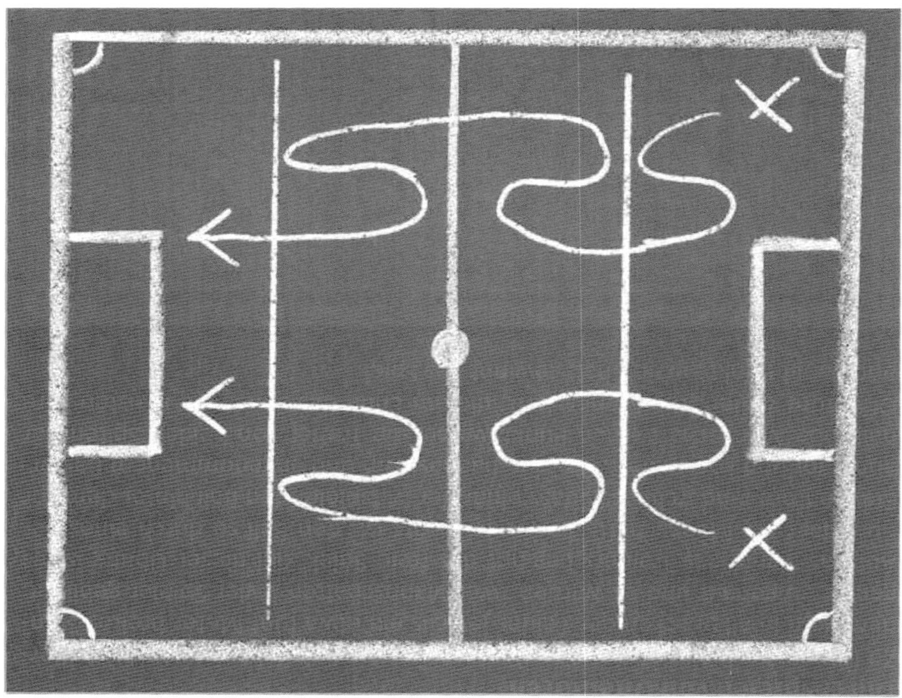

Der Schnittpunkt

Zunächst wird ein der Spieleranzahl entsprechendes Quadrat abgesteckt und in jeder Ecke des Feldes ein Hütchen als Orientierungspunkt aufgestellt. Nun teilen sich alle Spieler gleichmäßig auf die vier Hütchen auf, wobei nur zwei Spieler an zwei nebeneinanderliegenden Hütchen einen Ball bekommen. Ziel der Übung ist es, den Ball eng am Fuß durch die Mitte des Spielfeldes zum jeweils gegenüberstehenden Mitspieler zu dribbeln, ohne dabei mit einem anderen Spieler im Schnittpunkt zusammenzustoßen.

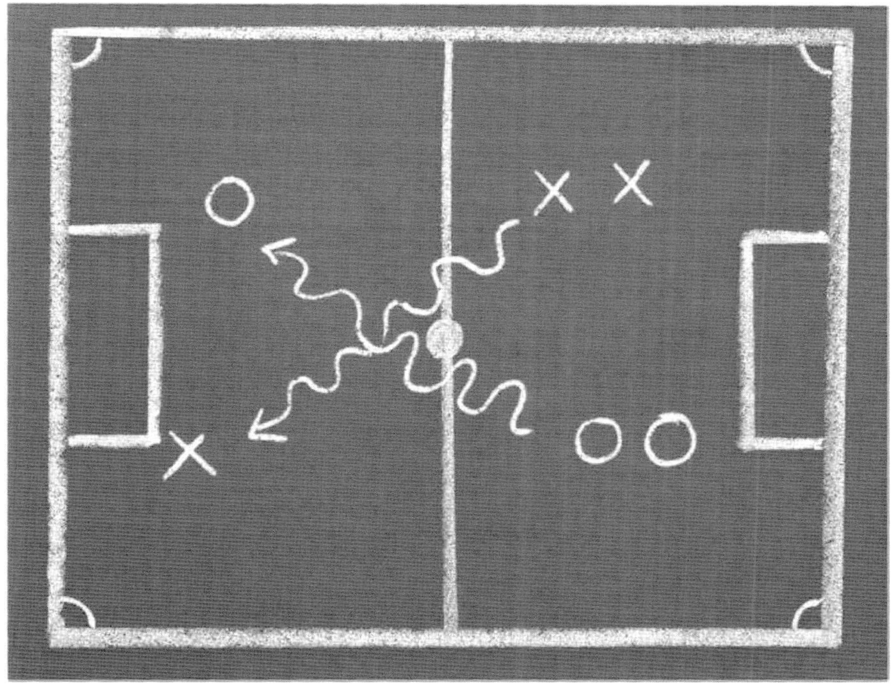

Variation 1: Alle Spieler bekommen einen Ball, sodass vier Spieler zur selben Zeit aus ihren Ecken heraus um das gegenüberstehende freie Hütchen dribbeln können und anschließend zum Startpunkt zurückkehren.

Variation 2: Statt Hütchen können Hütchentore bzw. Minitore in allen vier Ecken aufgestellt werden, in die der Ball nach dem Dribbeln gespielt werden muss.

Quadratwechsel

Zu Beginn der Übung werden vier 8 x 8 Meter große Quadrate in einem Abstand von jeweils zwölf Metern zueinander aufgebaut. Anschließend, je nach Anzahl der Spieler, werden vier Dreier- oder Vierermannschaften gebildet, von denen jedes Team ein Quadrat besetzt. Jeder Spieler dribbelt eng und präzise mit seinem Ball am Fuß im Feld. Auf das Signal des Trainers müssen nun alle Spieler jedes Feldes ihren Ball so schnell wie möglich in das nächste, im Uhrzeigersinn liegende Feld führen. Die Mannschaft, deren Spieler zuerst alle Bälle in das neue Spielfeld dribbeln konnten, gewinnt das Spiel.

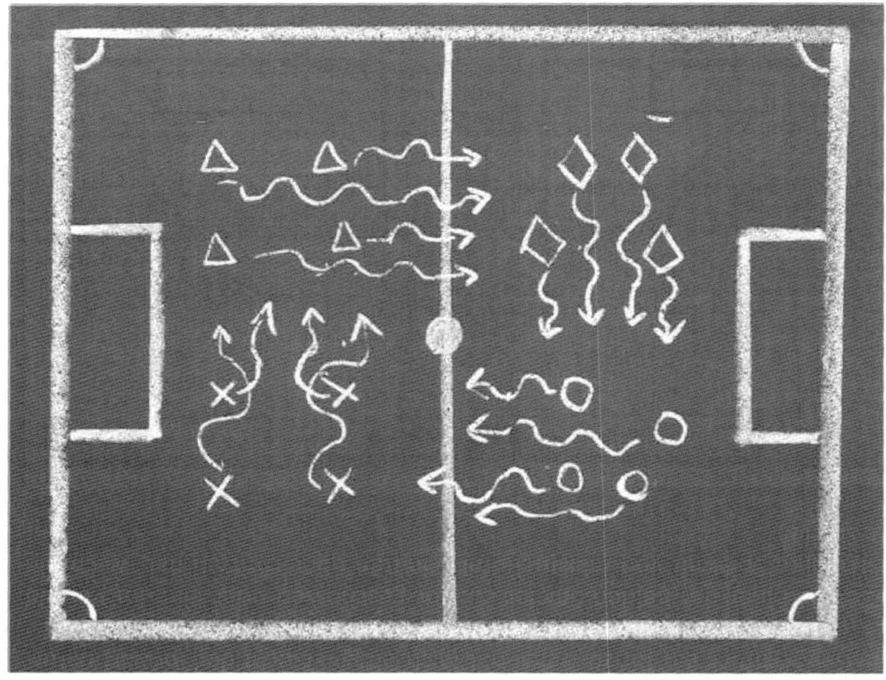

Variation: Statt des Feldwechsels im Uhrzeigersinn kann sich der Trainer in der Mitte aller Quadrate aufstellen und den jeweiligen Richtungswechsel mit seinen Händen anzeigen.

SPIELE ZUM PASSEN, ZUR BALLANNAHME SOWIE -MITNAHME UND ZUM TORSCHUSS

Durchspielen von Offentoren

Zu Übungsbeginn wird ein 25 x 25 Meter großes Spielfeld abgesteckt. Außerdem wird in allen Ecken des Feldes jeweils ein etwa fünf Meter breites Stangentor aufgebaut und es werden zwei Mannschaften à vier Spieler gebildet. Auf das Signal des Trainers beginnt das freie Spiel. Ziel dieser Übung ist es nun, dass die Mannschaft, die im Ballbesitz ist, den Ball so durch eines der Stangentore hindurchpasst, dass einer der Mitspieler den Ball hinter dem Tor annimmt und kontrolliert. Pro durchgepasstem und angenommenem Ball erhält jede Mannschaft einen Punkt, wobei die Treffer von beiden Seiten der Offentore zählen. Die Mannschaft, die am Ende des Spiels die meisten Tore und damit Punkte erzielt hat, gewinnt das Spiel.

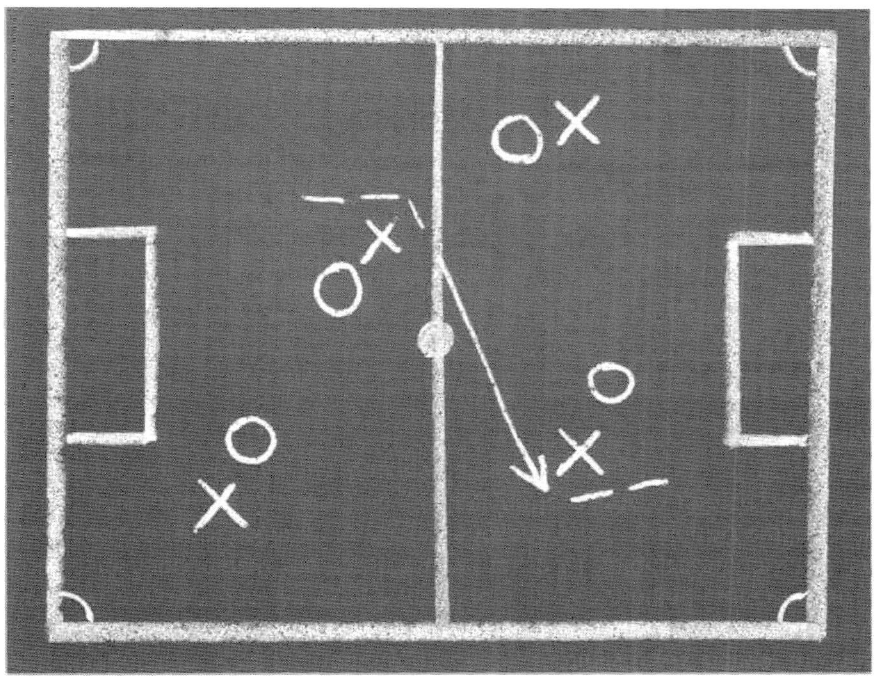

2:0-Spiel

Zunächst wird ein 25 x 20 Meter großes Feld abgesteckt, das in drei Zonen eingeteilt wird, wobei die erste und die dritte Zone fünf Meter breit und die mittlere Zone fünfzehn Meter breit ist. Auf beiden Grundlinien werden außerdem jeweils zwei Minitore genau gegenüberliegend voneinander aufgestellt. Zudem werden zwei Teams à vier Spieler gebildet.

Im Anschluss beginnt das freie Spiel im 4 gegen 4 innerhalb der Mittelzone. Das Ziel dieses Spiels ist es, entweder durch ein Zuspiel oder aber durch geschicktes Dribbling in die Endzone des Gegners einzudringen. Sobald das einer der beiden Mannschaften gelingt, darf ein zweiter Angreifer dieses Teams mit in die Angriffszone einlaufen und auf eins der Tore direkt abschließen.

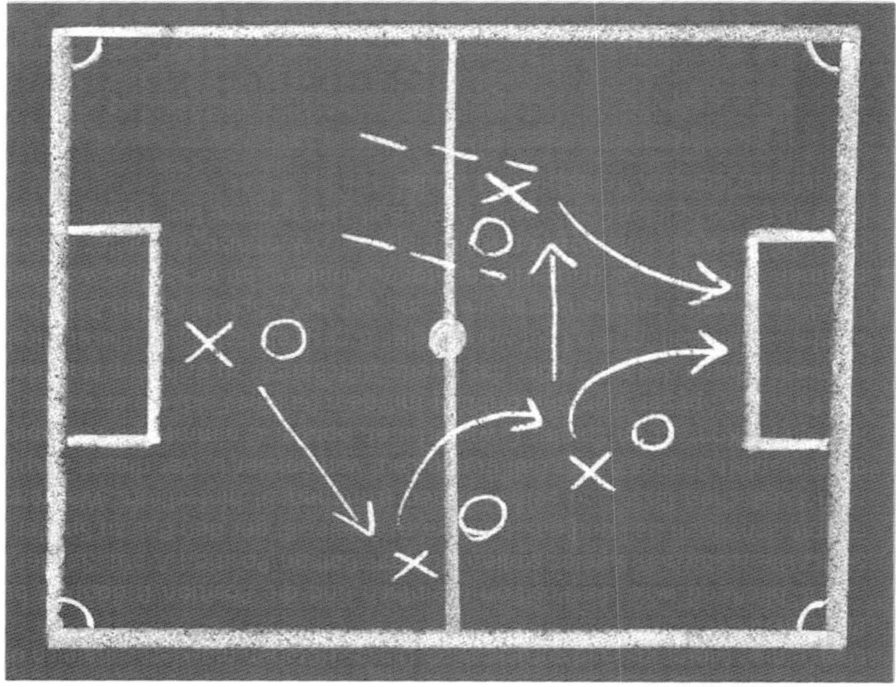

Variation 1: Sobald ein Team in die gegnerische Endzone vorgedrungen ist, darf nicht nur ein weiterer Angreifer einrücken, sondern auch ein Verteidiger des gegnerischen Teams, sodass es in der Angriffszone zu einem 2 gegen 1 kommt.

1-gegen-1-Duell mit Torschuss

Für das Torschussduell wird zunächst ein der Altersklasse entsprechendes Spielfeld mit jeweils zwei Minitoren an beiden Grundlinien abgesteckt. Außerdem gibt es an beiden Seiten jeweils einen Torwart, der beide Minitore bewacht.

Die Hälfte der Spieler stellt sich nun an der einen und die andere Hälfte an der anderen Linie auf. Im Feld spielen immer zwei Spieler im 1 gegen 1 gegeneinander. Der Trainer wirft den Ball ins Spielfeld, woraufhin beide Spieler versuchen müssen, diesen anzunehmen, zu kontrollieren und unter Zeit- sowie Gegnerdruck ein Tor zu erzielen. Gleichzeitig versucht der Torwart natürlich, die Schüsse aufs Tor abzuwehren.

Sobald einer der beiden Spieler ein Tor geschossen oder eine im Vorfeld festgelegte Spielzeit von maximal drei Minuten überschritten hat, wechseln die Spieler.

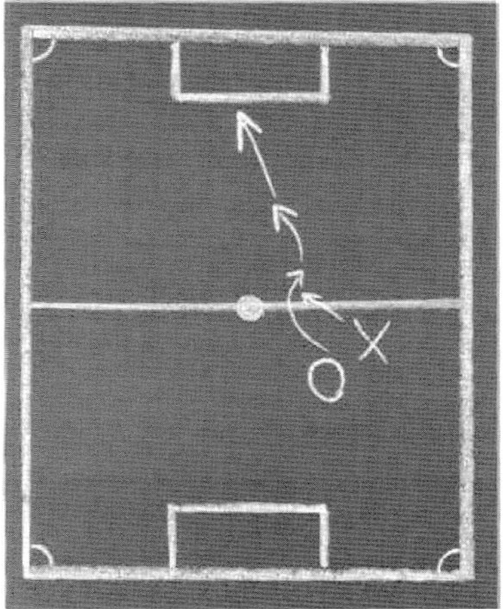

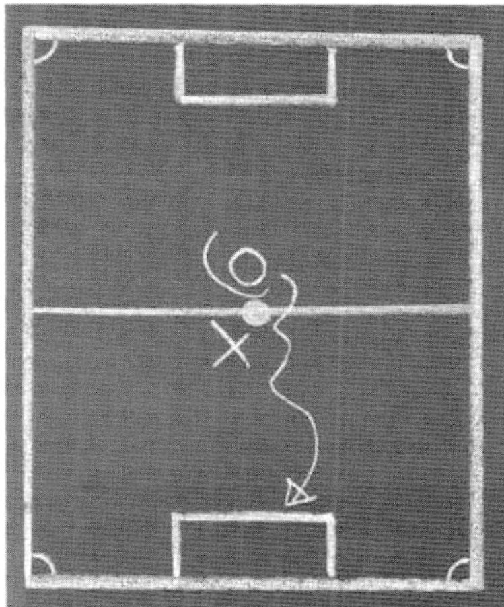

Variation 1: Nachdem der Trainer den Ball ins Spielfeld geworfen hat, kann ein weiterer neutraler Spieler ins Feld laufen, der dann entweder mit dem ballbesitzenden oder dem nicht ballbesitzenden Spieler im 2-gegen-1- bzw. im 1-gegen-2-Duell spielt.

Spiele zur Abwehr

Überzahlspiel

Zu Beginn der Übung wird ein 25 x 20 Meter großes Spielfeld mit zwei Toren und zwei Torhütern abgesteckt. Die Spieler teilen sich in zwei Teams à fünf Spieler auf und verteilen sich so auf beide Hälften des Feldes, dass sich in jeder Hälfte jeweils zwei Verteidiger sowie drei Angreifer befinden. Anschließend beginnt das Spiel im 5 gegen 5. Die Einschränkung dabei ist, dass kein Spieler seine anfangs zugeteilte Hälfte verlassen darf. Das Ziel des ballbesitzenden Teams ist es also, Lücken im gegnerischen Abwehrverband auszunutzen und dadurch Treffer zu erzielen. Ziel der verteidigenden Mannschaft ist es wiederum, den Pass in den Raum zu unterbinden und das eigene Tor zu verteidigen.

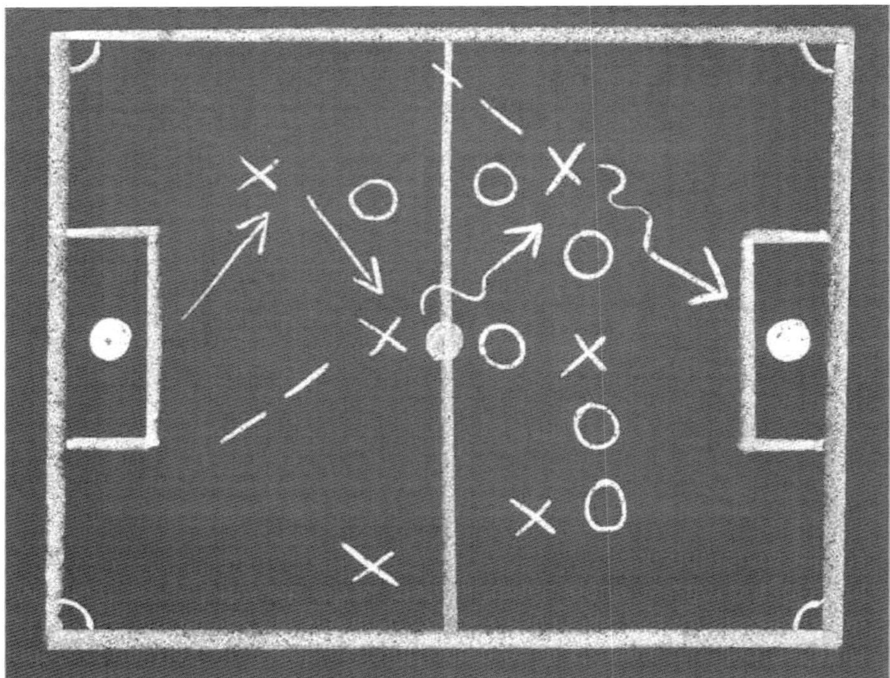

Defensives 1 gegen 1

Zu Beginn der Übung wird ein 12 x 10 Meter großes Feld aufgebaut. Die hintere Spielfeldbegrenzung wird dabei in der linken Ecke (Punkt C) und der rechten Ecke (Punkt B) durch jeweils ein Hütchen begrenzt, die in der Summe ein Hütchentor ergeben. Die vordere Spielfeldbegrenzung wird durch zwei Hütchentore begrenzt, wobei das am äußersten rechten Rand stehende Hütchen einige Meter ins Feld gerückt wird. Dieses Hütchen markiert zeitgleich die Position A.

Anschließend wird die Position C einfach und die Position B doppelt besetzt. Die restlichen Spieler stellen sich mit Ball an Position A auf. Spieler A nimmt sich einen Ball und passt diesen zu Spieler B, der den Ball zu Spieler A zurückklatschen lässt und sein Hütchen (Hütchen B) hinterläuft. Währenddessen spielt Spieler A den Ball in den Lauf von Spieler B, der dieses Zuspiel mit einem Kontakt an Spieler C weiterleitet. Spieler C nimmt den zugespielten Pass von Spieler B an und dribbelt mit dem Ball ins Feld, wo er versucht, entweder durch das erste oder das zweite Hütchentor zu dribbeln. Nachdem Spieler A den Ball in den Lauf von Spieler B gespielt hat, läuft dieser direkt durch das zweite Hütchentor ins Feld und versucht, Spieler C den Ball abzunehmen und über das dritte Hütchentor zu kontern. Im Anschluss wechseln die Spieler jeweils eine Position weiter. Spieler A wird also zu Spieler B, Spieler B zu C und Spieler C zu Spieler A mit Ball. Der nächste Durchgang startet, sobald ein Zweikampf entschieden wurde.

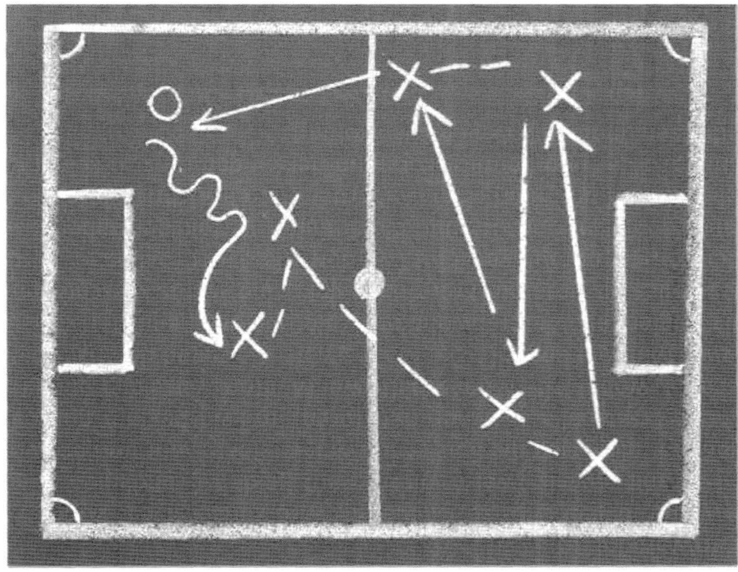

Viererabwehrkette

Um die Viererabwehrkette zu trainieren, wird zunächst ein 20 x 15 Meter großes Feld mit jeweils zwei Minitoren auf beiden Grundlinien aufgebaut. Anschließend teilen sich die Spieler in zwei 4er-Teams auf und positionieren ausreichend Ersatzbälle zwischen den Toren. Im Feld beginnt nun das Spiel im 4 gegen 4, wobei jede Mannschaft zwei Minitore verteidigt und gleichzeitig auf zwei Minitore angreift. Die Mannschaft, die gegen den Ball spielt, also verteidigt, agiert als Viererabwehrkette, die entsprechend der Verlaufsrichtung des Balles als gesamte Kette nach links und rechts verschieben muss. Außerdem sollte darauf geachtet werden, dass der ballnahe Verteidiger Druck auf den Gegner ausübt und die anderen Verteidiger dabei absichern, also tiefer stehen und einrücken. Außerdem ist es wichtig, dass die Spieler untereinander klar und deutlich kommunizieren, damit es zu keinerlei Missverständnissen und damit Gegentoren kommt.

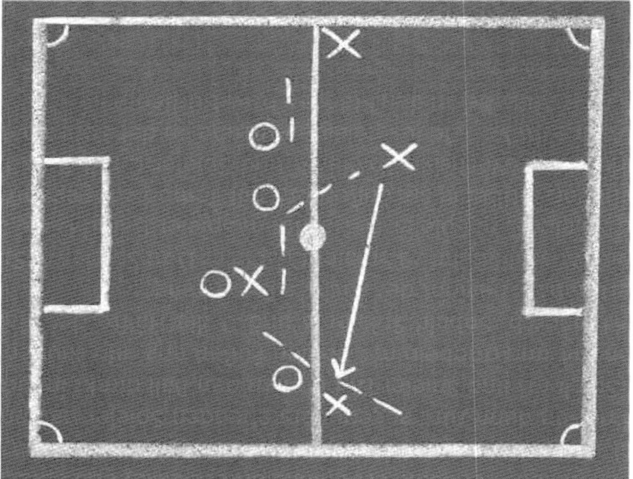

Sobald der Ball im Aus landet, wird immer von der Grundlinie der ballbesitzenden Mannschaft aus weitergespielt. Je nach Altersklasse sollte zudem auf Abseits geachtet werden. Nachdem das andere Team den Ball von den Gegnern erobern konnte, müssen sie noch einmal untereinander passen, um aufs Tor schießen zu dürfen. Je nach Anzahl der Spieler können außerdem mehrere Spielfelder aufgebaut und Wettbewerbe durchgeführt werden. Sollte das der Fall sein, sollte jedes Team einen Ersatzspieler haben.

Variation: Anstelle von Minitoren können jeweils drei Hütchentore mit einer Breite von drei Metern an beiden Grundlinien positioniert werden, die die Spieler dann überdribbeln müssen.

Spiele im Labyrinth

Hütchenlabyrinth

Für das Hütchenlabyrinth wird zunächst ein der Spieleranzahl entsprechendes Spielfeld abgesteckt. Innerhalb des Hütchenfeldes werden dann mehrere Hütchen beliebig aufgestellt. Je mehr Hütchen dabei zur Verfügung stehen, desto besser. Auf das Signal des Trainers dribbeln alle Spieler mit Ball am Fuß im Feld und müssen dabei darauf achten, weder die Hütchen noch ihre Mitspieler zu berühren.

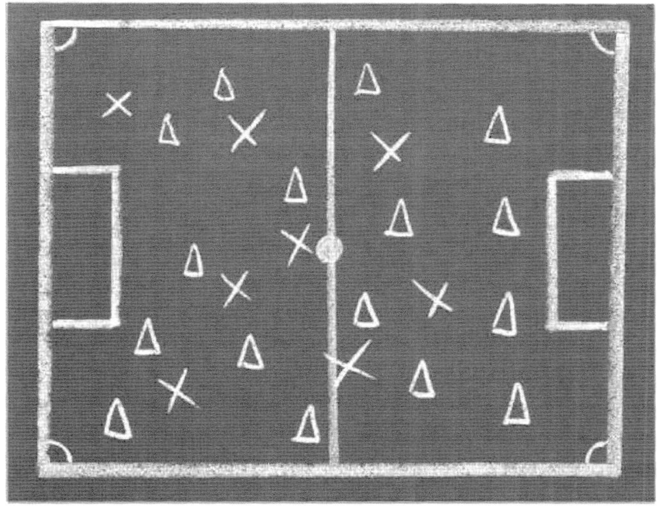

Variation 1: Die Spieler wenden, auf Zurufen des Trainers, verschiedene Dribbeltechniken an.

Variation 2: Sobald sich zwei Spieler begegnen, tauschen sie durch einen Pass ihre Bälle.

Variation 3: Sobald sich zwei Spieler begegnen, klatschen sie sich mit einer Hand ab.

Variation 4: Auf das Kommando des Trainers müssen alle Spieler mit Tempo aus dem Feld zu einem im Vorfeld festgelegten Punkt dribbeln, diesen umrunden und anschließend wieder zurück ins Feld kommen. Der Spieler, der das Hütchenfeld zuletzt erreicht, muss entweder eine Strafaufgabe erledigen oder scheidet aus der Übung aus. Der Spieler, der zuletzt übrig bleibt, gewinnt das Spiel.

Variation 5: An den Hütchen im Feld führen die Spieler Finten aus und wechseln anschließend die Richtung.

Hütchenlabyrinth mit Torabschluss

Zu Beginn der Übung werden zwei gleich große, aneinandergrenzende, längliche Spielfelder mit jeweils einem Minitor auf der hinteren Grundlinie und jeweils einem Hütchen, das als Startmarkierung dient, an der vorderen Grundlinie aufgebaut. In beiden Feldern werden außerdem beliebig (aber gleich) viele Hütchen in Form eines Labyrinths aufgebaut.

Anschließend stellt sich die Hälfte der Spieler mit Ball hinter dem linken und die andere Hälfte mit Ball hinter dem rechten Hütchen auf. Auf das Signal des Trainers dribbelt jeweils der erste Spieler in beiden Feldern mit dem Ball ins Labyrinth und versucht, dieses dabei so schnell wie möglich zu passieren und im Anschluss in das Minitor zu treffen.

Variation: Die Minitore werden von jeweils einem Torwart behütet und die Übung findet in Form eines Wettbewerbs statt. Jedes Tor ergibt dabei einen Punkt. Das Team, das am Ende die meisten Punkte hat, gewinnt das Spiel.

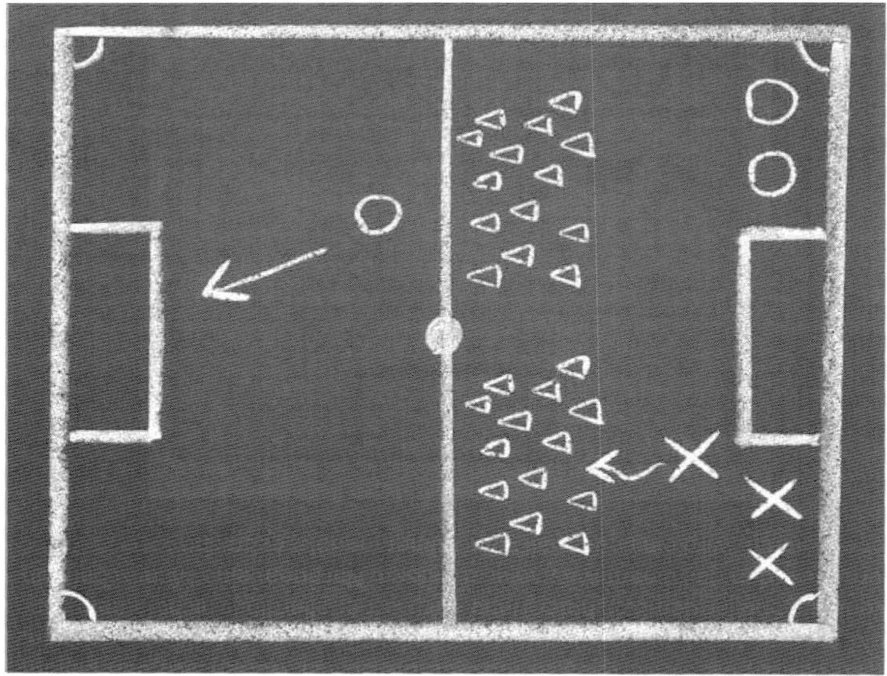

Das athletische Labyrinth

Für das athletische Labyrinth wird ein 20 x 20 Meter großes Spielfeld abgesteckt. In jeder Ecke des Feldes befinden sich Hütchen, die als Startmarkierung fungieren. Auf der linken äußeren Seite des Feldes wird eine Koordinationsleiter und auf der rechten äußeren Seite werden fünf Stangen auf den Boden gelegt bzw. kleine Hürden aufgebaut. Jeweils innerhalb des Feldes werden außerdem fünf Slalomstangen versetzt zueinander, jeweils vom Starthütchen ausgehend und zur Mitte verlaufend, aufgebaut.

Anschließend teilen sich die Spieler gleichmäßig auf die vier Starthütchen auf, wobei die Spieler an der unteren Grundlinie (Spieler A und Spieler C) jeweils einen Ball bekommen. Spieler A (linke untere Ecke) und Spieler C (rechte untere Ecke) starten zeitgleich, indem sie einige Schritte mit dem Ball dribbeln und diesen dann zum gegenüberstehenden Spieler passen. Die Passempfänger (Spieler B und Spieler D) nehmen den Ball direkt in Richtung der Slalomstangen mit und dribbeln mit beiden Füßen eng und sauber durch die Stangenreihe hindurch. Sobald Spieler B und D die Hälfte des Slalomdribblings absolviert haben, beginnt der nächste Durchgang.

Spieler B wird anschließend zu Spieler C, Spieler D zu Spieler A, Spieler A zu Spieler B und Spieler C zu Spieler D. Nachdem Spieler B und D die Slalomreihen passiert haben, dribbeln sie außerdem mit Tempo zur gegenüberliegenden Startmarkierung. Wechseln Spieler A und Spieler C mit B und D, absolviert Spieler A eine im Vorfeld festgelegte Aufgabe an der Koordinationsleiter und Spieler B eine Aufgabe an den Stangen bzw. Hürden.

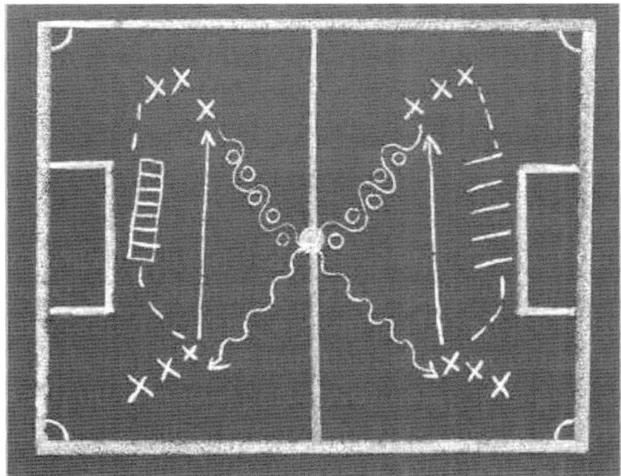

Variation: Spieler B und Spieler D lassen das Zuspiel von Spieler A und Spieler C klatschen und bekommen den Ball, durch einen Doppelpass, erneut zugespielt. Anschließend starten sie durch die Slalomreihe.

MEHRZWECKSPIELE

Fangen mit Zonen

Für das Fangen mit Zonen wird zu Beginn der Übung ein 25 x 20 Meter großes Feld abgesteckt. In der Mitte des Feldes befindet sich eine fünf Meter breite Zone. Die beiden äußeren Zonen sind jeweils zehn Meter breit. In den beiden äußeren Zonen verteilen sich nun jeweils drei Spieler pro Feld, die versuchen müssen, auf das Signal des Trainers hin in das gegenüberliegende Feld zu wechseln. In der mittleren Zone befinden sich zwei Spieler, deren Aufgabe es ist, die anderen Spieler beim Passieren der Mittelzone zu hindern und diese abzuschlagen.

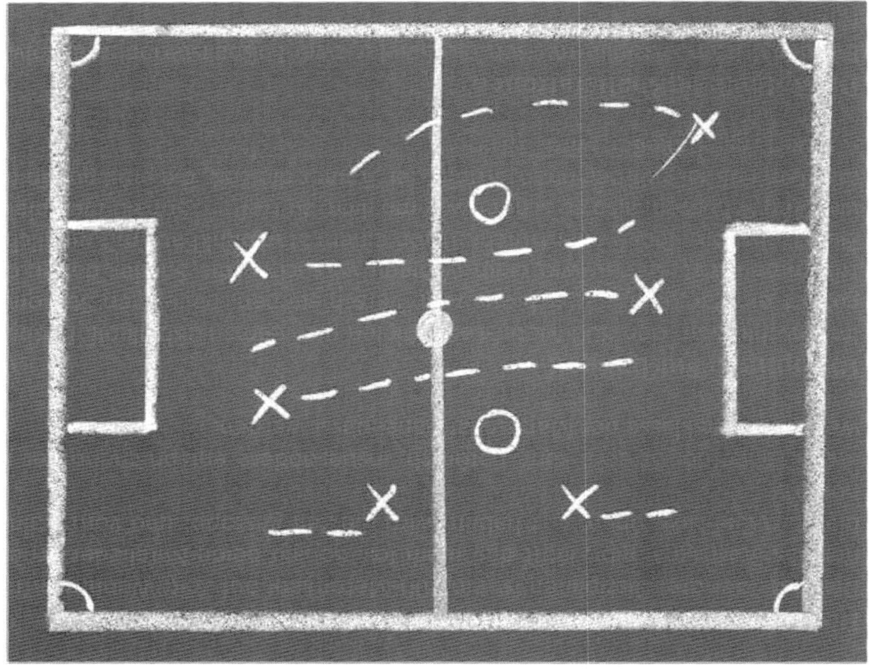

Variation 1: Es wird auf Zeit gespielt. Pro Feldwechsel gibt es einen Punkt. Der Spieler, der nach Ablauf der Zeit die meisten Punkte gesammelt hat, gewinnt das Spiel.

Variation 2: Wird ein Spieler beim Feldwechsel abgeschlagen, wechselt er in die Mittelzone und wird zum neuen Fänger.

Handball im 4 gegen 4

Zunächst wird ein 25 x 25 Meter großes Spielfeld mit jeweils einem Stangentor in der Mitte jeder Grundlinie aufgebaut. Anschließend bilden die Spieler zwei 4er-Teams, wobei jedes Team zwei Tore auf aneinander angrenzenden Grundlinien besitzt, die sie verteidigen müssen. Die Spieler werfen sich den Ball im Feld mit der Hand zu und versuchen, so viele Tore wie möglich zu erzielen. Wenn ein Spieler den Ball in der Hand hat, darf er allerdings nicht laufen, sondern muss den Ball einem Mitspieler zupassen. Nachdem eine Mannschaft ein Tor erzielt hat, wird ein neuer Ball vom Trainer ins Spiel gebracht.

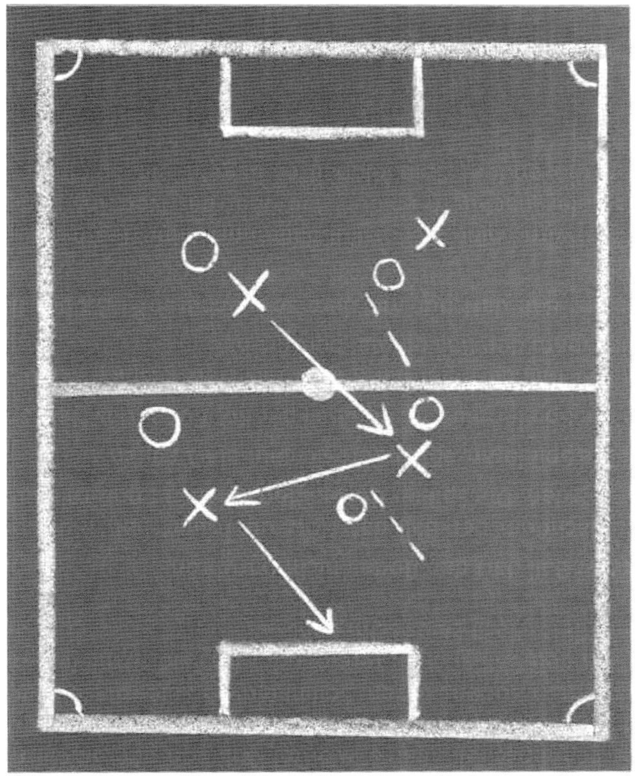

Variation: Zusätzlich zum Ball, der mit der Hand gespielt werden muss, wird ein weiterer Ball ins Spiel gebracht, der mit dem Fuß gepasst werden muss. Die Regel, dass die Spieler nicht mit dem Ball in der Hand laufen dürfen, ist aufgehoben.

Fußballtennis

Für das Fußballtennis wird zunächst ein 18 x 9 Meter großes Spielfeld abgesteckt, das in der Mitte, je nach Verfügbarkeit, durch ein Netz, eine Bank, einen Kegel oder ein Hütchen in zwei Hälften geteilt wird. Die Spieler bilden Teams à drei Spieler, wobei immer zwei Mannschaften gegeneinander antreten. Ein Spieler des ballbesitzenden Teams schießt den Ball aus der Hand in das Feld des gegnerischen Teams, wo der Ball von den Spielern wieder ins andere Feld zurückgespielt werden muss. Nach jeder Berührung darf der Ball nur einmal auf dem Boden landen. Solange die Spieler diese Regel beachten, können sie sich den Ball auch untereinander im Feld zuspielen, bevor sie ihn auf die andere Seite des Feldes schießen.

Variation 1: Der Ball darf den Boden nicht berühren.

Variation 2: Nachdem der Ball das Netz überquert hat, muss er direkt zurückgespielt werden. Die Spieler dürfen den Ball nicht untereinander spielen.

Variation 3: Die Spieleranzahl ändert sich auf ein 1 gegen 1.

Variation 4: Die Spieler müssen den Ball per Kopf über das Netz spielen.

Variation 5: Der Ball darf erst dann über das Netz gespielt werden, wenn jeder Spieler im Team den Ball einmal berührt hat.

Variation 6: Der Ball darf nur mit dem schwächeren Fuß über das Netz gespielt werden.

Variation 7: Es wird chinesisches Fußballtennis ohne Teams gespielt. Dabei läuft jeder Spieler, nachdem er den Ball über das Netz ins andere Feld gespielt hat, in die andere Spielfeldhälfte. Begeht ein Spieler einen Fehler, scheidet er aus.

Fussballtriathlon 2 gegen 2

Für den Fußballtriathlon werden die Spieler zunächst in Zweierteams eingeteilt. Anschließend treten alle Paare im 2 gegen 2 gegen ein anderes Paar an. Dabei muss jedes Team jeweils drei Disziplinen durchlaufen, die entweder zeitgleich oder zeitlich versetzt durchgeführt werden können. Das Team, das in der Summe die besten Ergebnisse erzielt hat, gewinnt den Fußballtriathlon.

Disziplin 1: 800-Meter-Lauf

Die erste der drei Disziplinen ist ein 800-Meter-Lauf auf Zeit. Wenn der Trainer das Startsignal gibt, läuft das Team los. Sobald beide Mitglieder erneut die Start-Ziel-Linie überquert haben, wird die Zeit gestoppt und vom Trainer notiert.

Die Länge der Strecke kann natürlich, insbesondere entsprechend der jeweiligen Altersklasse der Mannschaft, angepasst werden.

Disziplin 2: Fußballgolf

Im Anschluss an den 800-Meter-Lauf spielen die Teams Fußballgolf. Fußballgolf ist ein Parcours, der sich aus zehn verschiedenen, beliebigen Stationen zusammensetzt. Genau wie beim Minigolf versuchen die Spieler dabei, die Ziele (z. B. Tore, Ringe oder Hütchen) von einem Startpunkt aus mit möglichst wenigen Schüssen, also so schnell wie möglich, zu treffen. Sobald die Spieler mit dem Fußballgolf beginnen, stoppt der Trainer die Zeit, die am Ende in die Auswertung einfließen wird.

Disziplin 3: Fußballstationen

Bei der dritten Disziplin müssen die Spieler zwei Fußballstationen absolvieren.

Station 1: Balljonglieren

Beide Spieler eines Teams müssen bei der ersten Station den Ball so oft wie möglich jonglieren. Dabei können verschiedene Varianten von den Spielern abverlangt werden, zum Beispiel das Jonglieren mit beiden Beinen oder das Jonglieren nur mit dem starken oder dem schwachen Fuß. Die Ergebnisse werden vom Trainer aufgeschrieben und anschließend wird der Mittelwert aller Ergebnisse eines Teams ermittelt.

Beispielrechnung: Spieler A schafft es, den Ball zehnmal zu jonglieren. Spieler B jongliert den Ball vierzehnmal. Insgesamt hat das Paar den Ball somit 24-mal jongliert, weshalb der Mittelwert von Paar eins zwölf ist.

Station 2: Dribbelparcours
Für den Dribbelparcours werden verschiedene Hütchen, Reifen und Kegel in einer Reihe positioniert, die die Spieler dann so schnell wie möglich umdribbeln müssen.

Der Trainer notiert die Zeit, die jeder Spieler für das Absolvieren des Parcours benötigt hat. Anschließend wird erneut der Mittelwert der Ergebnisse eines Teams errechnet.

Ergebnisauswertung

Nachdem die Teams den Fußballtriathlon beendet haben, werden die Ergebnisse ausgewertet. Dafür kann der Trainer folgendermaßen vorgehen:

- **Wertungszeit** = die Summe aus der Zeit für den 800-Meter-Lauf, für das Fußballgolf und der Zeit, die das Team im Durchschnitt für den Dribbelparcours gebraucht hat
- Jonglieren: jede Sekunde beim Jonglieren ergibt jeweils eine Sekunde Zeitgutschrift

Beispielrechnung:

➔ 800-Meter-Lauf = 3 Minuten

➔ Fußballgolf = 5 Minuten

➔ Dribbelparcours = 2 Minuten

➔ Zeitgutschrift vom Jonglieren = 20 Sekunden

➔ Ergebnis = 3 Minuten + 5 Minuten + 2 Minuten - 20 Sekunden

➔ Wertungszeit = **9 Minuten und 40 Sekunden**

Die Fußballstationen fließen nicht unmittelbar in die Bewertung mit ein, sollten aber trotzdem möglichst schnell und präzise absolviert werden.

Das Team, das am Ende des Triathlons die niedrigste Wertungszeit hat, gewinnt.

Team	Lauf	Fußballgolf	Balljonglieren	Dribbelparcours	Wertungszeit	Platzierung

Mentalcoaching

Affirmationen

Affirmationen gehören zu den bedeutsamsten und effektivsten Techniken im Mentaltraining, da sie dem Unterbewusstsein eine vollkommen neue Orientierung geben.

Eine Affirmation ist ein positiv formulierter Satz, der unsere persönliche Einschätzung uns selbst gegenüber in Form von Glaubenssätzen verkörpert und als Ich-Botschaft formuliert ist.

Damit eine Affirmation zu einem mächtigen Werkzeug heranreifen kann, muss sie um die Aspekte Wiederholung und Zielfokus erweitert werden. Das bedeutet, dass Affirmationen immer mit einer klaren Richtung bzw. einem Ziel verbunden sein müssen und nicht nur einmalig formuliert werden dürfen, sondern über einen längeren Zeitraum regelmäßig wiederholt werden müssen. Erst dadurch kann sich die Affirmation nämlich in eine Denkgewohnheit verwandeln und unser Leben zum Positiven verändern.

Da Affirmationen zu den psychologisch wirkungsvollsten Werkzeugen für die persönliche Weiterentwicklung und zum Erreichen persönlicher Ziele gehören, nehmen sie natürlich auf für Fußballer einen hohen Stellenwert ein und sollten deshalb regelmäßig praktiziert werden. Jeder Spieler kann natürlich seine eigenen, ganz individuellen Affirmationen kreieren. Die folgenden Ideen können dabei aber als Inspiration dienen:

- *„Ich bin der beste Stürmer auf dem Spielfeld und schieße im Spiel am Sonntag das entscheidende Tor."*
- *„Durch meine super ausgeprägte Spielintelligenz kann ich die Spielzüge meiner Gegner voraussagen, die Räume dementsprechend zustellen und verhindern, dass irgendwer hinter unsere Abwehrkette kommt."*
- *„Ich bin ein unschlagbarer Torwart, fange jeden Ball und halte dadurch die 0 sicher."*
- *„Im Schießen von Freistößen bin ich der Beste."*
- *„Ich bin ein absoluter Führungsspieler."*
- *„Ich bin ein ganz sicherer Elfmeterschütze."*
- *„Meine Technik ist super, meine Sicherheit am Ball hoch und mein Passspiel hervorragend."*
- *„Der Fußball, den ich spiele, wird mit jeder Trainingseinheit besser."*
- *„Ich glaube an mich und werde meiner Mannschaft zum Sieg verhelfen."*

Visualisierung

Für den fußballerischen Erfolg ist es wichtig, die Erlebnisse auf dem Spielfeld und die persönlichen Wunschvorstellungen beim Fußball zu visualisieren.

Bei der Visualisierung werden **Ideen, Ziele, Ereignisse und der Weg dorthin** für sich selbst sowie für andere sichtbar gemacht. Ziel der Visualisierung ist es, ein eindeutiges und gedankliches Bild davon zu bekommen, **wie ein persönliches Ziel erreicht** werden und diesem somit nähergekommen werden **soll.**

Erfolgreiche Erinnerung visualisieren

Bei dieser Visualisierungsübung zeichnen die Spieler deshalb ein Bild von einer erfolgreichen Erinnerung in ihren Gedanken. Dadurch trainieren sie nicht nur ihre Konzentrations- und Visualisierungsfähigkeit, sondern auch eine positive Erinnerung bzw. eine positive Vorstellung selbst, die ihnen die Angst bei der tatsächlichen Situation nimmt und zeitgleich die Chancen erhöht, dass die Situation zum wiederholten Mal eintritt bzw. dass die persönliche Wunschvorstellung wahr wird.

Für die Visualisierung sollten sich die Spieler, jeder für sich, ausreichend Zeit nehmen und sich dabei einen Zeitpunkt aussuchen, bei dem sie möglichst gar nicht gestört oder abgelenkt werden können, zum Beispiel der frühe Morgen oder am Abend im Bett.

Um ein Bild in Gedanken zu zeichnen, setzen bzw. legen sich die Spieler bequem hin, schließen ihre Augen und beginnen anschließend, eine weiße Wand vor dem inneren Auge zu visualisieren. Die Farben und Pinsel, die zum Bemalen der Wand benötigt werden, können gedanklich einfach direkt daneben platziert werden. Die Aufgabe der Kinder liegt nun darin, die visualisierte Wand in Gedanken zu bemalen. Die Aufmerksamkeit liegt dabei sowohl auf der imaginären Leinwand als auch auf dem Bild, das die Spieler darauf abbilden wollen. Der Torwart der Mannschaft kann auf seine Leinwand zum Beispiel zeichnen, wie er einen entscheidenden Elfmeter hält oder den Ball in letzter Sekunde auf der Torlinie stoppt. Ein Stürmer könnte hingegen malen, wie er den Ball nach einem Eckstoß ins Tor köpft oder den Gegner mit einer zauberhaften Finte im Strafraum austanzt. Wichtig ist, dass das gemalte Bild der Kinder dabei immer den optimalen Ausgang der Situation zeichnet.

Kopfkino

Wenn der Stress der vergangenen Stunden am Ende des Tages allmählich zu verfliegen beginnt und sich die Spieler vielleicht sogar bereits auf das nächste Training oder das nächste Spiel mental einstellen und vorbereiten, können die positiven Erlebnisse der vergangenen Stunden ideal vor dem Schlafengehen in einer Art Kopfkino vor dem inneren Auge abgespielt werden. Der eigene, persönliche Kinofilm kann dabei zum Beispiel tolle und ausgeklügelte Spielzüge, Traumtore, die Umsetzung eines taktischen Plans, das gemeinsame Jubeln mit dem Team oder das Lob des Trainers beinhalten. Durch das Wiederaufleben positiver Ereignisse zielt das Kopfkino darauf ab, Ängste und Zweifel der Spieler abzubauen und ihnen den Rücken zu stärken, damit sie mutig neue Aufgaben beschreiten können. Außerdem festigen sich die positiven Momente der Spieler, da sie diese immer wieder gedanklich durchleben können. Zudem schult regelmäßiges Kopfkino die Vorstellungskraft, was den Spielern in der Folge auf dem Feld hilft, im Spiel schnell umzuschalten und die Konsequenzen eigener Handlungen und Aktionen besser absehen zu können.

Fußballintelligenz fördern

SPIELE FÜR MINIFUSSBALL

3 gegen 3 auf vier Tore

Für das 3 gegen 3 auf vier Tore werden zunächst vier 20 bis 25 Meter breite und 32 Meter lange Spielfelder mit zwei sechs Meter langen Schusszonen abgesteckt, an dessen Grundlinien jeweils zwei Minitore (ohne Torhüter) aufgebaut werden. Die Spieler teilen sich in acht Teams à drei Spieler auf, wobei sich jedes Team im Idealfall aus acht Spielern zusammensetzt, damit untereinander gewechselt werden kann. Die Spielzeit beträgt zehn Minuten, wobei auf allen Spielfeldern parallel gespielt wird. Anschließend wechseln die Teams so die Felder, dass jede Mannschaft mindestens einmal gegen jede andere Mannschaft gespielt hat. Das Team, das am Ende die meisten Siege erzielt hat, gewinnt den Minifußballwettbewerb.

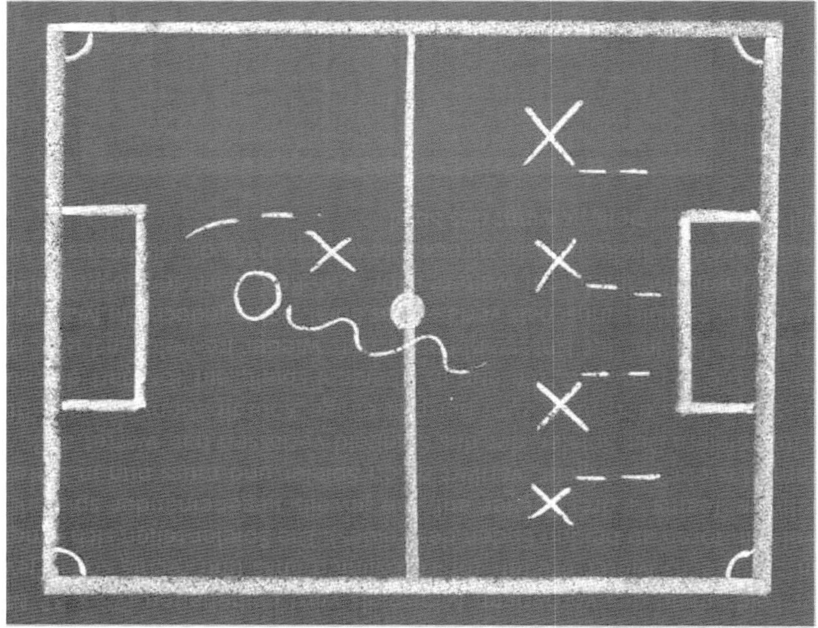

Regeln: Tore sind nur dann gültig, wenn sich die Torschützen beim Abschluss jeweils innerhalb der dafür vorgesehenen Schusszone befinden. Die Mannschaft, die ein Gegentor bekommen hat, dribbelt anschließend von der eigenen Torauslinie wieder ins Spielfeld. Die Mannschaft, die das Tor erzielte, wartet dabei so lange hinter der Mittelinie, bis sich der gegnerische ballführende Spieler nicht mehr in seiner eigenen Schusszone befindet. Die gleiche Regel gilt außerdem bei Torabstoß. Landet der Ball im Seitenaus, wird er entweder durch Dribbling oder mit einem Pass wieder zurück ins Spiel gebracht. Währenddessen müssen alle Gegenspieler mindestens drei Meter vom ballführenden Spieler entfernt sein. Eckbälle werden durch einen Einwurf auf Höhe der Schusszone ausgeführt, wobei der Abstand vom Gegner mindestens zwei Meter betragen muss. Wenn eine Mannschaft mit drei Toren zurückliegt, darf ein vierter Spieler dazukommen. Das Überzahlspiel bleibt dann bis zum Ausgleich bestehen.

Variation 1: Ein Tor ist erst dann gültig, wenn jeder Spieler beim Angriff mindestens einmal den Ball berührt hat.

Variation 2: Ein Tor ist nur dann gültig, wenn sich ein Spieler des Teams bei eigenem Torerfolg zur Absicherung (im Falle eines Gegenkonters) in der eigenen Schusszone, also der Zone in der eigenen Hälfte, befindet.

Schnelles Umschalten

Für das schnelle Umschalten wird ein 25 Meter langes und 32 Meter breites Feld mit zwei sechs Meter breiten Torschusslinien links und rechts sowie jeweils zwei Minitoren an beiden Enden des Feldes aufgebaut. Die Spieler teilen sich in mehrere Teams à drei Spieler auf. Außerdem werden neun Bälle in der Mitte des Feldes platziert. Ein 3er-Team, das die verteidigende Mannschaft stellt, verteilt sich in einem Abstand von fünf Metern zu den Bällen im Feld. Das angreifende Team verteilt sich an der Seitenlinie. Anschließend läuft der erste Angreifer ins Feld und versucht, mit einem der in der Mitte liegenden Bällen auf eines der vier Minitore zu treffen. Im Anschluss läuft er zum Startpunkt zurück und beginnt einen neuen Durchgang. Nach drei Durchgängen ist der nächste Angreifer an der Reihe. Sobald alle Angreifer jeweils drei Durchgänge absolviert haben, wechseln Verteidiger und Angreifer Aufgabe und Position.

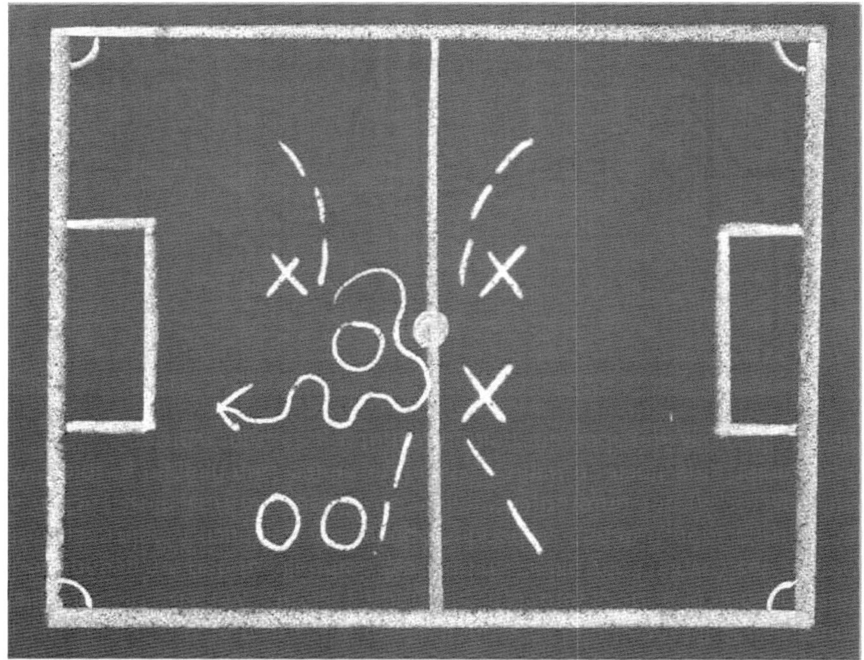

Ballhalten im 3 gegen 2

Der Feldaufbau des vorherigen Minispiels wird beibehalten (25 x 32 Meter mit zwei sechs Meter breiten Torschusslinien links und rechts sowie jeweils zwei Minitoren an beiden Enden des Feldes). Die Spieler teilen sich erneut in mehrere Teams à drei Spieler auf, die jeweils gegeneinander spielen. Das Team, das ein Tor schießt, verliert einen Spieler und muss nun in Unterzahl weiterspielen. Der Spieler, der das Spielfeld verlassen hat, wartet außerhalb des Spielfeldes und führt zum Beispiel einige Koordinationsübungen durch. Schießt die Mannschaft, die nun in Überzahl spielt, ein Tor, darf der ausgeschiedene Spieler der Unterzahlmannschaft wieder ins Feld und ein Spieler aus der Überzahlmannschaft verlässt das Spiel. Sollte jedoch die Mannschaft, die in Unterzahl spielt, ein weiteres Tor schießen, darf der ausgeschiedene Spieler wieder direkt ins Feld zurück. Die Mannschaft, die als Erstes in Unterzahl zwei Tore erzielt, gewinnt das Spiel.

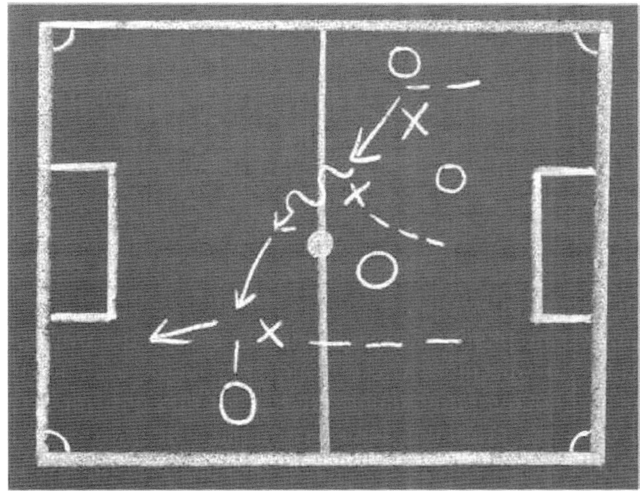

Variation 1: Ein Spieler jeder Mannschaft muss jeweils in der eigenen Schusszone bleiben. Trotz Bedrängung durch die Gegner muss jedes Team versuchen, den Ball für fünf Sekunden im eigenen Besitz zu haben. Wenn ihnen das gelingt, bekommen sie das Angriffsrecht und dürfen mit allen drei Spielern gleichzeitig angreifen. Sollte das Team den Ball jedoch verlieren, liegt das Angriffsrecht bei der ballerobernden Mannschaft, die nun auf dieselbe Weise fortfahren darf.

Variation 1a: Anstatt den Ballbesitz fünf Sekunden lang auszuspielen, müssen die Spieler fünf Pässe mit dem schwächeren Fuß, drei hohe Anspiele untereinander oder drei Zuspiele über eine Distanz von fünf Meter spielen.

TORWARTSPIELE UND TORWART-DEKATHLON

Torschuss-Rundlauf

Für den Torschuss-Rundlauf wird zunächst ein Spielfeld mit zwei großen gegenüberstehenden Toren und jeweils einem Torhüter aufgebaut. Anschließend teilen sich die Feldspieler in zwei Gruppen auf und verteilen sich gleichmäßig an zwei gegenüberliegenden Eckpunkten. Der Torwart im hinteren Tor nimmt nun einen Ball zur Hand und rollt diesen flach in den Lauf eines am hinteren Eckpunkt postierten Spielers. Dieser Spieler läuft los, nimmt den Ball im Lauf mit und spielt dann einen möglichst präzisen Flugball zum Torwart im anderen Tor. Der Torwart fängt den Flugball mit den Händen und rollt diesen dem am Eckpunkt seiner Grundlinie postierten Spieler in den Lauf, der auf das gegenüberliegende Tor schießt und den Torwart des hinteren Tors prüft. Im Anschluss rücken alle Feldspieler eine Position weiter. Nachdem einige Durchgänge gespielt wurden, sollten die Aufgaben der beiden Torhüter getauscht werden.

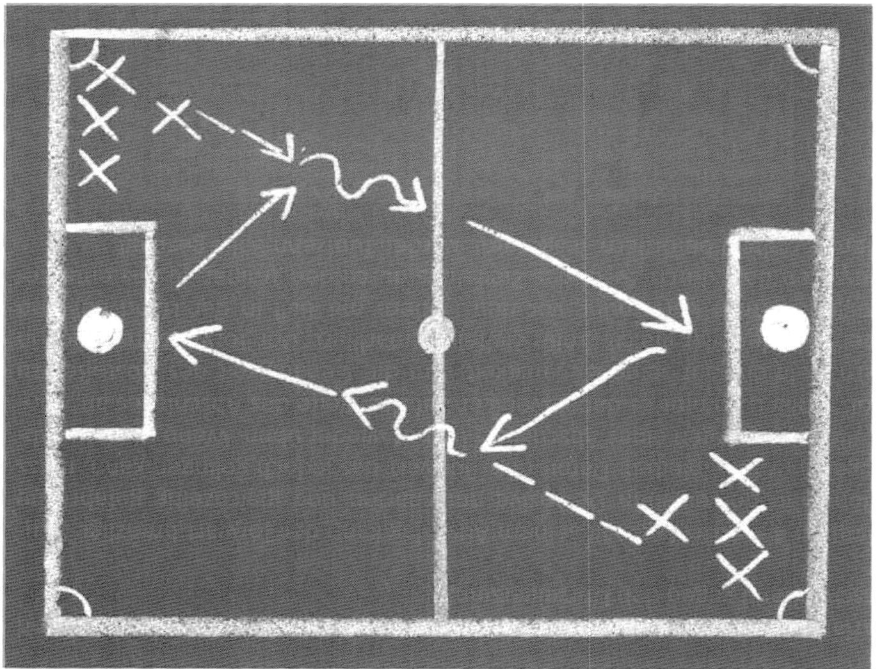

Pendel-Torschuss

Der Grundaufbau des Torschuss-Rundlaufs wird beibehalten. Zusätzlich wird etwa auf Höhe des jeweils äußeren rechten Punktes beider Strafräume ein Positionshütchen aufgestellt. Der erste Spieler der hinteren Torlinie wirft nun den Ball in Form eines Einwurfes vor das Tor des hinteren Torhüters. Dieser muss den Ball fangen und so schnell wie möglich zum ersten Spieler, der am Positionshütchen des vorderen Strafraums steht, werfen. Dieser Spieler nimmt das Zuspiel kontrolliert an und legt den Ball auf den am gegenüberliegenden Positionshütchen stehenden Spieler ab, der nach Möglichkeit direkt auf das Tor an der unteren Grundlinie abschließt. Im Anschluss rücken alle Feldspieler eine Position weiter. Nachdem einige Durchgänge gespielt wurden, sollten die Aufgaben der beiden Torhüter getauscht werden.

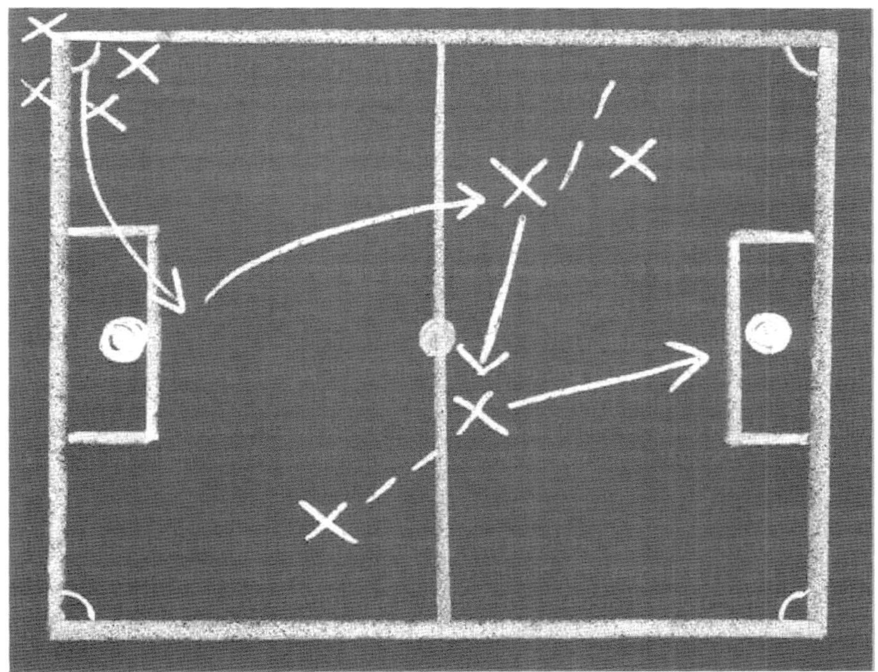

Torwart-Dekathlon

Beim Torwart-Dekathlon werden, durch zehn verschiedene Disziplinen mit jeweils anderen Schwerpunkten, wichtige Grundlagen und Fertigkeiten des Torhüters geschult. Wenn es mehr als nur einen Torhüter in der Mannschaft gibt, kann der Torwart-Dekathlon natürlich auch als kleiner Wettbewerb unter den Keepern durchgeführt werden. Dann können die Ergebnisse der jeweiligen Disziplinen festgehalten und am Ende des Dekathlons ausgewertet werden.

Disziplin 1 – 400-Meter-Lauf: Die erste der zehn Disziplinen ist ein 400-Meter-Lauf auf Zeit. Wenn der Trainer das Startsignal gibt, läuft der Torwart los. Sobald er die Ziellinie überquert hat, wird die Zeit gestoppt und vom Trainer notiert. Die Länge der Strecke kann natürlich, insbesondere entsprechend der jeweiligen Altersklasse der Mannschaft, angepasst werden.

Disziplin 2 – Mobility: Bevor der Torwart zu den fußballspezifischen Übungen übergeht, sollten drei vorbereitende Übungen zur Mobility durchgeführt werden. Die erste Übung wird 60 Sekunden und die zweite sowie die dritte Übung jeweils 30 Sekunden lang ausgeführt. Insgesamt sollten drei Runden mit jeweils einer Minute Pause nach der dritten Übung durchgeführt werden.

Übung 1: Beinschwingen (Kapitel „Mobilisierung")

Übung 2: Ausfallschritt & Oberkörperrotation mit Ball (Kapitel „Mobilisierung")

Übung 3: Tiefe Kniebeuge (Kapitel „Mobilisierung")

Disziplin 3 – Richtungswechsel: Bei der dritten Disziplin wird der schnelle Richtungswechsel des Torhüters trainiert. Dafür stellt sich der Torwart auf der Torlinie auf. Vor ihm werden zwei Hütchen hintereinander positioniert. Ein weiterer Spieler steht außerdem mit Ball auf Höhe des Elfmeterpunktes. Der Torwart umkreist nun die Hütchen, wobei er den Blick immer auf den vor ihm liegenden Ball richtet. Nachdem der Torhüter beide Hütchen umkreist hat, schießt der zweite Spieler den Ball aufs Tor, der vom Torwart pariert werden muss.

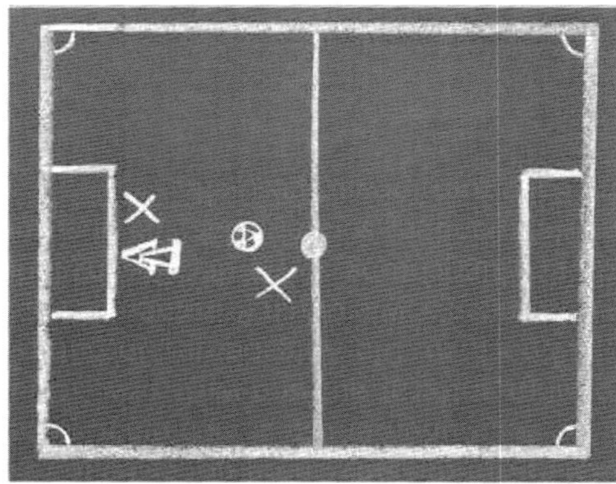

Variation 1: Der Torwart muss drei oder vier Hütchen umrunden.

Variation 2: Die Hütchen müssen gegen den Uhrzeigersinn umrundet werden.

Variation 3: Der Torwart umrundet die Hütchen erst im Uhrzeigersinn und anschließend gegen den Uhrzeigersinn.

Disziplin 4 – Abschlag: Mit seinem Abschlag kann der Torwart brenzlige Situationen in der eigenen Defensive entschärfen und gleichzeitig gefährliche Gegenangriffe einleiten. Damit dem Torwart das jedoch gelingen kann, muss er die Bewegungen eines Abschlages immer wieder üben. Wenn er einen Abstoß schlägt, kommt es dabei weniger auf die Weite des Abschlages an, sondern vielmehr auf seine Genauigkeit. Um die Genauigkeit des Abstoßes zu üben, werden vier gleich große Zielfelder markiert. Der Torwart stellt sich in einigen Metern Entfernung vor den Feldern mit Ball in der Hand auf und muss den Ball, durch Zuruf des Zielfeldes durch den Trainer, in das entsprechende Zielfeld befördern. Insgesamt werden fünfzehn Bälle gespielt.

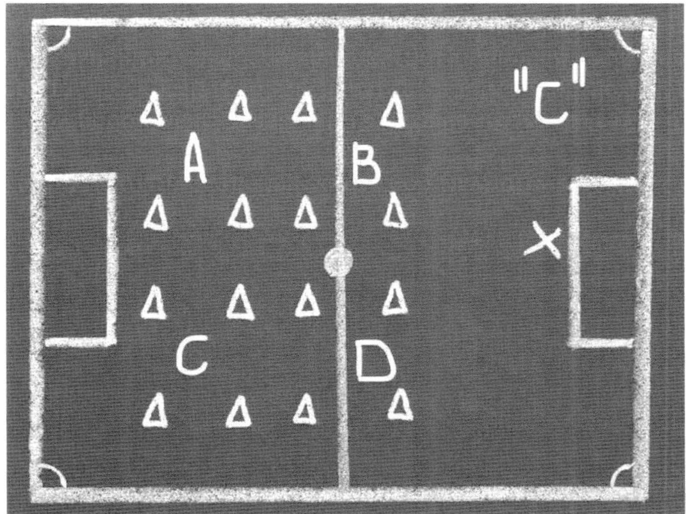

Variation 1: In den Zielfeldern stehen Spieler, die den Ball annehmen und kontrollieren müssen.

Variation 2: Der Ball wird per Dropkick in die Felder geschossen oder geworfen.

Disziplin 5 – Reaktionsschnelligkeit 1: Der Torwart steht dem Tor zugewandt. Auf das Signal des Trainers dreht er sich so schnell wie möglich um und sichert den Ball, den der Trainer im gleichen Atemzug flach, halbhoch oder hoch, scharf oder schwach, präzise oder unpräzise aufs Tor schießt. Dabei sollte der zeitliche Abstand zwischen Signal und Schuss dem Leistungsniveau und der Altersklasse des Torwarts angepasst werden. Schärfe und Intensität der Schüsse sollten außerdem erst im Laufe der Übung erhöht werden. Insgesamt werden zwanzig Bälle gespielt.

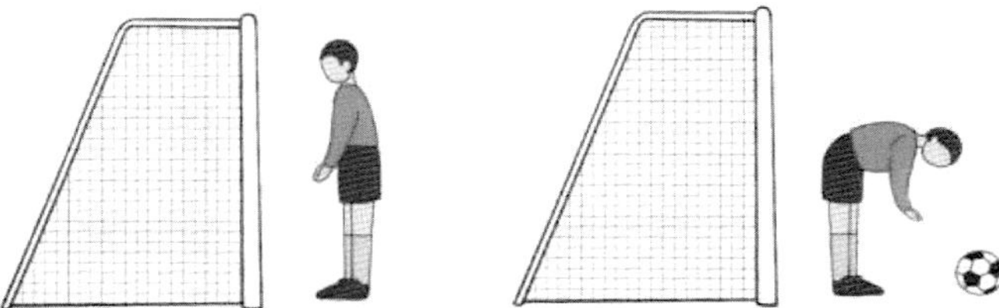

Variation 1: Wenn der Torwart den Schuss gehalten hat, rollt er den Ball ab.

Disziplin 6 – Reaktionsschnelligkeit 2: Bei dieser Billardübung wird die Reaktionsschnelligkeit des Torhüters geschult. Dafür stellt er sich im Tor auf. Vor ihm werden zwei Ballreihen mit ganz vielen Bällen aufgebaut. Hinter den Ballreihen steht der Trainer, der den ersten Ball aufs Tor schießt. Dabei fliegt der Ball entweder direkt aufs Tor zu oder stößt einen anderen Ball aus der ersten Reihe an, der dann weiter in die Richtung des Tores gestoßen wird. Die Aufgabe des Torwarts ist es nun, wahrzunehmen, welcher Ball aufs Tor kommt und bei sämtlichen auf das Tor fliegenden Bällen zu verhindern, dass sie die Torlinie passieren. Sobald alle Bälle aufs Tor geschossen wurden, ist der Durchgang beendet.

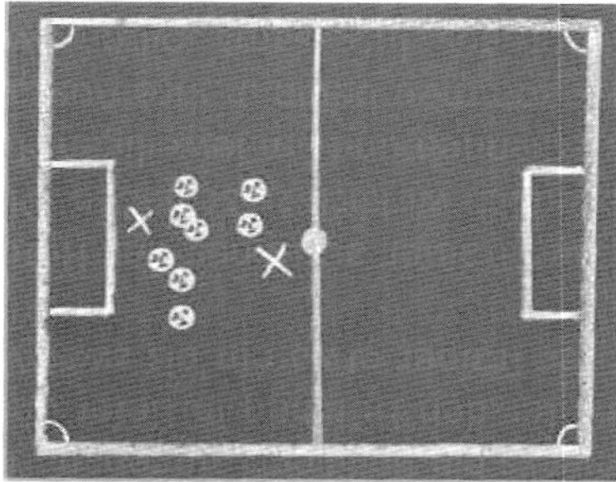

Variation 1: Der Torhüter steht mit dem Rücken zum Trainer und dreht sich erst auf dessen Zurufe um.

Disziplin 7 – Hohe Bälle: Um das Abwehren hoher Bälle zu trainieren, stellt sich der Torwart im Tor auf. Außerdem stellt sich einer seiner Mitspieler mit Ball einige Meter von ihm entfernt auf und wirft bzw. schießt dem Torwart die Bälle hoch und halbhoch zu. Die Aufgabe des Torhüters ist es nun, den Ball durch leichte Berührungen sowie durch Pritschen des Balles über das Tor zu lenken. Aufgrund der Flugrichtung sowie der Geschwindigkeit des Balles wird dieser nicht im Netz landen, sondern das Tor überqueren. Insgesamt werden zwanzig hohe Bälle zum Torwart gespielt.

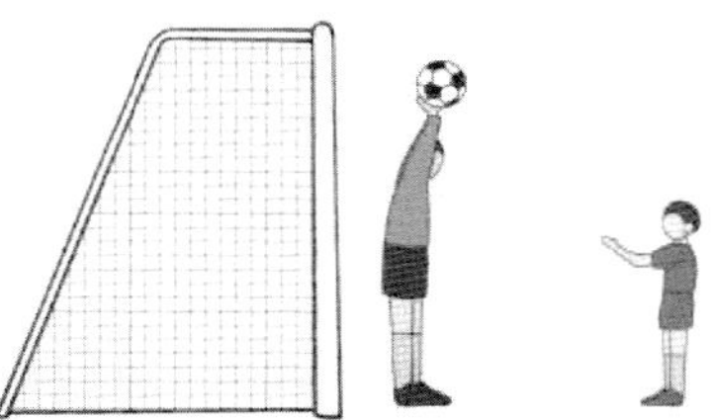

Variation 1: Die Entfernung zum Torwart wird vergrößert.

Variation 2: Die Ballgeschwindigkeit wird erhöht. Der Mitspieler schließt per Torschuss aufs Tor ab.

Disziplin 8 – Doppelsprung: Beim Doppelsprung bewegt sich der Torhüter vom rechten Torpfosten zu einem wenige Meter vor ihm stehenden Hütchen, das er mit seiner Hand berührt, um anschließend rückwärts zur Torlinie zurückzulaufen. Während der Torwart das Hütchen berührt, wirft ein anderer Spieler einen Ball in den Lauf des Torwarts, der den zugeworfenen Ball im Sprung fangen muss. Wenn der Torwart den Ball gefangen hat, wirft er diesem zum Spieler zurück. Anschließend wirft dieser den Ball direkt hoch und lang in die lange Torecke. Ziel des Torwarts ist es nun, auch diesen zweiten Ball in der Luft zu fangen. Im Anschluss läuft er zur Ausgangsposition zurück und wirft den Ball erneut zum Zuspieler zurück und beendet damit den Durchgang. Insgesamt werden zehn Durchgänge ausgeführt.

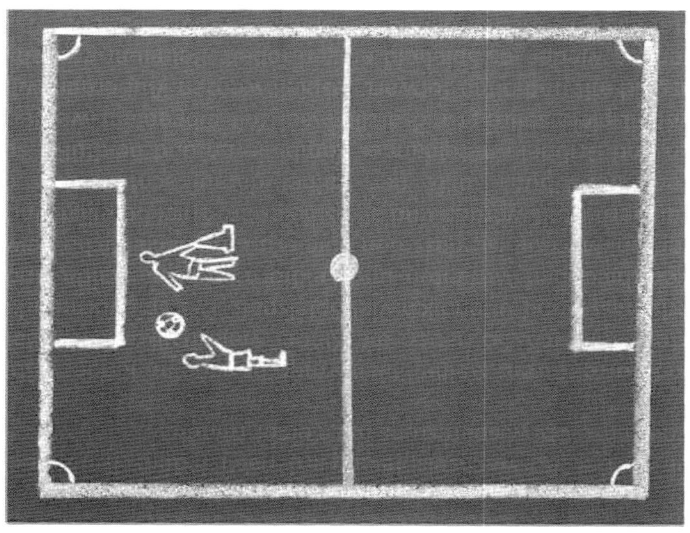

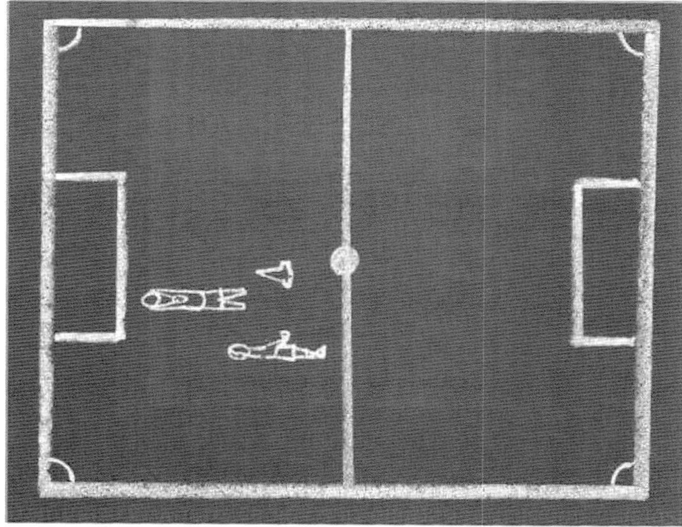

Disziplin 9 – Blocken: Für die Disziplin des Blockens begibt sich der Torwart ins Tor. Vor ihm wird eine 1,5 Meter lange Reihe mit vier verschiedenfarbigen Hütchen, auf denen jeweils ein Ball liegt, aufgebaut. Der Torhüter steht etwa einen halben Meter hinter den Hütchen in tiefer und beweglicher Position. Außerdem stellt sich der Trainer etwa ein bis zwei Meter von der Hütchenreihe entfernt auf.

Anschließend läuft der Trainer auf eines der Hütchen zu und holt dabei zum Schuss aus, ohne jedoch wirklich zu schießen. Die Aufgabe des Torwarts ist es, die Situation zu erkennen und am jeweiligen Hütchen einen Block auszuführen. Im Anschluss kommen beide in ihre Ausgangsposition zurück und führen die nächste Aktion aus. Insgesamt sollten zwei bis drei Hütchen pro Durchgang angelaufen werden. Nach drei Durchgängen wird zur nächsten Disziplin gewechselt.

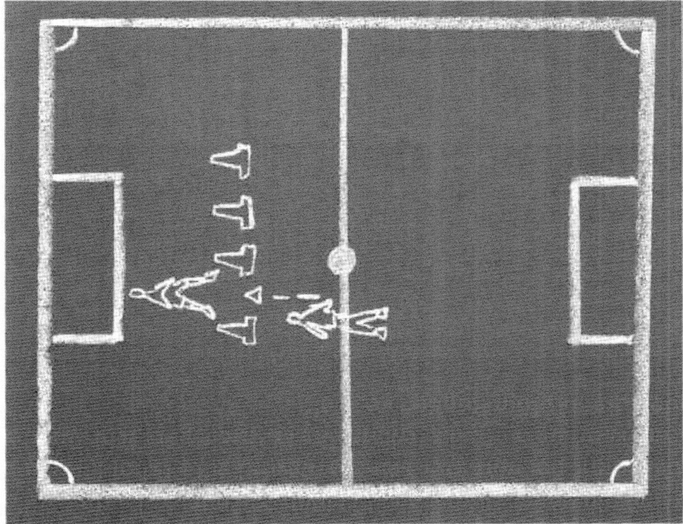

Variation 1: Der Trainer schließt aufs Tor ab, wobei der Torhüter die entsprechende Blocktechnik seiner Wahl einsetzt.

Disziplin 10 – Ballmagazin: Für die Disziplin Ballmagazin stellt sich der Torhüter im Tor auf. Links neben dem Tor werden fünf Bälle platziert und auf Höhe des Elfmeterpunktes steht ein weiterer Spieler. Der Torhüter läuft nun zum ersten Ball und spielt diesen direkt seinem Anspieler zu, der den Ball direkt in die rechte Ecke des Tores schießen muss. Die Aufgabe des Torhüters ist es dabei, nach seinem Zuspiel so schnell wie möglich in die rechte Ecke des Tores zu sprinten und den Ball abzuwehren. Damit der Torwart überhaupt eine Chance hat, den Ball abzuwehren, sollte der Schwierigkeitsgrad der Übung langsam gesteigert werden.

Wenn der Torhüter den ersten Ball pariert hat, läuft er zum zweiten Ball in der Reihe und ein neuer Durchgang beginnt. Nachdem alle fünf Bälle gespielt werden, bekommt der Torhüter seine wohlverdiente Erholungspause. In der Zwischenzeit können die Bälle wieder in Position gebracht werden. Insgesamt werden drei bis fünf Runden gespielt.

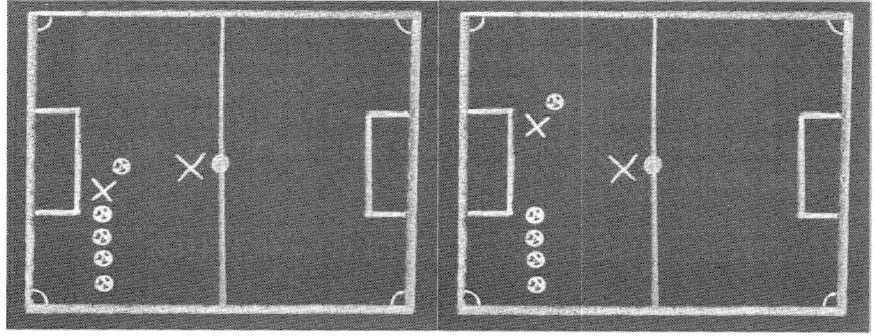

Variation 1: Es werden weitere Bälle in die Reihe gelegt.

Variation 2: Die Bälle werden rechts neben dem Tor aufgereiht, sodass in die linke Ecke des Tores geschossen wird.

Variation 3: Der Torwart muss die Bälle fangen und diese anschließend zum Zuspieler zurückspielen, der direkt aufs Tor abschließt.

Vereinfachte Spiele 3 gegen 3 mit Korrekturspielen

3 gegen 3 im Kreis

In einem Kreis mit rund fünfzehn Metern Durchmesser werden auf den Außenlinien vier Minitore aufgebaut. Die Spieler teilen sich in zwei Teams à drei Spieler auf und verteilen sich im Feld. Außerdem hat jedes Team einen Auswechselspieler, der sich außerhalb des Feldes zum Wechseln bereithält. Jedes Team greift auf zwei Minitore an und verteidigt zeitgleich die beiden eigenen Tore.

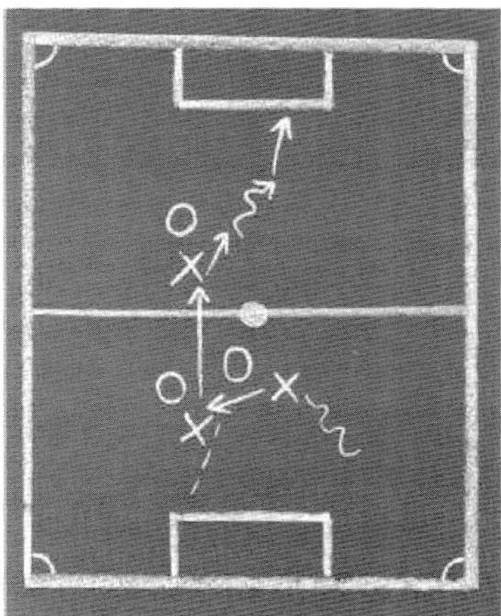

Variation 1: Der Auswechselspieler wird nach jedem Treffer des eigenen Teams gewechselt bzw. spätestens nach einer Minute.

Tipps und Korrekturen: Kleine Spielformen bringen im Kinderfußball zahlreiche Vorteile mit sich. So haben die Kinder viele Ballkontakte, Ballaktionen, Erfolgserlebnisse und unendlich viel Spielspaß. Die Spielformen können dabei in verschiedenen Varianten und Feldformen ausgestaltet und durchgeführt werden. Wichtig ist, dass den Spielern unterschiedliche Bewegungserfahrungen vermittelt werden und alle Spieler am Spiel beteiligt sind.

Während der Übung sollte der Trainer darauf achten, dass die Kinder Schießen und Dribbeln miteinander kombinieren und beidfüßig spielen. Für freie Fußballspiele sollte grundsätzlich viel Zeit eingeplant werden. Es sollte abwechselnd mit und ohne Torwart gespielt werden. Außerdem wird der Ball bei Seitenaus wieder ins Spielfeld eingedribbelt. Bei einer großen Spieleranzahl bietet es sich zudem an, mehrere Spielfelder aufzubauen.

3 gegen 3 mit Dribbeltoren

Für das 3 gegen 3 mit Dribbeltoren wird zunächst ein 20 x 15 Meter großes Spielfeld abgesteckt, das auf jeder Grundlinie zwei Dribbeltore à zwei Meter hat. Außerdem wird etwa zwei Meter hinter beiden Grundlinien jeweils ein Starthütchen aufgebaut. Die Spieler teilen sich nun in zwei Mannschaften à drei Spieler auf. Der erste Spieler von Team A stellt sich am hinteren Starthütchen auf. Der zweite Spieler von Team A positioniert sich etwa zwei Meter hinter der Mittellinie und der dritte Spieler an der unteren Grundlinie. Der erste Spieler von Team B stellt sich am vorderen Starthütchen auf, der zweite Spieler von Team B etwa zwei Meter vor der Mittellinie und der dritte Spieler an der oberen Grundlinie.

Der Trainer stellt sich auf Höhe der Mittellinie außerhalb des Feldes auf und passt den Ball zu einem der beiden Spieler, die an der Grundlinie stehen, und bestimmt somit das Team, das zuerst angreift. Spielt der Trainer den Ball zum Beispiel zum dritten Spieler von Team B, der an der oberen Grundlinie steht, ist Team B zuerst das angreifende Team und Team A das verteidigende. Die Angreifer, also die Spieler an den beiden Grundlinien, spielen mit ihren Mitspielern jeweils auf die gegenüberliegenden Dribbeltore. Das verteidigende Team kann, nach Balleroberung, auf die beiden anderen Dribbeltore kontern.

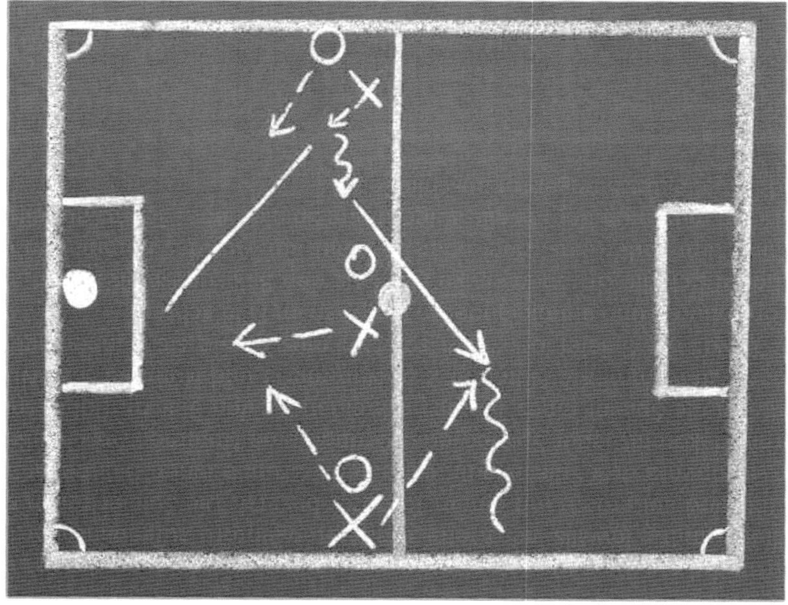

Tipps und Korrekturen: Genau wie beim 3 gegen 3 im Kreis ist es auch beim 3 gegen 3 mit Dribbeltoren wichtig, dass den Spielern unterschiedliche Bewegungserfahrungen vermittelt werden und alle Spieler am Spiel beteiligt sind.

Während der Übung sollte der Trainer darauf achten, dass die Kinder den Blick nach oben richten, in die freien Räume starten, miteinander kommunizieren, Laufwege anzeigen, Passen und Dribbeln miteinander kombinieren und beidfüßig spielen. Außerdem sollte der Trainer seine Spieler immer wieder darauf hinweisen, dass das angreifende Team sein, aufgrund des verspäteten Startens des am Starthütchen stehenden Verteidigers, kurzes Überzahlspiel ausnutzen und möglichst schnell vertikal spielen sollte. Zudem ist es wichtig, dass die Verteidiger das Spiel eng machen und die Angreifer beide Seiten tief besetzen.

Bei einer großen Spieleranzahl bietet es sich zudem an, mehrere Spielfelder aufzubauen.

Spiele für grundlegende Fertig- und Fähigkeiten

Koordinationssprint

Für den Koordinationssprint wird im ersten Schritt ein 25 x 20 Meter großes Spielfeld mit zwei Toren inklusive Torhütern und einer Mittellinie errichtet. An den Ecken wird jeweils ein Starthütchen aufgebaut. Außerdem wird vor jedem Starthütchen ein Parcours aus vier am Boden liegenden Stangen errichtet. Anschließend teilen sich die Spieler gleichmäßig in vier Gruppen auf und stellen sich jeweils hinter den Startmarkierungen auf. Zudem werden zwei Anspieler benannt, die sich jeweils mit Ball neben beiden Toren aufstellen.

Auf das Kommando des Trainers durchlaufen die ersten beiden Spieler der unteren Grundlinie ihren Stangenparcours mit vorgegebener Lauftechnik, zum Beispiel per Sidestep, und sprinten im Anschluss zur Mittellinie. Der Spieler, der als Erstes die Mittellinie überläuft, erhält vom Anspieler ein Zuspiel, das er aufs Tor abschließt. Anschließend stellen sich beide Spieler bei einer anderen Gruppe an. Im nächsten Durchlauf beginnen die Spieler der oberen Grundlinie. Die Anspieler werden nach drei Minuten gewechselt.

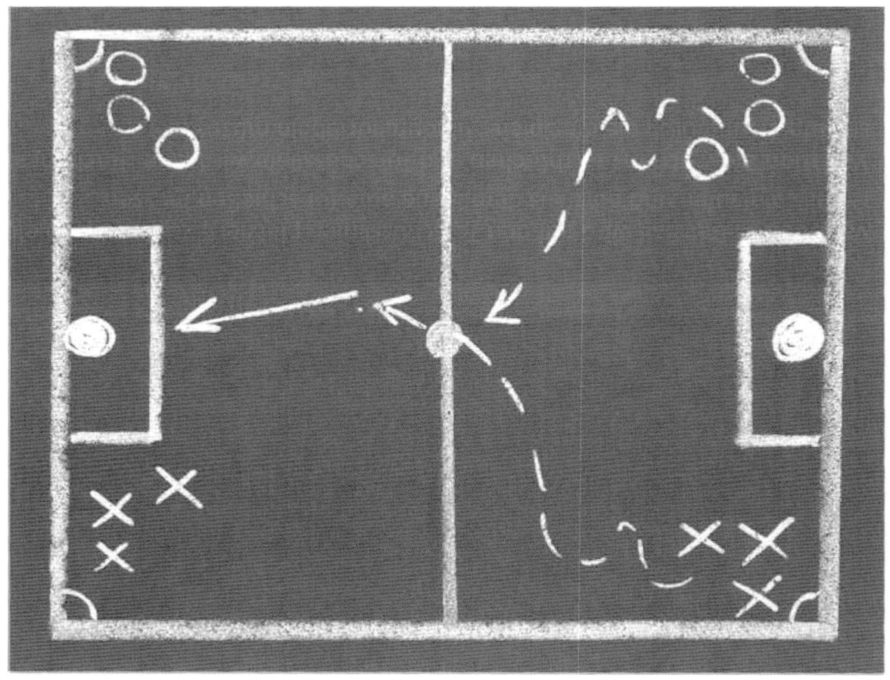

Variation 1: Das Zuspiel vom Anspieler erfolgt per Einwurf. Der Torschütze muss den Ball zunächst annehmen, zum Beispiel mit dem Fuß, dem Knie oder der Brust, und darf erst dann aufs Tor abschließen.

Variation 2: Der Torschütze muss direkt aufs Tor abschließen.

Variation 3: Der Torschütze muss per direktem Kopfball aufs Tor abschließen.

Variation 4: Der Ball wird an der Mittellinie platziert. Sobald der Spieler den Stangenparcours durchlaufen hat, geht er ins 1 gegen 1 gegen den Anspieler und schließt bestenfalls nach gewonnenem Zweikampf aufs Tor ab.

Stangentore

Zunächst wird ein 20 x 20 Meter großes Spielfeld abgesteckt, an dessen vier Grundlinien mittig jeweils vier Meter breite Stangentore aufgebaut werden. Jedes Tor wird außerdem mit einem Torhüter besetzt. Die Spieler teilen sich in vier Gruppen à drei Spieler auf, wobei jede Gruppe einen Ball bekommt. Weiterhin bekommt jeder Spieler jeder Gruppe eine Nummer. Anschließend spielen sich die Spieler eines Teams untereinander den Ball zu. Dabei spielt Nummer 1 zu Nummer 2, Nummer 2 zu Nummer 3 und Nummer 3 zu Nummer 1. Bevor die Spieler den Pass spielen, müssen sie sich unbedingt im Raum orientieren und auf die anderen Gruppen im Feld achten.

Nachdem sich die Gruppen einige Zeit lang den Ball zugespielt haben, ruft der Trainer entweder eins, zwei oder drei laut auf. Auf das Kommando des Trainers hin muss nun der jeweils aufgerufene Spieler jedes Teams auf ein im Vorfeld festgelegtes Stangentor abschließen.

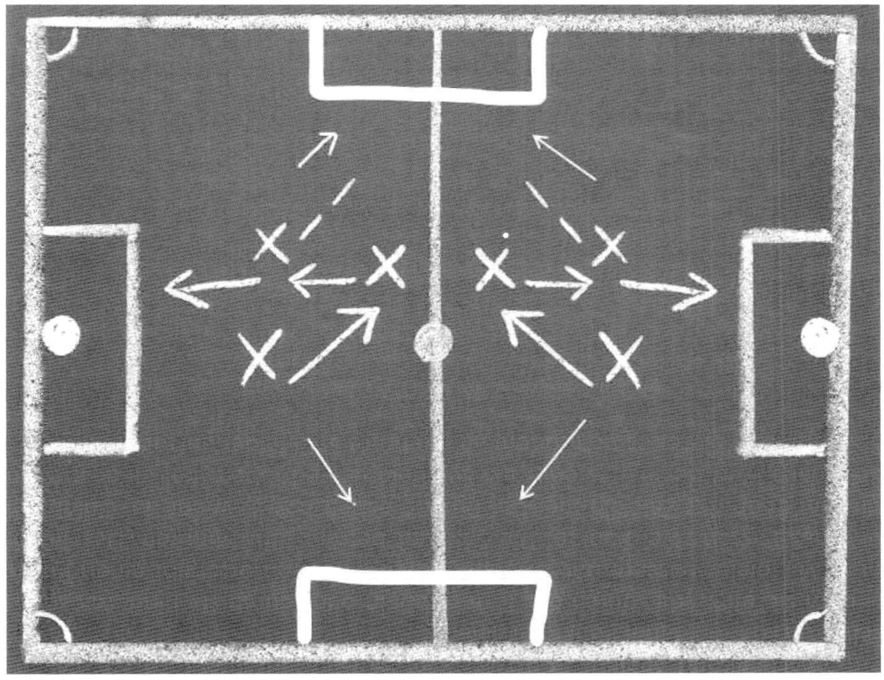

5 gegen 5 durch Offentore

Für das 5 gegen 5 durch Offentore wird zunächst ein 20 x 20 Meter großes Spielfeld markiert. In jeder Ecke des Feldes wird ein vier Meter breites Tor aus Stangen aufgebaut. Die Spieler teilen sich in zwei Teams à fünf Spieler auf. Anschließend beginnt das freie Spiel im Feld auf Offentore. Die Mannschaften können dabei Punkte erzielen, in

dem sie entweder durch die Tore dribbeln oder durch sie hindurch zu einem Mitspieler passen. Das Dribbeln durch ein Offentor ergibt einen Punkt und das Passen zwei Punkte. Die Spielzeit beträgt fünf Minuten. Das Team, das am Ende der Zeit die meisten Punkte erzielt hat, gewinnt das Spiel. Bei Seitenaus wird der Ball wieder ins Spielfeld eingedribbelt. Bei einer großen Spieleranzahl bietet es sich zudem an, mehrere Spielfelder aufzubauen.

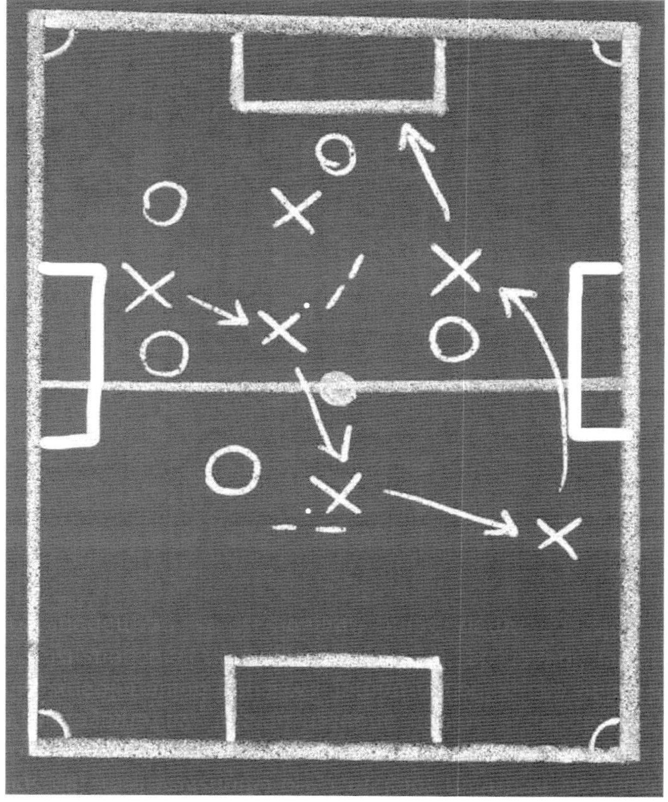

Torschuss im Rundlauf

Um den Torschuss im Rundlauf zu schulen, wird ein 12 x 12 Meter großes Spielfeld abgesteckt, an dessen Grundlinien sich versetzt zwei Jugendtore mit Torhüter befinden. Jeweils sieben Meter vor beiden Toren wird im Feld eine Torschusslinie markiert. Außerdem wird auf den Grundlinien neben beiden Toren jeweils ein Starthütchen positioniert. Anschließend teilen sich die Spieler in zwei Gruppen auf und stellen sich mit Ball hinter den Starthütchen auf.

Die ersten beiden Spieler starten im Dribbling zur Torschusslinie und schießen von dort aus direkt aufs Tor. Im Anschluss holen sie ihren Ball, dribbeln zum anderen Starthütchen und stellen sich dort in der Reihe an.

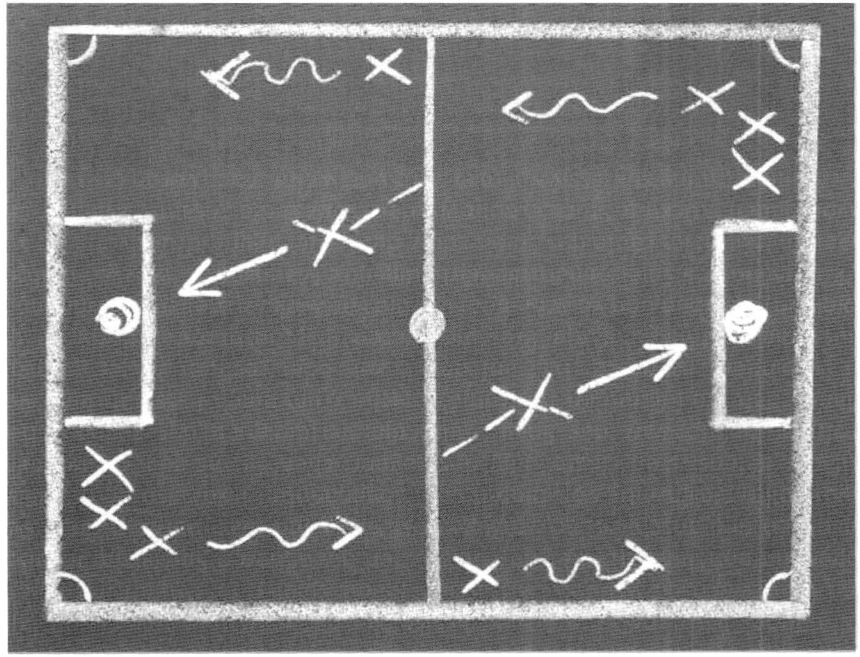

Variation 1: Der Ball wird auf den Torschusslinien platziert, zu der die Spieler jeweils hinlaufen und dort aus dem Stand aufs Tor schießen müssen.

Variation 2: Zwischen Starthütchen und Torschusslinie wird eine Hütchengasse aufgebaut, durch die die Spieler hindurchdribbeln müssen.

HALLENFUSSBALL 5 GEGEN 5 (FUTSAL)

Futsal im 5 gegen 5

Auf einem 40 x 20 Meter großen Spielfeld mit Handballtoren treten zwei Mannschaften à vier Spieler plus Torhüter gegeneinander an. Gespielt wird im 5 gegen 5 ohne Bande und mit einem hallenoptimierten Fußball. Wenn der Ball im Seitenaus landet, wird er innerhalb von vier Sekunden wieder zurück ins Feld eingekickt, wobei die Gegenspieler einen Mindestabstand von fünf Metern einhalten müssen. Abseits gibt es im Futsal nicht. Außerdem sollte jedes Team mehrere Auswechselspieler haben, wobei beliebig oft hin- und hergewechselt werden darf. Beide Teams spielen im Angriff mit einem sogenannten Pivot (Stürmer im Futsal), den die anderen Spieler im Idealfall anspielen und anschließend im Zuge des Passes mit nach vorne rücken. Der Pivot sollte gleichzeitig von hinten vom sogenannten Fixo, also dem Spieler mit der defensivsten Einstellung, des gegnerischen Teams gedeckt werden. Eröffnet der Torwart das Spiel, muss die Verteidigung der gegnerischen Mannschaft die Räume im Zentrum zumachen, um einen Pass auf den Pivot zu verhindern. Wird der Ball auf den linken oder rechten Flügel gespielt, muss die Verteidigung ein Pressing (Verengung bestimmter Bereiche im Spielfeld) ausüben und verschieben, um die Passwege zustellen zu können.

Zu Beginn des Spiels agiert die verteidigende Mannschaft lediglich in ihrer eigenen Hälfte. Im Laufe des Spiels sollte der Verteidigungsdruck von Fixo auf Pivot jedoch Stück für Stück erhöht werden, sodass die gesamte Mannschaft mit Spieleröffnung sukzessive aktiver wird und weiter nach vorne presst.

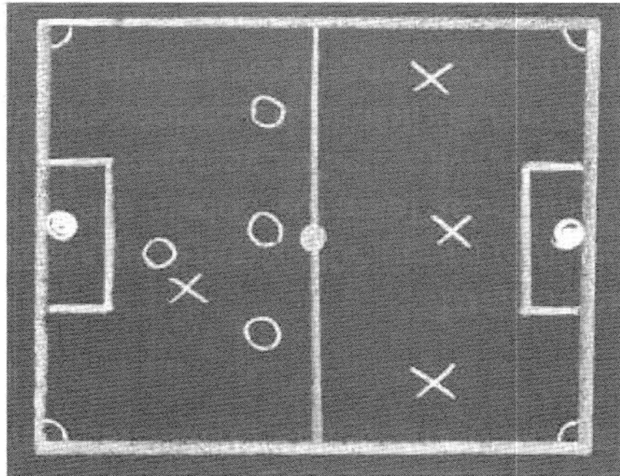

Variation 1: Die Spieler dürfen eine bestimmte Anzahl an Pässen nicht überschreiten, bevor sie den Pivot anspielen.

Variation 2: Die Spieler dürfen in der eigenen Spielfeldhälfte nur mit maximal drei Ballkontakten agieren.

Das grüne Leibchen

Die Spieler teilen sich in zwei Mannschaften à vier Feldspieler plus Torwart auf. Gespielt wird im freien Spiel im 1-4-0-Offensivsystem. Ein Spieler des einen Teams bekommt zu Beginn des Spiels ein grünes Leibchen, das in regelmäßigen Abständen an einen anderen Spieler weitergegeben wird. Dabei kann und sollte das Leibchen immer zwischen beiden Teams hin- und herwechseln. Der Spieler, der im Besitz des grünen Leibchens ist, darf den Ball zu keiner Zeit annehmen. Seine Aufgabe ist es, permanent Freiräume zu schaffen.

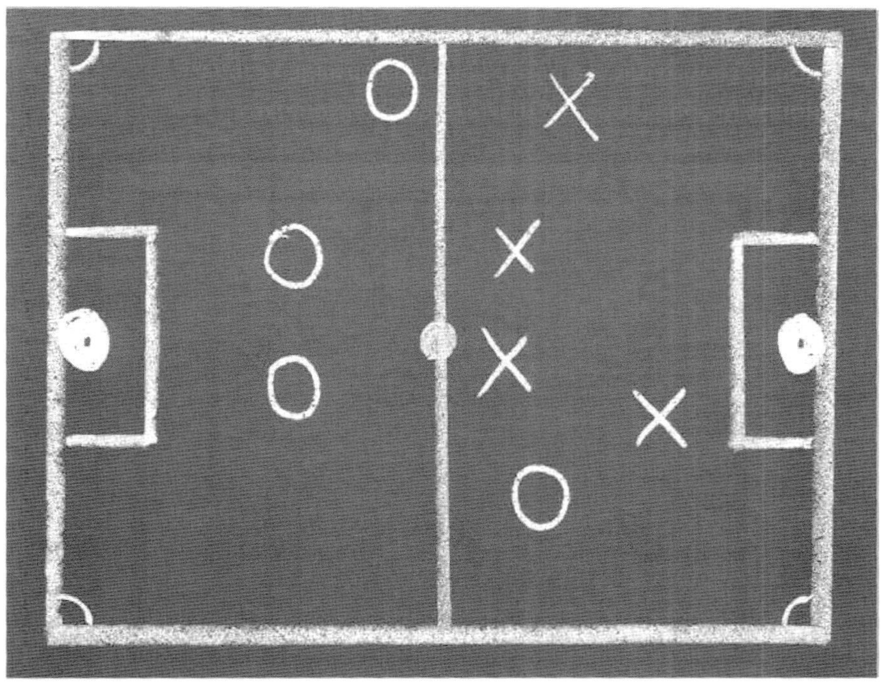

Variation 1: Die Spieler haben maximal drei Ballkontakte.

Futsal mit mehreren Bällen

Die Spieler bilden zwei Teams à vier Feldspieler und einem Torwart, die im freien Spiel gegeneinander spielen. An beiden Seitenlinien stellt sich zudem ein weiterer Spieler mit Ball auf. Beide Spieler dürfen einen beliebigen Spieler beider Mannschaften zu jedem Zeitpunkt im Spiel anspielen. Tritt dieser Moment ein, wird der Ball, der sich zuvor im Spielfeld befand, ignoriert, sodass sich eine neue Spielsituation ergibt, auf die beide Mannschaften reagieren müssen.

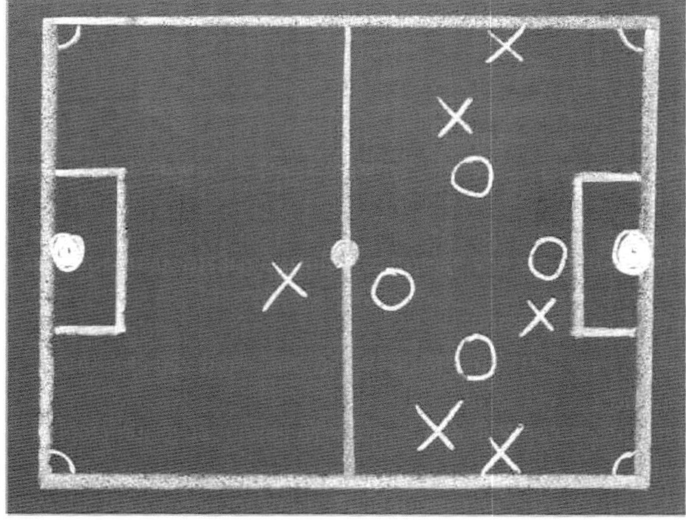

Variation 1: Die Spieler haben maximal drei Ballkontakte.

Variation 2: Es wird mit mehreren Bällen gleichzeitig gespielt.

Triathlon 4 gegen 4

Für den Fußballtriathlon werden die Spieler zunächst in zwei Viererteams eingeteilt. Anschließend treten die Spieler im 4 gegen 4 gegeneinander an. Dabei muss jedes Team jeweils drei Disziplinen durchlaufen, die entweder zeitgleich oder aber zeitlich versetzt durchgeführt werden können. Das Team, das in der Summe die besten Ergebnisse erzielt hat, gewinnt den Fußballtriathlon.

Disziplin 1: 500-Meter-Lauf

Die erste der drei Disziplinen ist ein 500-Meter-Lauf auf Zeit. Wenn der Trainer das Startsignal gibt, läuft das Team los. Sobald alle vier Spieler des Teams die Ziellinie überquert haben, wird die Zeit gestoppt und vom Trainer notiert. Die Länge der Strecke kann natürlich, insbesondere entsprechend der jeweiligen Altersklasse der Mannschaft, angepasst werden.

Disziplin 2: Passspiel auf Distanz

Beim Passspiel auf Distanz stellen sich die vier Spieler jedes Teams in Form eines Vierecks mit einem jeweiligen Abstand von zehn Metern zueinander auf. Die Spieler passen sich den Ball, im Uhrzeigersinn, für je zwei Minuten lang zu. Dabei wird die Anzahl der Passrunden gezählt und im Anschluss an die Übung vom Trainer aufgeschrieben. Eine Passrunde ist vollständig, sobald der Ball von jedem Spieler des Teams einmal gespielt wurde.

Disziplin 3: Das 4-Zonen-Dribbling

Für das 4-Zonen-Dribbling wird ein 25 x 20 Meter großes Spielfeld mit jeweils gleich großen Zonen in jeder Ecke markiert. Die beiden Teams spielen anschließend im 4 gegen 4 auf die Zonen, wobei sie in die jeweiligen Zonen mit Ball dribbeln müssen. Jede erdribbelte Zone ergibt einen Punkt. Die Spielzeit beträgt sieben Minuten.

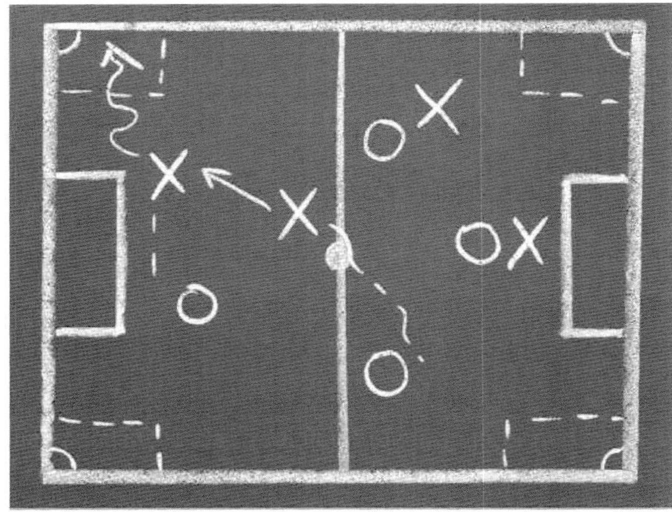

Disziplin 4: Abschlussspiel im 4 gegen 4

Bei der dritten Disziplin spielen die beiden Teams ein Abschlussspiel auf Minitore im 4 gegen 4. Dafür wird ein 10 x 10 Meter großes Feld mit jeweils zwei Minitoren auf der hinteren und der vorderen Grundlinie aufgebaut. Die Spielzeit beträgt zehn Minuten. Jedes Tor ergibt einen Punkt, der am Ende mit in die Ergebnisauswertung einfließt.

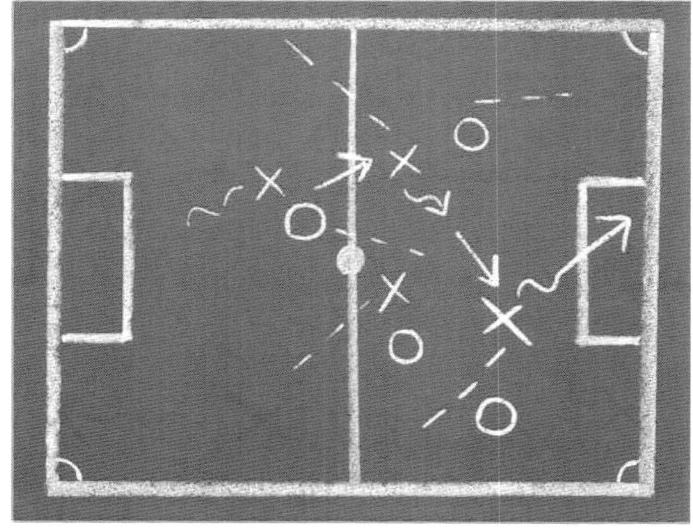

Ergebnisauswertung

Nachdem die Teams den Fußballtriathlon beendet haben, werden die Ergebnisse ausgewertet. Dafür kann der Trainer folgendermaßen vorgehen:

- Wertungszeit = die Zeit für den 500-Meter-Lauf
- Passspiel: jede erfolgreich gespielte Passrunde ergibt jeweils fünf Sekunden Zeitgutschrift
- 4-Zonen-Dribbling: jedes Tor ergibt jeweils fünf Sekunden Zeitgutschrift
- Abschlussspiel: jedes Tor ergibt jeweils zehn Sekunden Zeitgutschrift

Beispielrechnung:

➔ 500-Meter-Lauf = 2 Minuten

➔ Zeitgutschrift vom Passspiel = 16 Runden x jeweils 5 Sekunden Zeitgutschrift = 80 Sekunden Gutschrift

➔ Zeitgutschrift vom 4-Zonen-Dribbbling: 4 erdribbelte Zonen x jeweils 5 Sekunden Zeitgutschrift = 20 Sekunden Gutschrift

➔ Zeitgutschrift Abschlussspiel = 5 Tore x 10 Sekunden Zeitgutschrift = 50 Sekunden Gutschrift

➔ Ergebnis = 2 Minuten - 80 Sekunden - 20 Sekunden - 50 Sekunden

➔ Wertungszeit = 50 Sekunden

Das Team, das am Ende des Triathlons die niedrigste Wertungszeit hat, gewinnt.

Team	Lauf	Passspiel	4-Zonen	Abschlussspiel	Wertungszeit	Platzierung

Spielfähigkeit im Fussball 5 gegen 5 und Fussball 7 gegen 7

5 gegen 5 mit Torschusswettbewerb

Zunächst wird ein 15 x 15 Meter großes Spielfeld abgesteckt, das so unterteilt wird, dass auf der linken Seite ein 15 x 6 Meter großes und auf der rechten Seite ein 15 x 9 Meter großes Feld entsteht. Auf beiden Grundlinien des großen Spielfeldes wird jeweils ein Minitor und auf der hinteren Grundlinie des kleinen Feldes ebenfalls ein Minitor aufgestellt. Außerdem wird in der Mitte des kleinen Feldes eine Torschusslinie markiert. Anschließend bilden die Spieler zwei Teams. Das erste Team setzt sich aus fünf Spielern und das zweite Team aus vier Spielern zusammen.

Im großen Feld wird nun fünf gegen fünf ohne Torhüter auf zwei Minitore gespielt. Landet der Ball im Aus, wird das Spiel durch einen Einwurf fortgesetzt.

Das dritte Team tritt im kleinen Spielfeld in einem Torschusswettbewerb gegeneinander an. Dafür dribbeln die Spieler mit Ball bis zur Torschusslinie und schießen auf das Tor. Dann holen sie sich ihren Ball wieder und dribbeln damit außen herum zur Startmarkierung zurück.

Die Spielzeit in beiden Feldern beträgt vier Minuten. Anschließend wird gewechselt. Wenn es die Spieleranzahl erlaubt, können die Kinder direkt in drei Fünfer-Teams eingeteilt werden oder ein Spieler spielt zwei Spiele im großen Feld hintereinander.

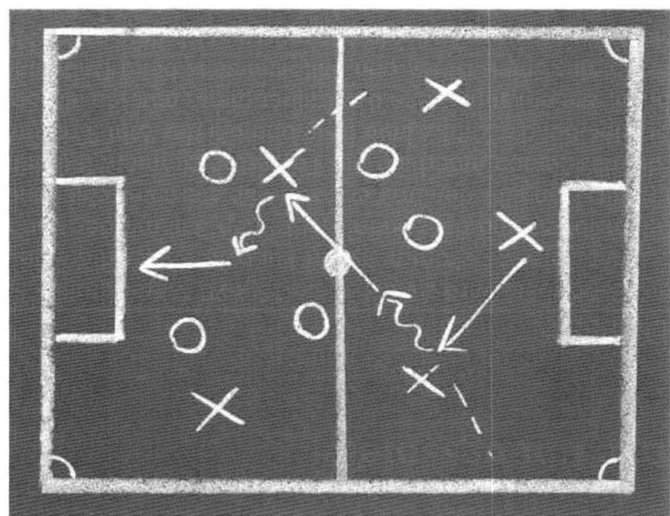

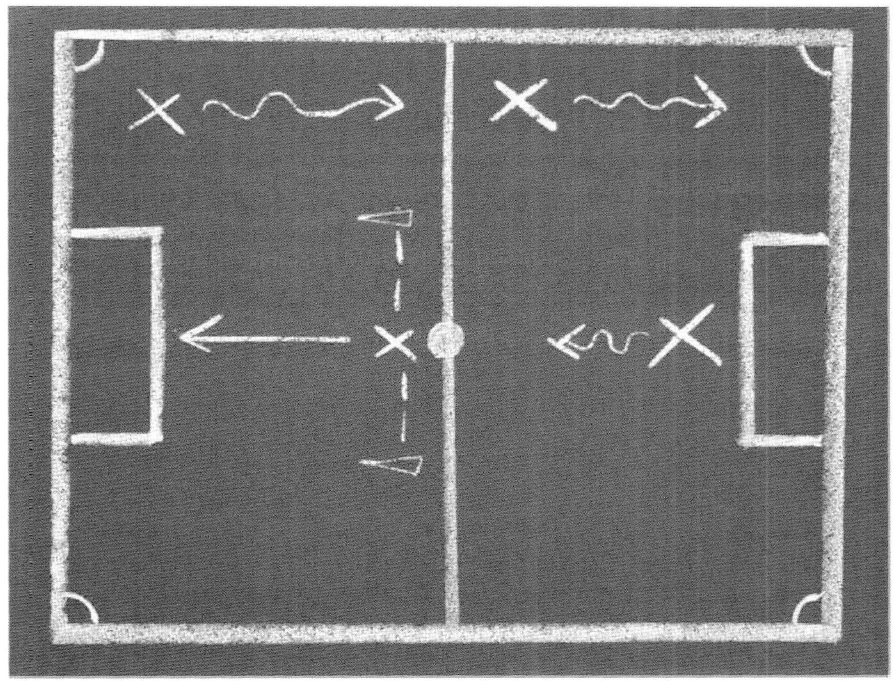

Variation 1: Es wird mit Torhütern in allen Feldern gespielt.

Variation 2: Beim Torschusswettbewerb im kleinen Feld wird nur mit dem schwachen Fuß gedribbelt und geschossen.

Variation 3: Das pausierende Team spielt im 2 gegen 2 gegeneinander.

7 gegen 7 mit Zone

Für das 7 gegen 7 wird zunächst ein 20 Meter breites und 32 Meter langes Spielfeld mit zwei Toren errichtet. Vor beiden Toren wird außerdem jeweils eine sechs Meter lange Zone markiert. Die Spieler teilen sich in zwei Mannschaften à sieben Spieler plus Torhüter auf. Anschließend beginnt das freie Spiel. Erzielt ein Team, nach einem Zuspiel in die abgesteckte Zone, ein Tor, ohne die Zone dabei zu verlassen, zählt der Treffer doppelt. Tore, die außerhalb der Zone bzw. ohne vorheriges Zuspiel in die Zone erzielt werden, zählen einfach.

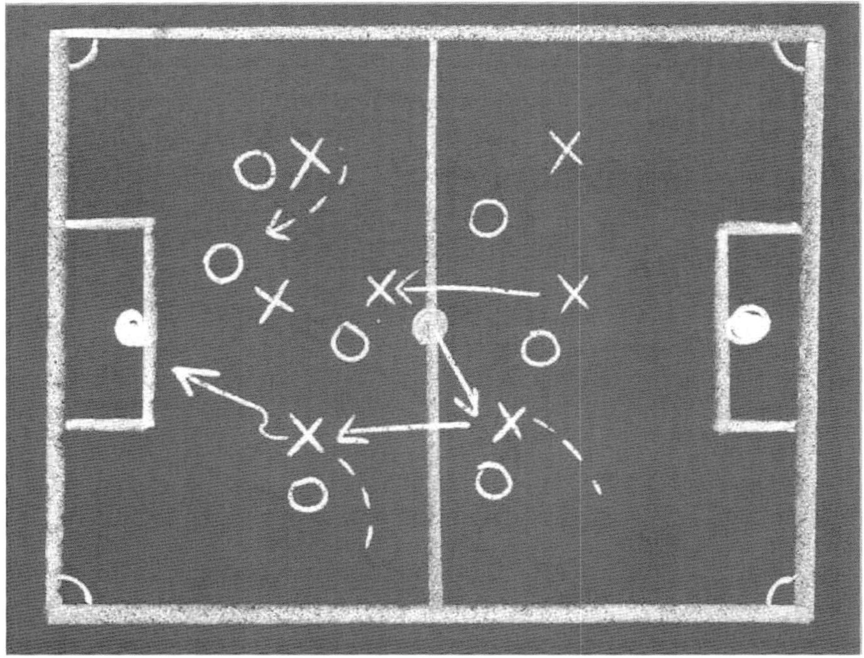

Variation 1: Der Ball muss zwingend in die Zone gespielt werden.

Variation 2: Wenn der Ball einmal in die Zone gespielt wurde, darf er nicht mehr zurückgespielt werden.

Kreative Übungsspiele

1-2-3-Dribbeln

Für das 1-2-3-Dribbeln wird zunächst ein 15 x 20 Meter großes Spielfeld abgesteckt. Jeder Spieler bekommt einen Fußball, wobei die eine Hälfte den Ball im Feld dribbelt und die andere Hälfte den Ball mit der Hand durch das Spielfeld prellt. Nun gibt der Trainer seinen Spielern verschiedene Kommandos vor, die das Tempo innerhalb des Feldes bestimmen. Bei der Zahl 1 gehen die Spieler. Bei der Zahl 2 laufen sie und bei der Zahl 3 rennt jeder Spieler so schnell, wie er kann. Wenn der Trainer pfeift, müssen alle Spieler sofort erstarren. Ziel des Spiels ist es, den Ball einerseits beim Dribbeln oder beim Prellen nicht zu verlieren. Andererseits müssen sich die Spieler aber auch im Feld orientieren, ihre Bewegungsabläufe koordinieren, auf ihre Mitspieler achten und gleichzeitig die Kommandos des Trainers ausführen.

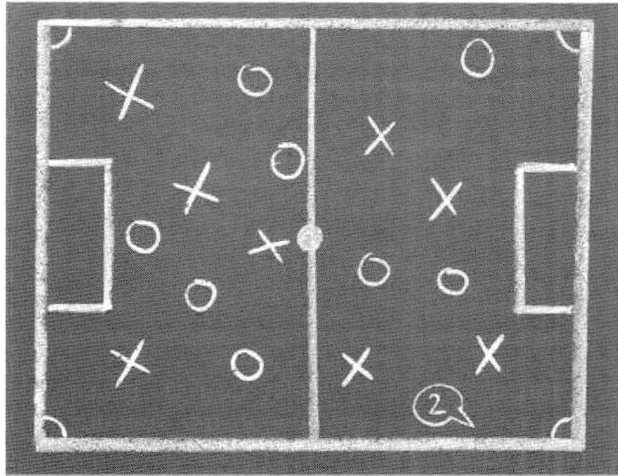

Variation 1: Anstatt die Zahl laut auszurufen, zeigt der Trainer diese mit der Hand an, sodass die Spieler ihren Blick vom Ball lösen müssen.

Variation 2: Auf das Kommando des Trainers lässt jeder Spieler seinen Ball liegen und übernimmt den Ball eines Mitspielers. Zeitgleich werden die Aufgaben gewechselt. Die Kinder, die den Ball gedribbelt haben, prellen ihn nun und die Kinder, die erst geprellt haben, dribbeln jetzt.

Felderwechsel

Zu Beginn der Übung Felderwechsel werden zwei 30 x 15 Meter große Spielfelder abgesteckt, die beide jeweils eine 5 Meter lange Endzone haben. Anschließend werden zwei Mannschaften gebildet, die sich untereinander nochmals in zwei Teams aufteilen und sich in beiden Feldern gleichmäßig verteilen. Im ersten Feld wird Fußball gespielt und im zweiten Handball. Das Ziel in beiden Feldern ist es nun, einen Spieler der jeweiligen Mannschaft so in einer der beiden Endzonen anzuspielen, dass dieser den Ball dort annehmen bzw. fangen kann. Auf das Kommando des Trainers hin wechseln die Mannschaften sofort das Feld und spielen dort die jeweils andere Sportart weiter.

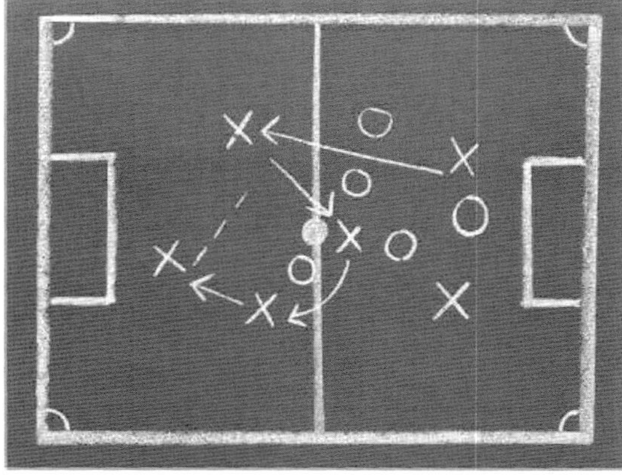

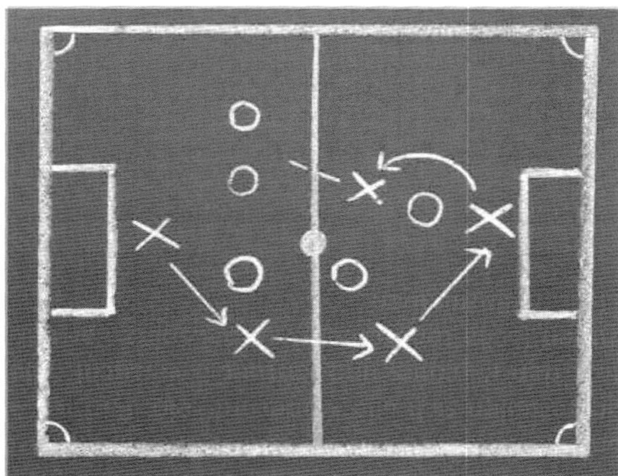

Variation: In beiden Feldern kommen unterschiedliche Bälle oder sogar Schläger – und damit auch unterschiedliche Sportarten – zum Einsatz.

Double Trouble

Beim Double Trouble wird ein 35 x 25 Meter großes Spielfeld mit einer Mittellinie und zwei Toren benötigt. Anschließend teilen sich die Spieler in zwei Mannschaften auf und kommen innerhalb der Teams in Paaren zusammen, die sich an den Händen halten. Dann beginnt das freie Spiel, wobei keine der Mannschaften einen festen Torhüter hat, sondern vielmehr durch Kommunikation, Koordination und Teamgeist verteidigen muss. Die Tore zählen erst dann, wenn sie aus der offensiven Hälfte des Spielfeldes, sprich hinter der Mittellinie vom eigenen Tor aus gesehen, erzielt werden.

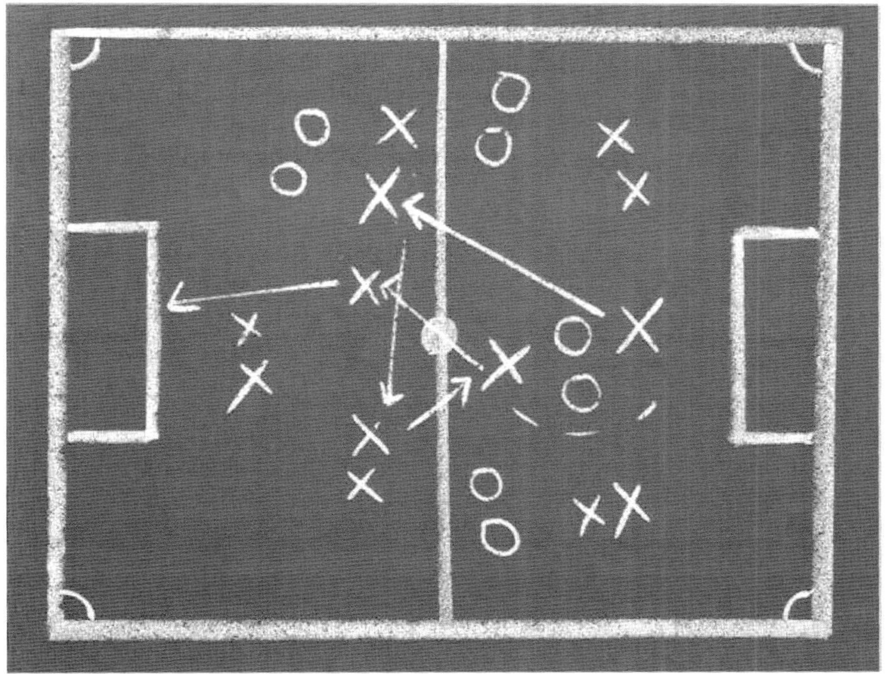

Variation 1: Nach einigen Minuten wird ein zweiter und später noch ein dritter Ball ins Spielfeld gebracht. Dabei muss natürlich nicht zwingend ein Fußball zum Einsatz kommen.

Variation 2: Auf das Kommando des Trainers wechseln die Paare den jeweiligen Partner.

Variation 3: Lassen sich die Paare aus Versehen los, müssen sie eine Runde um das Spielfeld laufen, bevor sie wieder ins Feld zurückkehren dürfen.

BALLSTAFFEL

Für die Ballstaffel werden zunächst zwei Mannschaften gebildet, die sich jeweils in einer zickzackförmigen Gasse, in einem Abstand von sieben Metern, aufstellen. Am Anfang beider Gassen wird dann jeweils ein Reifen platziert, der mit vielen verschiedenen Bällen (zum Beispiel Fußbällen, Handbällen, Volleybällen oder Tennisbällen) gefüllt wird. Am Ende beider Gassen wird ebenfalls ein Reifen platziert, der jedoch leer bleibt. Auf das Kommando des Trainers passen sich alle Spieler eines Teams nun alle Bälle aus dem Anfangsreifen zu und legen diese in dem Reifen am Ende der Gasse ab. Ziel des Spiels ist es, als erstes Team alle Bälle des ersten Reifens in den zweiten Reifen zu befördern.

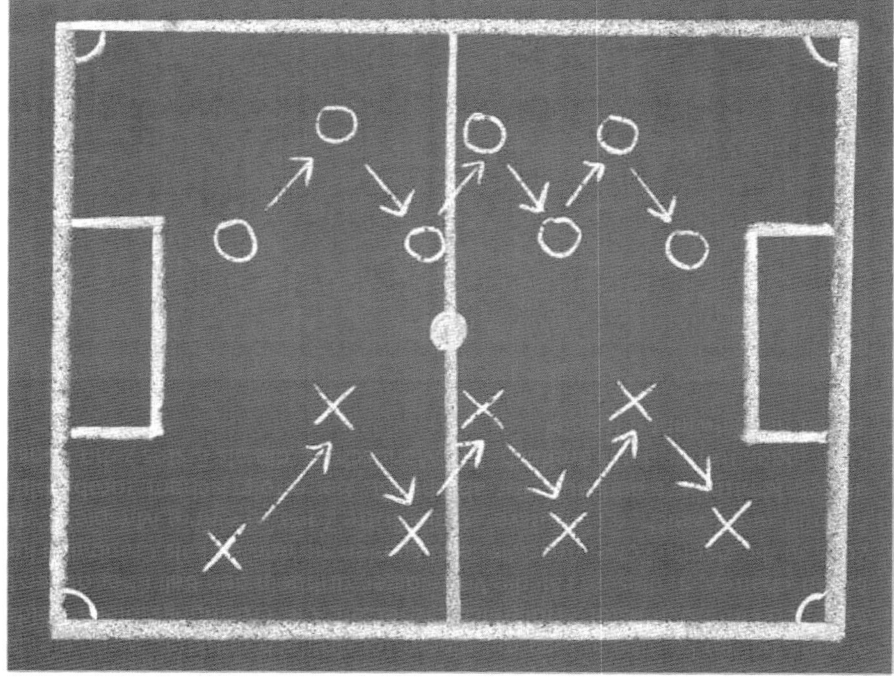

Variation: Ein neuer Ball aus dem Anfangsreifen darf erst dann gepasst werden, wenn der vorherige Ball im Endreifen angekommen ist.

Erlebnisparcours

Für den Erlebnisparcours wird ein 25 x 35 Meter großes Feld abgesteckt, in dem ein Erlebnisparcours mit Laufleitern, Reifen, Hütchen und Kegeln errichtet wird. Jeder Spieler bekommt einen Fußball und einen Partner zugewiesen. Anschließend verteilen sich alle Kinder im Feld. Partner A dribbelt nun mit dem Ball durch den Parcours und Partner B versucht, alle seine Bewegungen nachzuahmen (Schattendribbeln). Dabei sollte Partner A versuchen, einige Tricks und Finten einzubauen.

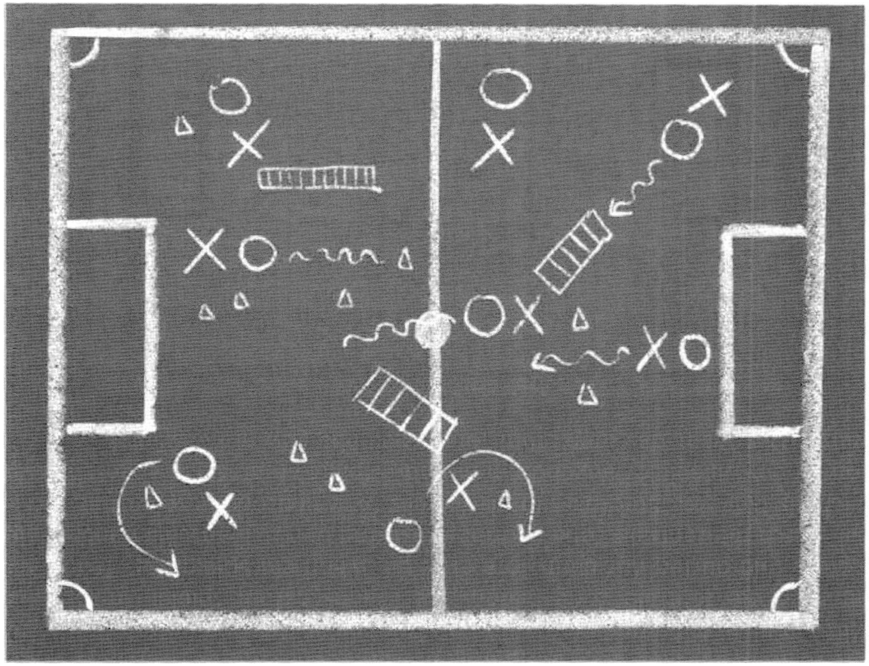

Variation: Partner B bekommt zusätzlich zum Fußball, mit dem er dribbelt, einen weiteren Ball. Er versucht nun nicht mehr nur, seinen Partner zu imitieren, sondern außerdem, seinen zweiten Ball neben sich zu prellen.

Fortgeschrittene Übungen

Spiele für Fussball 8 gegen 8

Positionsspiel im 8 gegen 8 mit zentraler Zone

Das Positionsspiel mit Zonen wird auf einem halben Spielfeld im 8 gegen 8 mit Torwart auf zwei Tore ausgetragen. Außerdem wird das Spielfeld in der Mitte in eine gelbe und eine grüne horizontale Mittelzone unterteilt, die zusammen die zentrale Zone bilden. Die Mannschaften spielen im 1-3-2-3-System und dürfen nur dann Tore erzielen, wenn ein Spieler des Teams mit Ball durch die zentrale Zone gedribbelt ist und den Ball anschließend erfolgreich als längeren Steckpass in die jeweils freie Endzone gespielt hat, wo er von einem Mitspieler angenommen und erfolgreich aufs Tor abgeschlossen wurde. Das Team, das zuerst fünf Tore erzielt hat, gewinnt das Spiel.

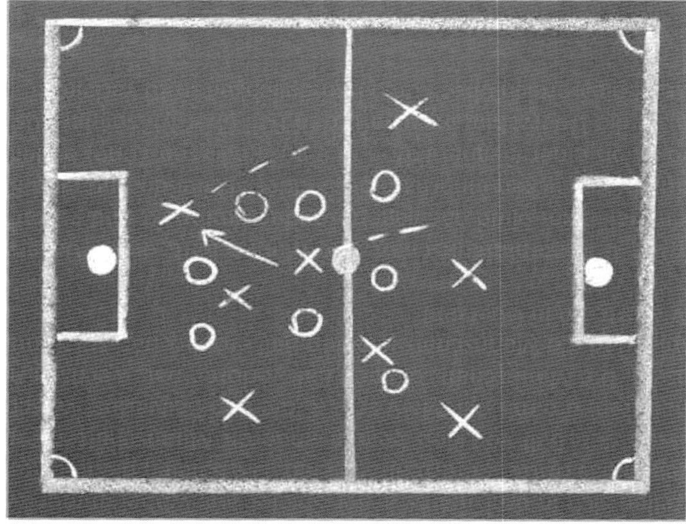

Variation 1: Ein Spieler jedes Teams wird farbig als Joker markiert, der sich nicht an die Regeln zum Dribbling und zum Steckpass halten muss.
Variation 2: Die ballbesitzende Mannschaft hat nach Balleroberung nur zehn Sekunden Zeit, ein Tor zu schießen, um das offensive Umschaltspiel zu fördern.

8 gegen 8 mit Andribbelzone und Chipball

Beim 8 gegen 8 mit Andribbelzone wird auf einem drei Viertel großen Spielfeld im 8 gegen 8 mit Torhüter auf zwei Tore gespielt. Außerdem wird das Spielfeld in drei gleich große Zonen eingeteilt. Der Ball wird immer jeweils über den Torhüter ins Spiel gebracht. Beide Mannschaften spielen entweder im 1-3-3-2- oder im 1-4-3-1-System.

Grundsätzlich wird frei gespielt, wobei jedes Tor einen Punkt ergibt. Beide Mannschaften können jedoch mit einem Tor dreifach punkten, wenn sie das folgende Offensivmuster erfolgreich umsetzen: Die Eröffnungsspieler beider Mannschaften, in diesem Fall die Verteidiger, dribbeln den Ball über die erste Zone in die zweite Zone. Anschließend spielen sie den Ball als Chipball (Flugball mit einer weichen Flugkurve) in die dritte Zone zu einem Mitspieler, der diesen kontrolliert und aufs Tor abschließt. Bei erfolgreichem Torabschluss zählt jeder Treffer dann dreifach. Die Mannschaft, die als Erstes zehn Punkte erzielt hat, gewinnt das Spiel.

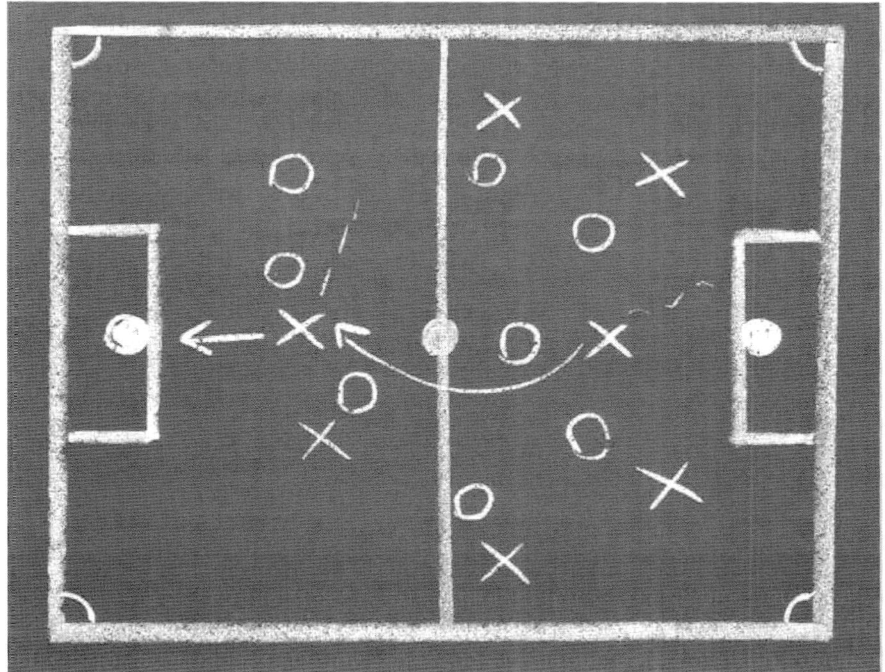

Variation: Die Spieler dribbeln über die ersten beiden Zonen hinaus und chippen den Ball erst innerhalb der dritten Zone.

8-gegen-8-Abschlussspiel

Für das 8-gegen-8-Abschlussspiel wird das Fußballfeld auf ein 2/3-Spielfeld verkleinert. Gespielt wird im 8 gegen 8 auf Tore mit Torhüter. Die Spieler können Punkte erzielen, indem sie entweder auf das gegnerische Tor treffen oder aber zehn erfolgreiche Pässe innerhalb des eigenen Teams spielen. Die Mannschaft, die als Erstes zehn Punkte erreicht, gewinnt das Spiel.

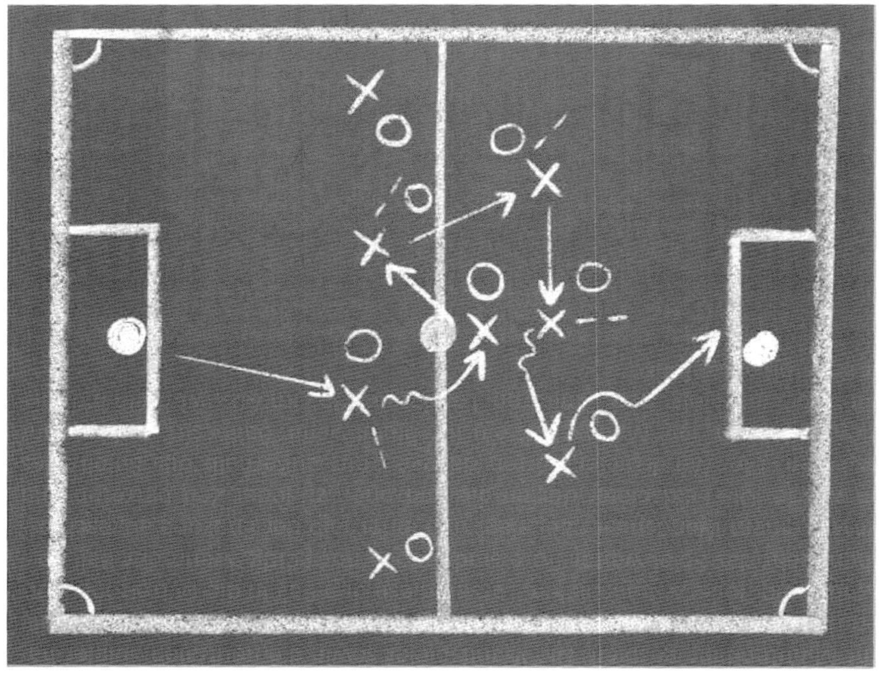

Variation 1: Tore zählen doppelt.

Variation 2: Je nach Altersklasse und Leistungsstand kann die Kontaktanzahl begrenzt werden.

Mannschafts- und Gruppentraining (Abwehr- und Angriffsverhalten)

8 gegen 4 ohne Spielrichtung

Zu Beginn der Übung wird ein 40 x 40 Meter großes Spielfeld abgesteckt. Die Spieler teilen sich in drei Teams à vier Spieler auf, wobei immer zwei Viererteams gegen das dritte Viererteam spielen. Die Spieler, die in Unterzahl spielen, müssen den Ball von den beiden anderen Mannschaften erobern und sich behaupten, um mit der Mannschaft, die den Ballverlust verschuldet hat, zu wechseln. Die Mannschaft, die den Ball verloren hat, wechselt nun ins Unterzahlspiel und die Mannschaft, die den Ball erobert hat, spielt nun mit dem dritten Viererteam in Überzahl.

Tipp für die Unterzahlmannschaft: Die Mannschaft, die in Unterzahl spielt, sollte dem Ball nicht blind nachjagen, sondern kompakt und gestaffelt stehen und dadurch die Lücken innerhalb des Feldes schließen und eine Pressingfalle (Provokation einer Gegneraktion in einer gewissen Zone) einleiten. Damit zwingen sie die Überzahlmannschaft, den Ball über Mitspieler aus einem zugepressten Spielbereich über Kurzpassmöglichkeiten zu verlagern.

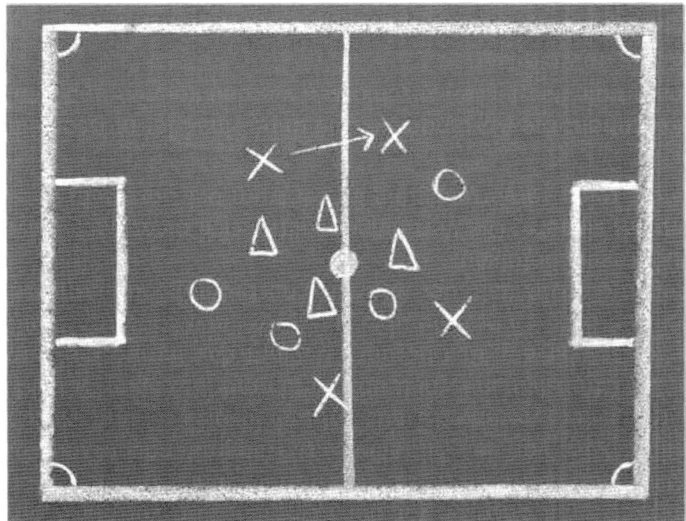

Variation: Je nach Spieleranzahl kann das Überzahlspiel natürlich angepasst werden und zum Beispiel im 4 gegen 2 oder 6 gegen 3 gespielt werden.

7 gegen 5

Beim 7 gegen 5 spielen sieben Angreifer gegen fünf Verteidiger auf einem halben Spielfeld mit Torhüter im defensiven Team und auf das Tor des defensiven Teams. Die verteidigende Mannschaft stellt sich auf dem Spielfeld in einer Viererkette mit Sechser vor der Kette auf und verteidigt das Tor mit Torhüter. Die Viererkette steht zu Beginn der Übung mittig in der eigenen Spielfeldhälfte kurz vor der Mittellinie. Die angreifende Mannschaft spielt ebenfalls mit einer Viererkette aus Mittelfeldspielern und zwei zentralen Stürmern. Die Offensivmannschaft eröffnet immer das Spiel. Sobald der zentrale Mittelfeldspieler den Ball berührt, beginnt das Tempospiel. Erobern die Verteidiger den Ball, können sie über die Mittellinie kontern. Damit die Verteidiger gegen die Überzahl der Angreifer bestehen können, müssen sie folgende Grundregeln befolgen:

- **Das Zentrum sichern:** Die Verteidiger sollten sich nicht nach außen locken lassen, da die reine Torverteidigung im Zentrum bei Unterzahl entscheidend ist.
- **Kompakt stehen:** Die Abstände zu- und untereinander müssen eingehalten werden, damit die Passlücken geschlossen werden können und sich die Spieler gegenseitig unterstützen.
- **Rückendeckung:** Die Verteidiger müssen auf Tiefensicherung achten, um den Pass in den Rücken der Abwehr zu verhindern. Tritt der ballnahe Verteidiger vor, um Druck auf den Gegner auszuüben, müssen die anderen Verteidiger dabei absichern, also tiefer stehen und einrücken. Außerdem sollte der Torhüter stets mitspielen.

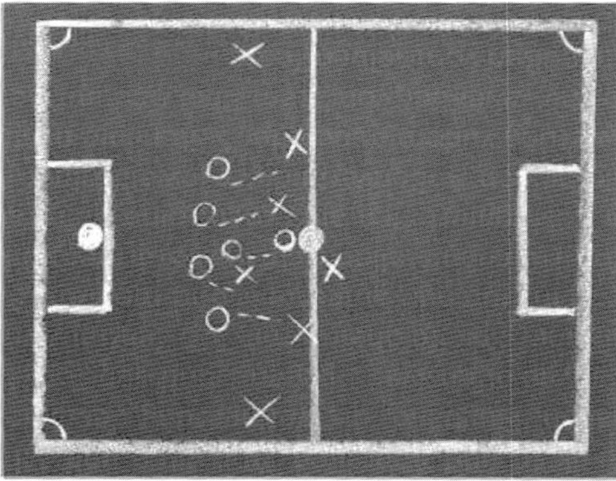

Variation 1: Die Spielsysteme werden variiert, um sich auf Gegner mit einer anderen Taktik einzustellen.

Positionstraining – Individuelle Schulung

Positionsspiel im 5 + 1 mit zwei Neutralen

Für das Positionsspiel im 5 + 1 mit zwei neutralen Spielern wird zunächst ein 36 x 34 Meter großes Spielfeld mit jeweils einer fünf Meter tiefen Endzone auf beiden Seiten und einer 24 Meter tiefen Mittelzone aufgebaut. Hinter den Endzonen werden zwei Minitore pro Seite aufgebaut. Die Spieler teilen sich in zwei Mannschaften à sechs Spieler plus zwei neutrale Spieler ein. Im Feld wird im 5 gegen 5 gespielt. Jedes Team hat außerdem noch einen Wandspieler hinter den beiden offensiven Endzonen. Die neutralen Spieler befinden sich je seitlich neben dem Feld und können zu jeder Zeit als zusätzliche Wandspieler angespielt werden. Im Feld wird nun frei ohne Abseits zweimal acht Minuten lang gespielt. Die Wandspieler sowie die neutralen Spieler haben maximal zwei Ballkontakte zur Verfügung. Die Spieler im Feld dürfen die Wandspieler jederzeit anspielen. Lassen diese den Ball in die Mittelzone klatschen, geht das Spiel weiter. Tore sind jedoch nur gültig, wenn der Ball vorher von einem Wandspieler abgelegt und innerhalb der Endzone abgeschlossen wurde. Die Feldspieler dürfen die Endzonen zu jeder Zeit betreten und bespielen. Die Wandspieler dürfen dagegen nur außerhalb des Spielfeldes agieren. Schießt eine Mannschaft ein Tor, bleibt sie im Ballbesitz und beginnt erneut bei ihren eigenen Minitoren. Landet der Ball im Aus, wird ein indirekter Freistoß ausgeführt.

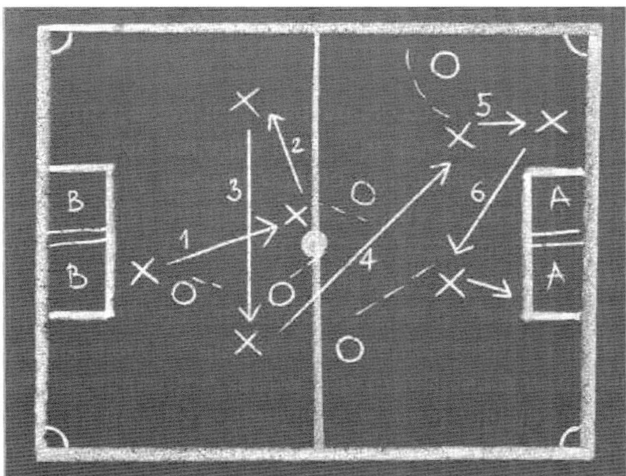

Variation 1: Tore zählen erst dann, wenn eine Mindestanzahl an Pässen, zum Beispiel mindestens acht Pässe, gespielt wurden.

Variation 2: Es wird ohne neutrale Spieler im 6 gegen 6 im Feld gespielt.

Verlagerung

Für die Übung „Verlagerung“ wird ein 32 x 14 Meter großes Spielfeld mit Mittellinie aufgebaut. Die Spieler teilen sich in drei Teams à drei Spieler auf. Team A spielt gegen Team B im Feld, wobei Team C die neutralen Spieler stellen. Zwei Spieler von Team C agieren jeweils auf der Grundlinie und der dritte Spieler auf der Mittellinie. Team A und Team B spielen gemeinsam mit den neutralen Spielern in einer Hälfte des Feldes auf Ballhalten gegeneinander. Ziel der Übung ist es, dass beide Teams jeweils so viele Spielverlagerungen wie möglich absolvieren. Eine Verlagerung ist nur dann gültig, wenn der neutrale Spieler, der auf der Mittellinie agiert, einen direkten Pass zu einem dritten Spieler spielt und dieser Spieler den Ball dann direkt zu dem neutralen Spieler spielt, der an der entfernten Grundlinie agiert. Nach einer erfolgreichen Verlagerung wechseln die beiden aktiven Mannschaften das Feld, sodass in der anderen Spielfeldhälfte auf Ballhalten gespielt wird. Nach einer Spielzeit von fünf Minuten wird die nächste Mannschaft zur neutralen.

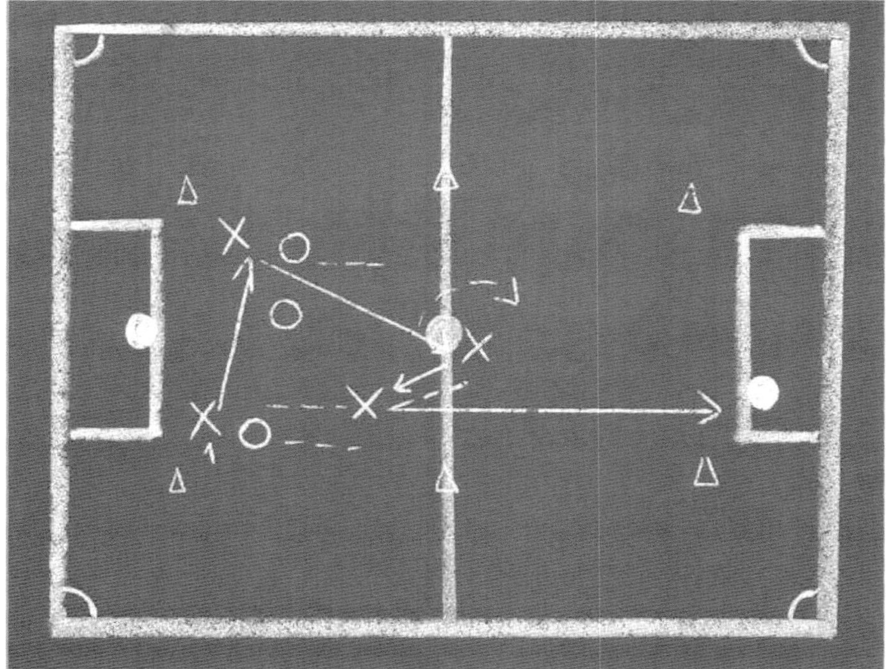

Variation: Es sind maximal drei Ballkontakte erlaubt.

Positionstraining in einer Trainingsform

Diese einfache Trainingsform bereitet jeden Spieler des Teams individuell auf seine Aufgaben im Spiel vor. Bei dieser Trainingsform übt jeder Spieler gruppentaktisches Verteidigen und Angreifen, Annahme und Mitnahme von flachen und hohen Bällen, Flugbälle, die Verlagerung des Spiels, Tempodribbling, ein defensives sowie offensives 1 gegen 1 und den Torschuss.

Trainiert wird auf einer Spielfeldhälfte mit Tor. Zentral zwischen Strafraum und Mittelkreis wird ein Hütchen aufgestellt und mehrere Bälle werden daneben deponiert. Am Hütchen stellen sich zwei Stürmer von Team Blau auf. Vor dem Strafraum positioniert sich außerdem eine Viererabwehrkette von Team Rot, wobei die beiden Außenverteidiger jeweils einen Ball am Fuß haben. Weitere Bälle werden zudem neben der Seitenlinie postiert. An der Mittellinie stehen weiterhin zwei 6er von Team Blau und auf beiden Außenbahnen jeweils ein Mittelaußen vom selben Team.

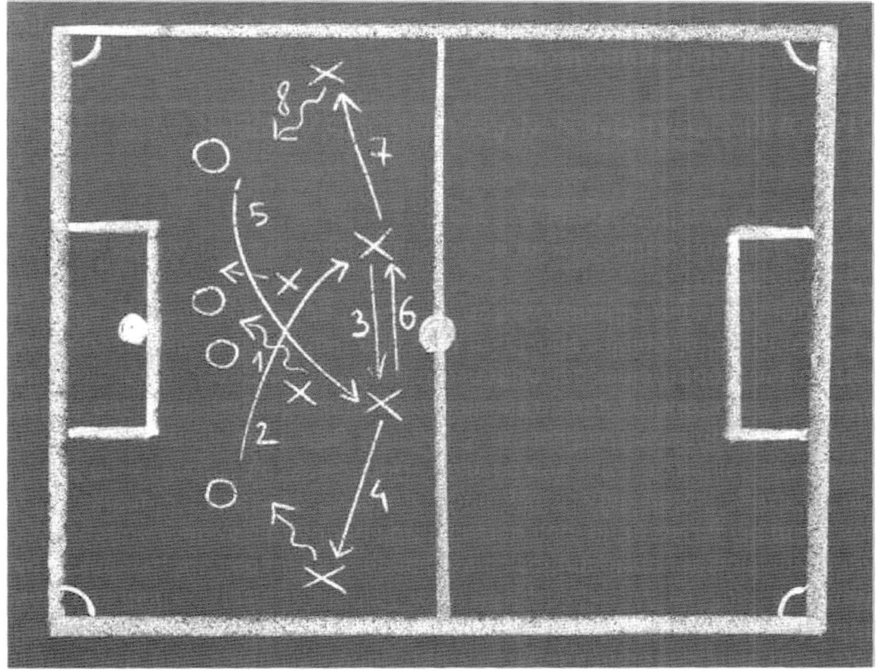

Die Trainingsform beginnt, indem die beiden Stürmer von Team Blau auf die beiden Innenverteidiger von Team Rot mit einem Ball zudribbeln, ins 2-gegen-2-Duell gehen und versuchen, ein Tor zu schießen. Mit dem ersten

Ballkontakt von einem der beiden Stürmer spielt der rechte Außenverteidiger von Team Rot einen diagonalen Flugball auf den rechten 6er von Team Blau, der den Ball kontrolliert und ihn anschließend zum zweiten 6er passt. Dieser spielt den Ball mit Gefühl in den Lauf des linken äußeren Mittelfeldspielers von Team Blau, der dann auf den rechten Außenverteidiger von Team Rot zu dribbelt, diesen versucht, auszuspielen, und idealerweise ein Tor erzielt. Wenn der äußere Mittelfeldspieler zum Dribbling ansetzt, spielt der linke Außenverteidiger von Team Rot einen diagonalen Flugball auf den linken 6er von Team Blau. Daraufhin folgt derselbe Ablauf über die andere Außenseite. Die Spielzüge laufen dabei zügig und parallel ab. Nach dem Durchgang beginnen die beiden Stürmer den nächsten Durchgang mit einem neuen Ball.

Sollten die Innenverteidiger im 2 gegen 2 gegen die Stürmer von Team Blau den Ball erobern, spielen sie diesen zu einem der pausierenden Außenverteidiger. Erobert einer der Außenverteidiger im 1 gegen 1 gegen einen der äußeren Mittelfeldspieler von Team Blau den Ball, spielt er diesen zu einem der Stürmer, die am Hütchen warten. Dadurch haben alle Abwehrspieler eine Anschlussaktion.

Die einzelnen Positionen können doppelt besetzt werden, sodass die Spieler immer im Wechsel agieren können.

Standardsituationen in Angriff und Abwehr

Eckball gegen Gegnerdeckung

Team Blau führt einen Eckball aus, den Team Rot mit einer Gegnerdeckung, also mit einer klaren Zuordnung zu gegnerischen Spielern, verteidigen muss. Die vier Angreifer A, B, C und D von Team Blau stellen sich an der Strafraumgrenze in Position. Ein weiterer Spieler, Spieler E, positioniert sich am kurzen Pfosten vor dem Torhüter. Außerdem besetzt Spieler F den Rückraum und Spieler G bringt sich auf der ballfernen Seite in Position.

Spieler E startet die Aktion, indem er dem Eckball schlagenden Spieler mit Tempo entgegensprintet und sich somit zum kurzen Zuspiel nach außen freiläuft. Zur selben Zeit läuft Spieler B von der Strafraumgrenze aus in die Richtung des vorderen Torraumecks. Im selben Atemzug sprintet Spieler A im Rücken von Spieler B vor den Torwart. Spieler D agiert außerdem als Zielspieler, indem er zwischen Elfmeterpunkt und Torraum ins Zentrum läuft. Zeitgleich wird er von Spieler C hinterlaufen, der zum entfernten Torraumeck startet. Der Spieler, der die Ecke schießt, bringt den Ball etwa sieben bis zehn Meter vor das Tor auf Spieler D.

Tipp für Team Blau: Team Blau sollte so eng wie möglich aneinander vorbeilaufen, damit sich die Verteidiger bei der Verfolgung gegenseitig stören.

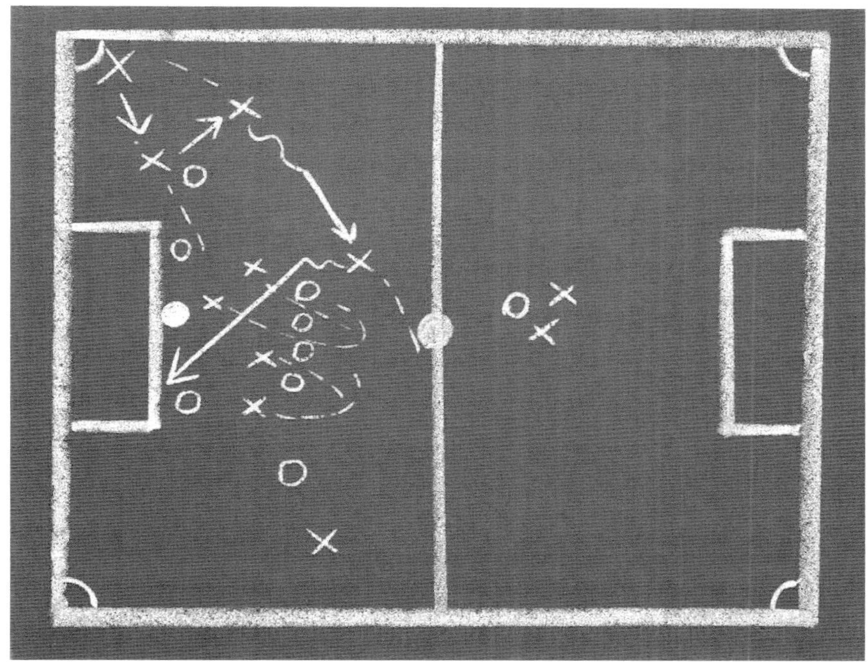

Variation 1: Spieler C läuft nicht zum entfernten Torraumeck, sondern zum vorderen, wobei er von Spieler A als Zielspieler für das Zentrum hinterlaufen wird. Zeitgleich läuft Spieler D vor den Torwart und wird von Spieler B hinterlaufen, der zum entfernten Torraumeck startet.

Variation 2: Die Laufwege der Spieler A, B, C und D bleiben dieselben. Der Spieler, der die Ecke schießt, spielt mit dem entgegenstartenden Spieler E einen Doppelpass. Zur selben Zeit löst sich Spieler F, der im Rückraum wartet, von seinem Gegner und bietet sich auf Höhe des ersten Pfostens vor dem Strafraum für ein Zuspiel an. Spieler F bekommt den Ball vom Eckballschützen zugespielt und schließt direkt oder nach kurzer Ballannahme und -mitnahme aufs Tor ab.

Anmerkung: Die Übung kann natürlich auch mit weniger Spielern, zum Beispiel nur mit den Spielern A, B, C und E, ausgeführt werden.

Eckball gegen Raumdeckung

Eckballvarianten gegen eine Mannschaft, die raumdeckend agiert, führen seltener zu Toren als Eckballvarianten gegen eine Gegnerdeckung agierende Mannschaft. Anders als bei der Gegnerdeckung warten die Verteidiger bei der Raumdeckung auf die Hereingabe der Ecke. Dabei positionieren sie sich in der Nähe des Tores im Raum, um mit einer Vorwärtsbewegung aktiv in den hereingebrachten Ball starten zu können. Für das angreifende Team gilt deshalb, für gefährliche Aktionen in die dünner besetzten Räume zu starten und die Verteidiger zur selben Zeit vor dem Tor zu binden.

Die Grundaufstellung der Eckballvariante gegen Gegnerdeckung wird beibehalten. Spieler D und Spieler G starten im Antritt vor das Tor und binden dadurch die im Raum stehenden gegnerischen Verteidiger. Zur selben Zeit laufen Spieler A und Spieler B in die Richtung der beiden Verteidiger H und I, die auf Höhe des Elfmeterpunktes stehen, und blocken sie und verhindern damit, dass sie in den Ball starten können. Spieler C startet dem Zuspiel des Eckballschützens entgegen und läuft dabei parallel zur Strafraumlinie. Er nimmt das Zuspiel zum Tor hin mit und schließt anschließend darauf ab.

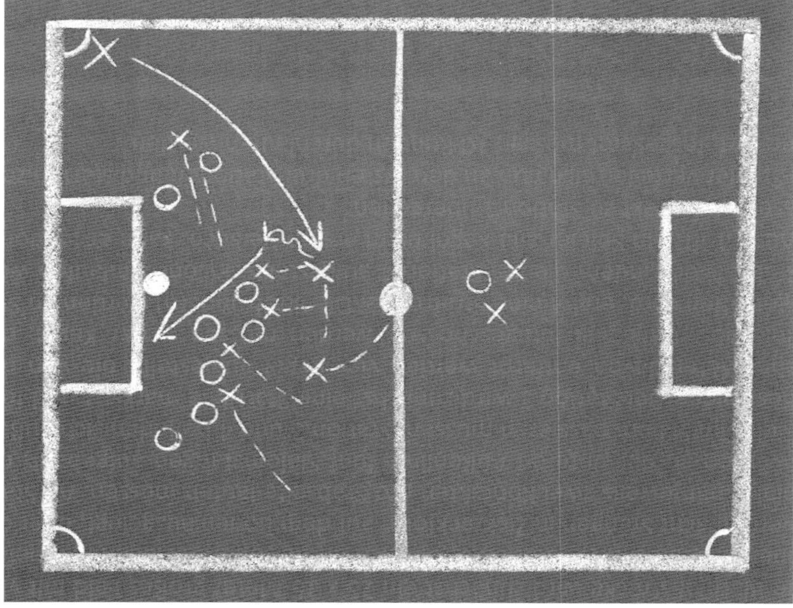

Anmerkung: Die Übung kann natürlich auch mit weniger Spielern, zum Beispiel nur mit den Spielern A, B, C und E, ausgeführt werden.

Freistoß mit direktem Anspiel

Der Freistoß mit direktem Anspiel zählt zwar zu den einfacheren Ausführungen, ist aber trotzdem für eine spielentscheidende Szene geeignet. Im Prinzip werden für diese Freistoßvariante nur zwei Spieler benötigt. Aus Gründen der Täuschung sollten jedoch mehrere Spieler unmittelbar um den Ball sowie in der gegnerischen Mauer positioniert werden. Aufgrund der Distanz zum Tor sollte die verteidigende Mannschaft unbedingt eine Mauer stellen, jedoch auch auf die Spieler reagieren können, die sich nicht direkt in der Mauer befinden. Grundsätzlich gibt es zwei Möglichkeiten, die Freistoßvariante mit direktem Anspiel auszuführen. Bei der ersten Variante spielt der Freistoßschütze, also Spieler A, den Ball außen an der Mauer vorbei zu Spieler B, der sich im Vorfeld am äußeren Rand der gegnerischen Mauer positioniert hat. Spieler B bekommt den Ball direkt von Spieler A in den Lauf gespielt, achtet je nach Altersklasse beim Starten auf Abseits und schließt dann das Zuspiel aus der Drehung direkt aufs Tor ab. Bei der zweiten Variante lupft Spieler A den Ball über die gegnerische Mauer hinüber auf Spieler B, der aus der Mauer startet. Diese Variante erfordert von Spieler A hohe technische Fähigkeiten und ist deshalb wahrscheinlich eher für höhere Altersklassen geeignet. Spieler B muss den Ball nach erfolgreichem Lupfen schnell verwerten und aufs Tor abschließen.

Hinweis für die angreifende Mannschaft: Die gegnerische Mannschaft sollte die Ausführung des Freistoßes nicht durchschauen und insbesondere Spieler B gewähren lassen. Dieser muss sich so unauffällig wie möglich in der gegnerischen Mauer aufstellen und den kürzesten Weg zum Tor suchen. Bei der ersten Variante ist es dabei zwingend notwendig, dass er entweder der erste oder der letzte Spieler in der Mauer ist. Die verteidigende Mannschaft kann ihn hierbei allerdings bereits durch das Ausrichten der Mauer hindern. Deshalb sollte Spieler B den Platz erst kurz vor der Ausführung des Freistoßes einnehmen.

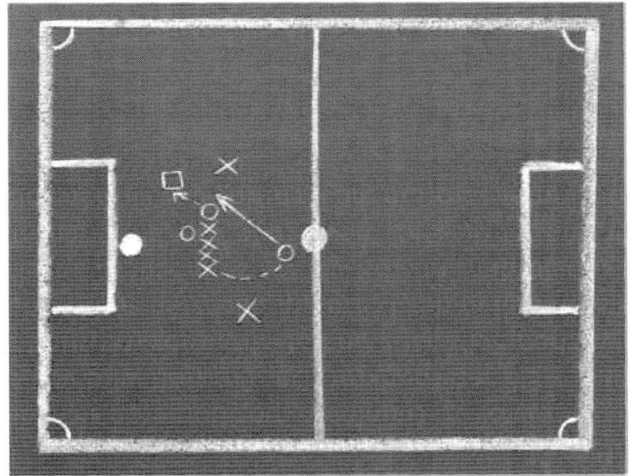

Seitlicher Freistoß

Um den seitlichen Freistoß zu trainieren, positionieren sich idealerweise fünf Spieler auf Höhe des Elfmeterpunktes. Der Freistoß wird von einem sechsten Spieler mittig zwischen Seitenaus und Strafraumbegrenzung ausgeführt. Die vier Spieler, die dem Ball in der Mitte am nächsten stehen, sprinten auf den ersten Pfosten, sobald der Freistoßschütze zum Schuss ansetzt. Der ballentfernteste Spieler täuscht dieselbe Bewegung kurz an, bricht diese dann aber ruckartig ab und sprintet sofort in die Richtung des Elfmeterpunktes.

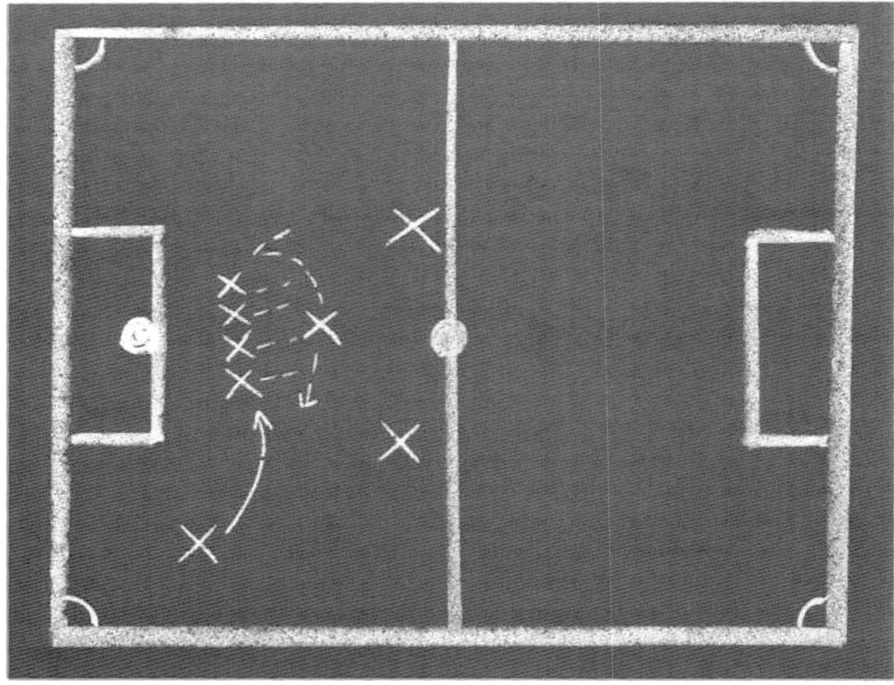

Variation 1: Zwei weitere Spieler warten im Rückraum, um einen potentiellen zweiten Ball zu verwerten.

Variation 2: Der fünfte Spieler, der in die Richtung des Elfmeterpunktes gestartet ist, bekommt im Rückraum vom Freistoßschützen den Ball flach zugespielt und versucht, das Zuspiel direkt aufs Tor abzuschließen.

KONDITIONSTRAINING

Biathlon

Für die Biathlonstrecke wird zunächst ein 25 x 15 Meter großes Feld mit vier Stationen abgesteckt. An Station 1, die sich an der oberen Außenlinie befindet, werden acht Stangen in Zickzackform auf dem Boden ausgelegt, über die die Spieler mit jeweils zwei Kontakten pro Stabseite laufen müssen. An Station 2 werden an der unteren Außenlinie fünf Slalomstangen aufgebaut, die die Spieler im Slalom passieren müssen. Station 3 und 4 befinden sich außerhalb des Feldes. Bei Station 3 wird zunächst eine Startlinie markiert und fünf bis zehn Meter davon entfernt werden vier Kegel aufgestellt, die von der Startlinie aus mit Bällen umgeschossen werden müssen. Jeder Kegel, der nicht getroffen wird, ergibt eine Strafrunde. Die Strafrunde(n) werden an Station 4 absolviert, indem die bei Station 4 aufgestellte Pylone umlaufen werden muss. Trifft ein Spieler alle Kegel beim ersten Versuch, kann er Station 4 auslassen und direkt zu Station 1 übergehen.

Die Spieler verteilen sich nun an den ersten drei Stationen und starten zeitlich versetzt. Insgesamt müssen 10 Runden durchlaufen werden.

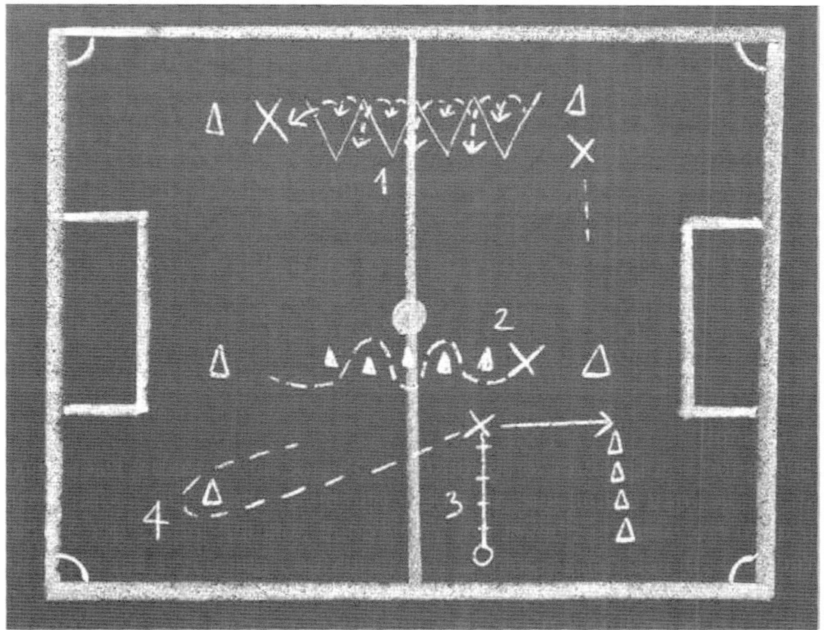

Pass & Go

Für das Pass & Go wird ein Passkreis mit einem Durchmesser von zwölf Metern aufgebaut. Vier bis sechs Spieler stellen sich um den Kreis herum auf. Hinter dem Spieler, der zu Beginn der Übung den Ball hat, stellt sich außerdem noch ein weiterer Spieler auf. Die Übung beginnt, indem der ballbesitzende Spieler den ersten Pass zu einem Mitspieler spielt und seinem Zuspiel anschließend sofort hinterhersprintet. Pro Spieler sind maximal zwei Ballkontakte erlaubt.

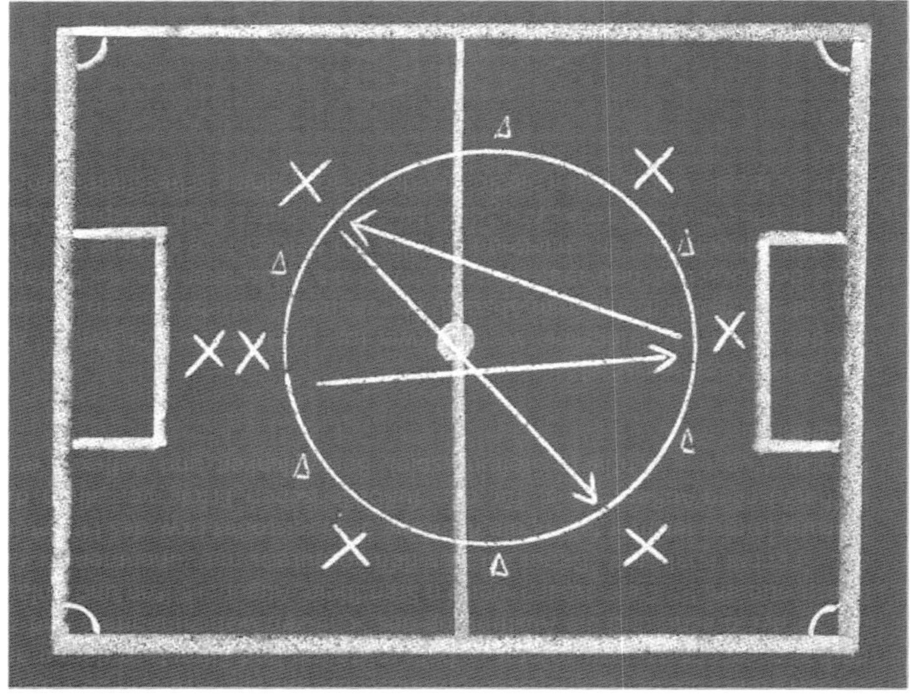

Variation: Um die Intensität der Übung zu erhöhen, wird der Durchmesser des Passkreises erweitert und ein zweiter Ball genutzt.

Spielerisches Konditionstraining im 2 gegen 2

Um die Kondition der Kinder spielerisch zu fördern, wird auf einem 18 x 10 Meter großen Feld im 2 gegen 2 auf zwei Minitore gespielt. Außerdem werden an den Seitenlinien neben den Toren Ersatzbälle bereitgelegt. Die Spielzeit beträgt zweimal sechs Minuten mit einer Pause von zwei Minuten. Tore dürfen nur in der gegnerischen Hälfte erzielt werden. Landet der Ball im Aus, wird sofort ein neuer Ball ins Spiel gebracht. Eckstöße werden nicht ausgeführt. Stattdessen wird der Ball vom eigenen Tor aus wieder ins Spiel gebracht. Nach Ablauf der Spielzeit wechseln die Teams, sodass jede Mannschaft einmal gegen jede andere Mannschaft gespielt hat.

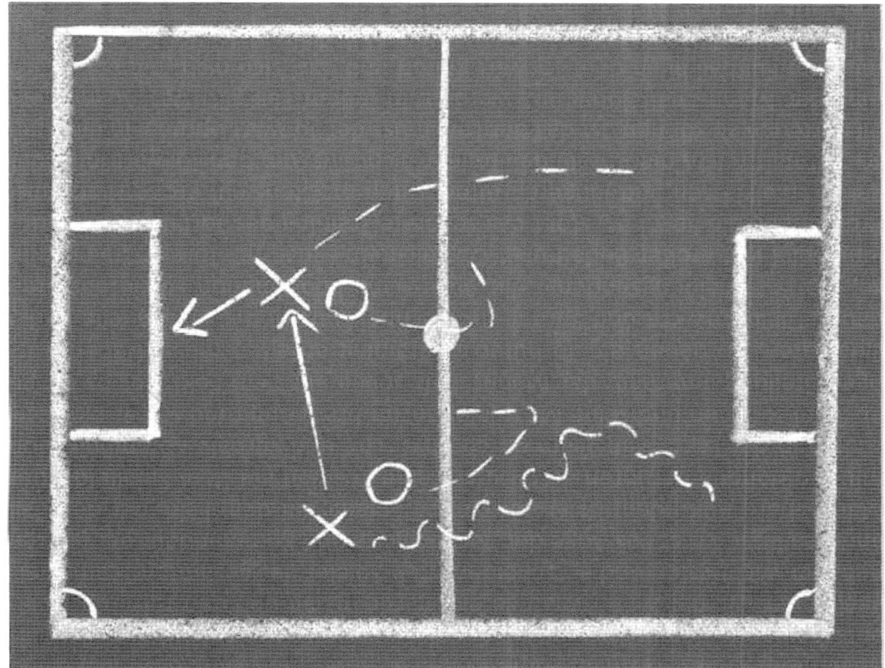

Torwarttraining

Der Torhüter nimmt im Fußball eine wichtige Schlüsselrolle für den Erfolg jeder Mannschaft ein. Denn häufig ist der Torwart im Spiel die entscheidende Figur, die jedes Wochenende den schmalen Grat zwischen Misserfolg und Heldentum erlebt. Deshalb kommt dem Torhüter eine ganz besondere und entscheidende Verantwortung zu, die diese Position sowohl auf dem Feld als auch innerhalb der Mannschaft so einzigartig macht und den Torhüter zu einem der wichtigsten und entscheidendsten Spieler des gesamten Teams heranreifen lässt. Er ist das Auge der Verteidigung und Kommandeur der ganzen Mannschaft. Außerdem ist er der einzige Spieler auf dem Feld, der den Ball mit den Händen berühren darf. Durch seine Position auf dem Spielfeld ist er zudem in der Lage, sein Team durch physische und verbale Kommunikation im Spiel zu leiten und seine Mitspieler anzuführen. Aufgrund seiner einzigartigen Stellung innerhalb der Mannschaft sowie auf dem Feld gibt es einige Qualitäten, an denen ein Torhüter im Training arbeiten muss. Neben Ausdauer, Gleichgewicht und Sprung- und Schnellkraft sind auch schnelle Reflexe, die Entscheidungsfindung, die Auge-Hand-Koordination sowie das Stellungsspiel von großer Bedeutung. Obgleich ein separates Torwarttraining im Profifußball die Regel ist, stößt das separate Training des Torhüters in niedrigeren Spielklassen und jüngeren Altersstufen meistens auf große Hindernisse. Oftmals reicht die Anzahl der Trainer nicht aus, um den Torwart individuell betreuen zu können. Ist das der Fall, muss der Torwart optimal in das Training der Mannschaft integriert werden. In jedem Fall gilt: Das Augenmerk muss im Fußball auch dem Torwart gelten und darf sich nicht hauptsächlich auf die Feldspieler beschränken. Auch die Fähigkeiten des Keepers müssen stets auf ein neues Niveau gehoben werden.

Das Stellungsspiel

Beim Fußball gibt es fünf grundlegende Bereiche, in denen das Stellungsspiel des Torhüters wichtig ist:

1. Die Verteidigung von flachen und hohen Flanken
2. Die Verteidigung von Torschüssen
3. Situationen im 1 gegen 1
4. Freistöße und Elfmeter
5. Beweglichkeit und Reflexe

Die Verteidigung von flachen und hohen Flanken ist eine der Hauptaufgaben eines jeden Torhüters und sollte deshalb immer wieder als fester Bestandteil im Training geübt werden. Die Flanken werden dabei vom Torhüter abgefangen, während die Angreifer versuchen, die Flanken im Strafraum zu verwerten und den Torhüter unter Druck zu setzen.

Daneben geht es auch bei der Verteidigung von Torschüssen um das Parieren oder Sichern von hohen Flanken, Schüssen, Lupfern und Volleys (Direktabnahme). In 1-gegen-1-Situationen muss der Torwart stets den Winkel zum Tor verkürzen und seine Körperoberfläche im gleichen Atemzug vergrößern, um den Torerfolg der gegnerischen Mannschaft mit allen Mitteln zu verhindern. Im Gegensatz dazu kommt es bei Freistößen und Elfmetern darauf an, die Körpersprache und die Ausführung des Schützen wahrzunehmen und zu interpretieren. Im Zuge dessen werden Standbein, Augen, Hüften und Anlauf des Gegners analysiert. Dabei wird es den Torhütern mit zunehmender Erfahrung immer leichter fallen, die Richtung des Freistoßes bzw. des Elfmeters vorherzusagen.Außerdem ist für den fußballerischen Erfolg vor allem die Kombination aus richtigem Stellungsspiel, Beweglichkeit und Reflexen entscheidend.

Das 2-Tore-Stellungsspiel

Für das Torwart-Stellungsspiel werden zwei Tore in einem rechten Winkel zueinander aufgestellt. In einem Abstand von zehn bis fünfzehn Metern werden außerdem drei Hütchen aufgebaut, zu denen die Feldspieler (frei nach Wahl) mit Ball dribbeln und anschließend auf eins der beiden Tore abschließen. Die Aufgabe des Torwarts ist es nun, die Bälle, durch gutes Stellungsspiel, abzuwehren. Idealerweise bauen die Spieler dabei noch einige Schussfinten ein.

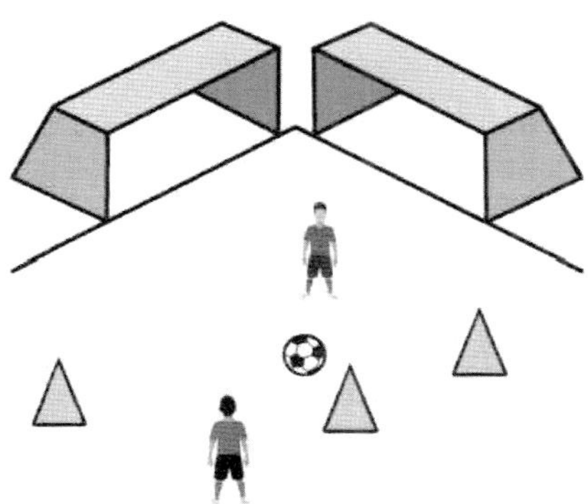

Richtlinien für das Stellungsspiel:

- Aufwärmen als wichtiger Bestandteil zur Verletzungsprävention
- Anpassung der konditionellen und technischen Übungen an Alter und Fähigkeiten
- Entwicklung von Trainingsinhalten von leicht zu schwer und von einfach zu komplex
- Konzentration und Koordination als entscheidende Komponenten
- kurze und intensive Trainingseinheiten mit voller Konzentration
- praxisorientierte Einheiten, die sich dem tatsächlichen Verlauf des Spiels annähern
- Torpfosten als klare Orientierungs- und Bezugspunkte für das Stellungsspiel

Torhütertechniken

Die Grundstellung

Worauf Torhüter insbesondere achten müssen:

- Die Füße werden schulterbreit aufgestellt.
- Durch den Stand auf dem ganzen Fuß bleiben die Torhüter flexibel und beweglich.
- Die Knie sind leicht gebeugt, wobei das Körpergewicht auf die Fußballen verlagert wird.
- Die Arme sind angewinkelt und die Handflächen zeigen zueinander.
- Körperspannung wird aufgebaut.
- Der Blick wird konzentriert auf den Ball gerichtet.

Flache Bälle auf den Torwart

Worauf Torhüter insbesondere achten müssen:

- Torhüter sollten möglichst hinter den Ball kommen – am besten mit kurzen und schnellen, seitlichen Schritten.
- Bewegt sich der Torwart nach links, drückt er sein rechtes Knie nach unten. Bewegt er sich nach rechts, drückt er sein linkes Knie nach unten.
- Jedem Ball wird mit möglichst gestreckten Händen und Armen weit entgegengekommen.
- Die Hände bleiben offen, wobei die Ellbogen eng aneinander liegen, damit der Ball nicht durchrutschen kann.
- Der Ball wird vor dem Körper gesichert.
- Es wird auf eine tiefe Schrittstellung geachtet.

Halbhohe Bälle auf den Torwart

Worauf Torhüter insbesondere achten müssen:

- Torhüter sollten sich nach Möglichkeit mit dem ganzen Körper vollständig hinter den Ball bringen.
- Die Arme und Hände sollten dem Ball so weit wie möglich entgegengestreckt werden.
- Die Ellbogen liegen eng aneinander, damit der Ball nicht durchrutschen kann.
- Der erste Kontakt mit Ball erfolgt durch die Arme, wobei der Oberkörper über den Ball gebracht wird, sodass dieser von den Händen umschlossen wird.
- Locker und entspannt bleiben.
- Nicht zu weit in den Grätschstand gehen, um kein Durchgleiten des Balls durch die Beine zu riskieren.

Hohe Bälle auf den Torwart

Worauf Torhüter insbesondere achten müssen:

- Der Ball sollte immer mit gestreckten Armen vor dem Körper am höchsten Punkt gefangen werden.
- Die Hände bleiben offen und die Finger sind gespreizt, sodass sich die Daumen hinter dem Ball befinden – Daumen und Zeigefinger bilden ein Dreieck.
- In dem Augenblick des Ballkontakts wird mit den Händen nachgegeben.
- Der Ball wird zur Brust gezogen und sicher umfasst.

Torhütertraining

Grundsätzlich unterscheidet sich das Torwarttraining mit Kindern deutlich vom Training mit Erwachsenen. Denn in jüngeren Altersklassen sind Trainer eben nicht nur Trainer, sondern auch Pädagogen, Psychologen, Ratgeber, Freund und Vorbild in einem. Aus diesem Grund muss der Ansatz im Torwarttraining immer altersgemäß, spielorientiert sowie zielorientiert sein. Außerdem sollten sich Kinder in jüngeren Altersklassen auf allen Positionen ausprobieren dürfen, weshalb positionsspezifisches Training erst später stattfinden sollte. Sind die Positionen irgendwann festgelegt, sollten Torhüter bereits früh ausgebildet werden. Denn je früher sie ausgebildet werden, umso mehr Lösungen können sie erlernen, erkennen, anwenden und auch automatisieren. Im Laufe der Jahre wachsen die jungen Torhüter mit den Anforderungen ans Spiel heran und können sich zu erfolgreichen Keepern entwickeln.

Kognitionstraining

Die Übung wird im Strafraum eines Erwachsenenspielfeldes aufgebaut. Dafür wird, als Startpunkt für den Torwart, auf der Mitte der Torlinie ein Hütchen aufgestellt. Außerdem wird auf Höhe des Elfmeterpunktes ein weiteres Hütchen als Schussstation aufgebaut, an dem ein Spieler (Spieler 1) mit mehreren Bällen steht. Links und rechts wird jeweils eine weitere Schussstation durch ein Hütchen markiert, an der je ein Spieler (Spieler 2 und 3) ohne Ball steht.Bevor die Übung beginnt, steht der Torhüter mit dem Rücken zu den Schussstationen auf der Torlinie. Der Trainer ruft nun laut entweder A oder B, wobei A für den linken Pfosten und B für den rechten Pfosten steht. Entsprechend dem Kommando muss der Torwart sich dann im Sidestep zum jeweiligen Pfosten bewegen, diesen mit der Hand berühren und sich anschließend schnellstmöglich umdrehen, sich orientieren und den Ball ausfindig machen. Während sich der Torwart im Sidestep zum jeweiligen Pfosten bewegt, spielt Spieler 1 einen Pass zu einem der beiden anderen Spieler an den Schussstationen, woraufhin der angepasste Spieler den Torwart durch direkten Abschluss des zugepassten Balls überwinden muss. Spieler 1 muss jedoch nicht zu einem der anderen beiden Spieler passen, sondern kann stattdessen auch warten, bis der Torwart den jeweiligen Pfosten berührt hat, und anschließend selbst aufs Tor abschließen. Für den Torhüter gilt bei allen drei Schussmöglichkeiten, dass er sich so schnell wie möglich in eine gute Position bringt, sich locker und leicht auf den Füßen bewegt, damit er sofort reagieren kann, und außerdem den Winkel zum Tor verkleinert.

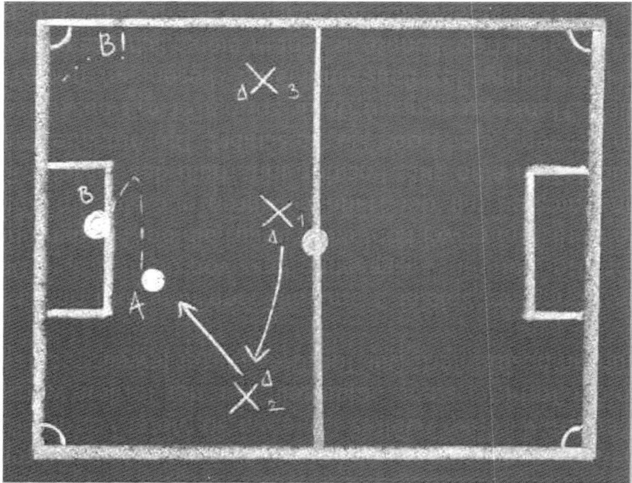

Variation 1: Die Spieler gehen mit dem Torwart ins 1 gegen 1.

Rückpass, Ballannahme und Abspiel

Als Übungsmarkierung wird der Strafraum eines Erwachsenenspielfeldes genutzt. Dafür werden an beiden Enden des Strafraumes ein Minitor sowie vor dem Strafraum vier Hütchenstationen aufgebaut. Anschließend stellt sich jeweils ein Spieler mit Ball hinter den Hütchen auf. Der Torwart stellt sich in der Mitte des Strafraumes auf. Der Trainer steht außerhalb des Feldes hinter der Torlinie. Er gibt den Spielern an den Hütchen jeweils das Zeichen, wer von ihnen einen Rückpass zum Torwart spielen soll. Der aufgerufene Spieler, zum Beispiel der Spieler rechts außen an den Hütchen (Spieler 4), passt den Ball zum Torhüter. Anschließend wird er als Passgeber zum Gegenspieler des Torhüters. Nachdem er den Pass gespielt hat, folgt er also seinem eigenen Ball und übt damit auf den Torwart Druck aus. Sobald Spieler 4 den Rückpass gespielt hat, muss der Torwart aktiv auf den Ball zugehen und diesen kontrolliert annehmen. Dabei bringt er seinen Körper hinter den Ball, nimmt diesem mit einem Kontakt so an und in die entsprechende Richtung mit, dass er nicht vom Boden abspringt. Im Anschluss spielt der Torwart einen kontrollierten Pass zum spielerentfernten Tor – wenn Spieler 1 und 2 einen Pass spielen, spielt der Torwart zum rechten Minitor, und wenn Spieler 3 und 4 einen Pass spielen, spielt der Torwart zum linken Minitor.

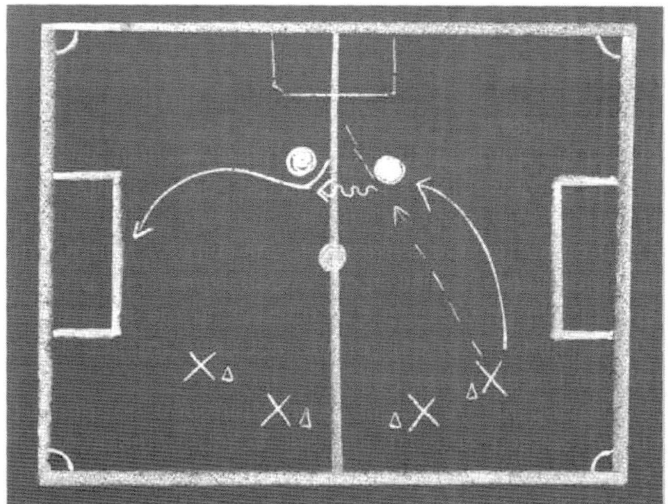

Variation 1: Die Rückpässe zum Torwart und vom Torwart werden variiert: flach, halbhoch, hoch, präzise, unpräzise.

Variation 2: An der Mittellinie wird eine weitere Anspielstation aufgebaut, damit der Torwart weitere Abschläge unter Gegnerdruck simulieren kann.

Reaktionsschnelligkeit

Um die Reaktionsschnelligkeit des Torhüters zu trainieren, wird in der Mitte auf der Torlinie eines großen Tores ein Hütchen aufgebaut, das als Startpunkt für den Torwart fungiert. Etwa zwei Meter davor wird außerdem eine niedrige Hürde in schräger Laufrichtung aufgestellt. Mit jeweils einem Hütchen wird zudem an der rechten Ecke des Fünfmeterraumes sowie auf Höhe des Elfmeterpunktes seitlich versetzt auf der gegenüberliegenden Seite eine Schussstation aufgebaut. An beiden Schussstationen positioniert sich nun jeweils ein Spieler mit mehreren Bällen.

Zu Beginn der Übung steht der Torwart vor dem Hütchen auf der Torlinie und bewegt sich, auf Kommando des Trainers, in die Richtung des kurzen Pfostens, also zum ersten Spieler an der ersten Schussstation. Der erste Spieler schießt nun einen flachen harten Ball aus spitzem Winkel aufs Tor, den der Torwart pariert. Anschließend läuft der Torwart in Richtung des zweiten Spielers über die Hürde zur langen Ecke, an der Spieler 2 aufs Tor schießt, sobald der Torwart die Hürde überquert hat. Dabei versucht Spieler 2, den Ball ins obere Eck zu schießen.

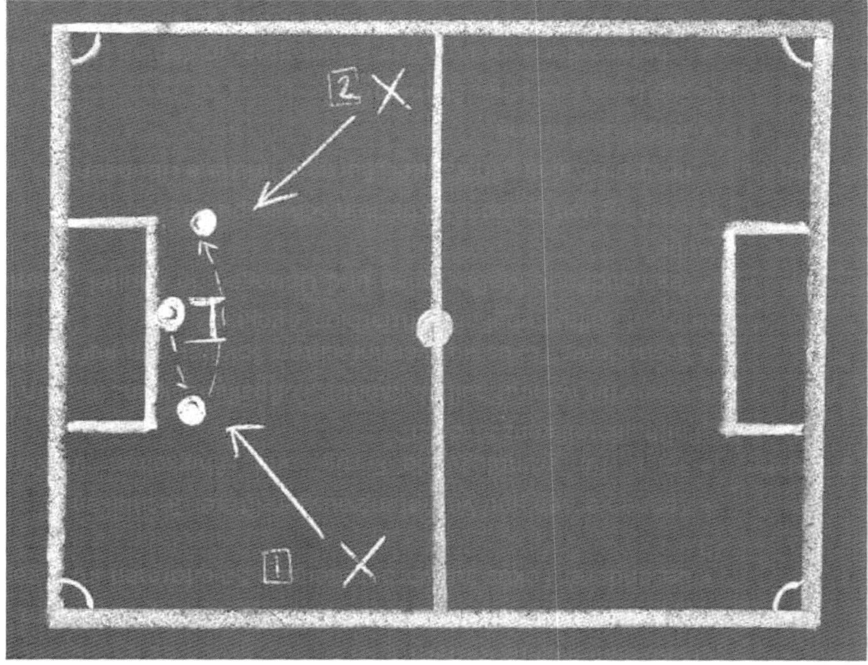

Flankenfangen
Am seitlichen Rand des Strafraums wird auf beiden Seiten eine Station mit einem Hütchen markiert, an der sich jeweils ein Spieler mit mehreren Bällen aufstellt. Außerdem wird ein zweites Tor, etwa 30 Meter vor der Torlinie des Tores, in dem der Torhüter steht, aufgestellt. Auf der Torlinie werden zudem drei kleine Hürden positioniert. Der Torhüter startet jeweils rechts oder links davon.

Beginnt die Übung bei Spieler 1 am seitlichen Rand auf der linken Seite, startet der Torhüter von ihm ausgesehen links von den Hürden. Dabei muss er die Hürden seitlich mit zwei Kontakten innerhalb der Hürden überqueren, dann den Innenpfosten mit der Hand berühren und sich im Anschluss so schnell wie möglich in eine gute Position innerhalb des 5-Meter-Raums begeben, in den Spieler 1 eine hohe Flanke schlägt. Die Aufgabe des Torwarts ist es nun, diese Flanke zu sichern. Dafür springt er mit ausgestreckten Armen in die Flugrichtung des Balls und fängt diesen am höchsten Punkt. Nachdem er den Ball sichern konnte, macht er einige Schritte nach vorne und schießt den Ball anschließend aus der Hand in das gegenüberliegende Tor. Dann läuft er schnellstmöglich zurück zu den Hürden, startet nun von rechts und erhält die nächste Flanke von Spieler 2.

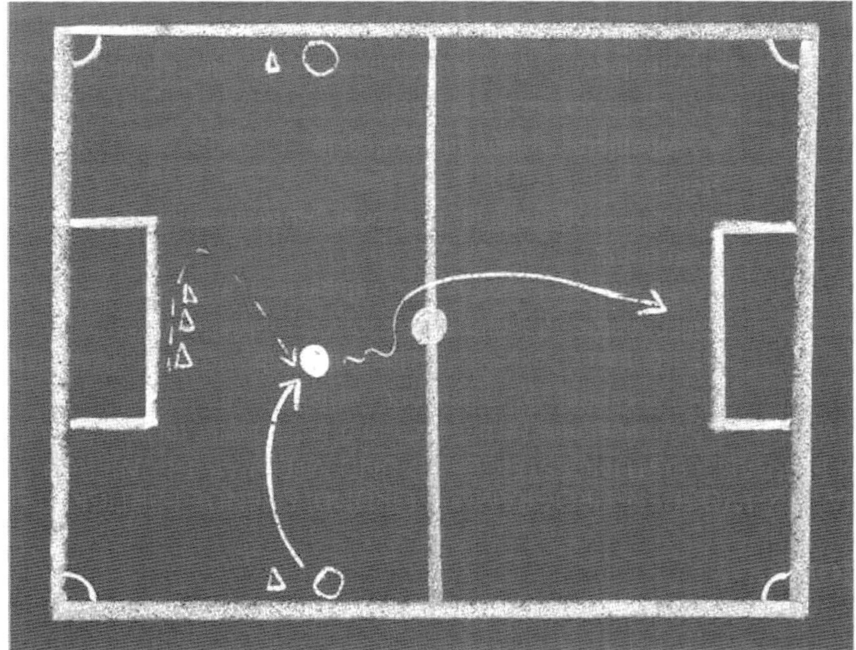

Bonus

Das 12-Wochen-Programm – Grundlegende Fertigkeiten im Fußball leistungssteigernd und mit Spaß trainieren

1. Woche	• Grundlegende Fertigkeiten und individuelle technische Ballarbeit: in Kapitel „Grundlegende Fertigkeiten im Fußball" • besonderer Fokus auf Ballschule, Dribbelspielen, Passspielen, Ballannahme und -mitnahme, Torschuss, Mehrzweckspielen • Schulung der koordinativen Fähigkeiten: in Kapitel „Koordinationstraining" • Mobilisationstraining: in Kapitel „Aufwärmtraining sinnvoll gestalten" • Kennenlernen elementarer Regeln • Erlernen von Basistechniken
2. Woche	• Grundlegende Fertigkeiten und individuelle technische Ballarbeit: in Kapitel „Grundlegende Fertigkeiten im Fußball" • besonderer Fokus auf Ballschule, Dribbelspielen, Passspielen, Ballannahme und -mitnahme, Torschuss, Mehrzweckspielen • Mobilisationstraining: in Kapitel „Aufwärmtraining sinnvoll gestalten" • Kennenlernen taktischer Regeln • Vertiefung der Basistechniken
3. Woche	• Grundlegende Fertigkeiten und individuelle technische Ballarbeit: in Kapitel „Grundlegende Fertigkeiten im Fußball" • besonderer Fokus auf Passspielen, Ballannahme und -mitnahme, Spiele zur Abwehr, Spiele im Labyrinth, Fußballtriathlon 2 gegen 2, Mentalcoaching • Vertiefung taktischer Regeln • Kennenlernen ausgereifterer Techniken • Koordinationstraining: in Kapitel „Koordinationstraining"

4. Woche	• Spiele für grundlegende Fertig- und Fähigkeiten: in Kapitel „Fußballintelligenz fördern" • Spiele für Minifußball: in Kapitel „Fußballintelligenz fördern" • besonderer Fokus auf vorbereitenden Spielformen im 3 gegen 3 • Kennenlernen und Vertiefung ausgereifterer Techniken
5. Woche	• Spiele für grundlegende Fertig- und Fähigkeiten: in Kapitel „Fußballintelligenz fördern" • Spiele für Minifußball: in Kapitel „Fußballintelligenz fördern" • besonderer Fokus auf vereinfachten Spielformen auf Minitore und auf Ballhalten, Fußballtriathlon 2 gegen 2 • teambildende Maßnahmen und Übungen: in Kapitel „Teamfindung" • Training von gruppentaktischen Schwerpunkten
6. Woche	• Positionstraining in Kapitel „Fortgeschrittene Übungen" • Torschusstraining • Schulung taktischer Elemente • Schulung der koordinativen Fähigkeiten: in Kapitel „Koordinationstraining" inklusive Koordinationstraining mit fortgeschrittenen Übungen • Kennenlernen verschiedener Spielsysteme
7. Woche	• Spiele für grundlegende Fertig- und Fähigkeiten: in Kapitel „Fußballintelligenz fördern" • Spiele für Minifußball: in Kapitel „Fußballintelligenz fördern" • besonderer Fokus auf vereinfachten und korrigierenden Spielformen im 3 gegen 3 auf Minitore und auf Ballhalten, Torwartspiele • teambildende Maßnahmen und Übungen: in Kapitel „Teamfindung" • Vertiefung von Spielsystemen • Kreative Übungsspiele: in Kapitel „Kreative Übungsspiele"
8. Woche	• Spielfähigkeit im Minifußball im 3 gegen 3 testen • positionsspezifisches Training von Taktiken und Spielsystemen

9. Woche	• Spiele für Minifußball: in Kapitel „Fußballintelligenz fördern" • besonderer Fokus auf vereinfachten und korrigierenden Spielformen im 3 gegen 3 auf Minitore und auf Ballhalten, Torwartspiele • Triathlon im 2 gegen 2 und 4 gegen 4: in Kapitel „Grundlegende Fertigkeiten im Fußball" und Kapitel „Fußballintelligenz fördern" • Futsal im 5 gegen 5: in Kapitel „Fußballintelligenz fördern" • Konditionstraining: in Kapitel „Fortgeschrittene Übungen"
10. Woche	• Mannschafts- und Gruppentraining: in Kapitel „Fortgeschrittene Übungen" • Training von Standardsituationen (Ecken, Freistöße, Einwürfe, Elfmeter): in Kapitel „Fortgeschrittene Übungen" • Torschusstraining • Spielfähigkeit im 5 gegen 5 und im 7 gegen 7 testen: in Kapitel „Fußballintelligenz fördern"
11. Woche	• Training von Standardsituationen (Ecken, Freistöße, Einwürfe, Elfmeter) • Torschusstraining • Konditionstraining in Kapitel „Fortgeschrittene Übungen"
12. Woche	• Spiele für Minifußball: in Kapitel „Fußballintelligenz fördern" • Spielfähigkeit im 8 gegen 8 testen: in Kapitel „Fortgeschrittene Übungen"

Abpfiff

Fußball begeistert die Menschen und füllt ganze Stadien, Public-Viewing-Orte und die heimischen Plätze vor dem Fernseher. Niemals zuvor gab es so viele Mädchen und Jungs, die bereits im Vorschulalter Fußball spielen und dem Ball mit Herz und Seele hinterherjagen. Von Bambinis, die sich während des Spiels in die Ecke des Feldes setzen, über solche, die Kleeblätter vom Rand des Spielfeldes pflücken und Flugzeugen, die durch die Wolken fliegen, nachschauen, anstatt die eigenen Mitspieler oder die Gegner zu beobachten, bis hin zu erfahrenen Spielern, die im 11 gegen 11 auf Erwachsenentore spielen – die Erfahrungen, die Kinder auf und neben dem Platz sammeln, prägen sie für ihr gesamtes restliches Leben.

Mag bei den kleinen Spielern hauptsächlich Spiel, Spaß und Freude an der Bewegung im Vordergrund stehen, rücken bei höheren Altersklassen zunehmend Technik, Taktik, Koordination, Ausdauer und die Herausbildung und Optimierung der Spielfähigkeit in den Fokus. Neben individuellen Fähig- und Fertigkeiten der Spieler ist Fußball vor allem eins: ein Mannschaftssport. Obwohl sich die Spieler mit ihren individuellen Stärken in die Mannschaft einbringen können, gewinnt oder verliert eine Mannschaft zusammen – als Team.

Im Laufe der Jahre wächst die Mannschaft dabei immer enger zusammen und die einzelnen Mitspieler reifen zu einer Art zweiten Familie heran. Der Trainer ist Bezugsperson, Ratgeber, Pädagoge, Psychologe, Vorbild und Freund in einem und lehrt seinen Spielern all das, was er sich an Wissen über jahrelange Erfahrung auf dem Platz angesammelt hat. Gemeinsam, als Team, feiern sie Erfolge, verdauen Niederlagen, lernen aus ihren Fehlern, sind immer füreinander da, stärken sich gegenseitig den Rücken und geben niemals auf. Auf ihrer Reise zum besten Team der Liga erhalten sie dabei jederzeit Rückenwind von den Inhalten dieses Buches.